Zivilrechtliche Ersatzansprüche nach Organentnahme
vom lebenden und toten Spender

Europäische Hochschulschriften

Publications Universitaires Européennes
European University Studies

Reihe II
Rechtswissenschaft

Série II Series II
Droit
Law

Bd./Vol. 3723

PETER LANG
Frankfurt am Main · Berlin · Bern · Bruxelles · New York · Oxford · Wien

Annette Fritz

Zivilrechtliche Ersatzansprüche nach Organentnahme vom lebenden und toten Spender

PETER LANG
Europäischer Verlag der Wissenschaften

Bibliografische Information Der Deutschen Bibliothek
Die Deutsche Bibliothek verzeichnet diese Publikation in der Deutschen Nationalbibliografie; detaillierte bibliografische Daten sind im Internet über <http://dnb.ddb.de> abrufbar.

Zugl.: Tübingen, Univ., Diss., 2003

D 21
ISSN 0531-7312
ISBN 3-631-51125-6

www.peterlang.de

Vorwort

Die vorliegende Arbeit wurde im Sommer 2001 von der Rechtswissenschaftlichen Fakultät der Eberhard Karls Universität als Dissertation angenommen.

Dem Manuskript liegt die Rechtsprechung und Literatur bis Ende 2001 zugrunde. Die Schuldrechtsreform und das zweite Schadensersatzrechtsänderungsgesetz sind daher nicht berücksichtigt. Die Gesetzesänderungen haben zu keiner grundlegenden Änderung der Struktur der vorliegenden Arbeit geführt, es sollte bei einer konkreten Fallprüfung aber beachtet werden, dass einige der genannten Anspruchsgrundlagen im Rahmen der Schuldrechtsreform in das BGB übernommen wurden und dass das zweite Schadensersatzrechtsänderungsgesetz den Anspruch auf Schmerzensgeld nun auch auf die vertragliche und die Gefährdungshaftung ausgeweitet hat.

Mein Dank gilt an erster Stelle meinem Doktorvater, Herrn Prof. Dr. Gottfried Schiemann, der mir das Schreiben dieser Arbeit ermöglicht hat. Insbesondere aber auch Herrn Prof. Dr. H. P. Westermann, der mir jederzeit hilfreich zur Seite stand und an dessen Lehrstuhl ich eine sehr angenehme Zeit als wissenschaftliche Mitarbeiterin verbringen konnte, wie auch Herrn Dr. Tobias Tröger und meinem Vater, die die Arbeit aus juristischer und medizinischer Sicht Korrektur gelesen und mich mit konstruktiver Kritik unterstützt haben. Selbstverständlich gilt mein Dank auch allen anderen, die mich auf dem Weg zur Fertigstellung dieses Buchs begleitet haben und mir in schwierigen Zeiten immer wieder den Rücken gestärkt haben.

Stuttgart im März 2003 Annette Fritz

Inhaltsverzeichnis:

Abbildungsverzeichnis

Abkürzungsverzeichnis

a.A. .... anderer Ansicht
Abb .... Abbildung
Abs .... Absatz
AcP .... Archiv für die zivilistische Praxis
AG .... Amtsgericht
AGBG .... Gesetz über die Allgemeinen Geschäftsbedingungen
AktG .... Aktiengesetz
Allg. A .... Allgemeine Ansicht
AMG .... Arzneimittelgesetz
Anh .... Anhang
Art. .... Artikel
ArztR .... Arztrecht
AT .... Allgemeiner Teil
Aufl. .... Auflage

BB .... Betriebs-Berater
Bd .... Band
BFH .... Bundesfinanzhof
BGB .... Bürgerliches Gesetzbuch
BGBl. .... Bundesgesetzblatt
BGH .... Bundesgerichtshof
BGHZ .... Entscheidungssammlung des BGH in Zivilsachen
BPflV .... Bundespflegesatzverordnung
BT .... Besonderer Teil / Bundestag
BR-Drucks. .... Bundesrat-Drucksache
BregE .... Bundesregierungsentwurf
BratE .... Bundesratsentwurf
BSGE .... Entscheidungssammlung des Bundessozialgerichts
BT-Drucks. .... Bundestags-Drucksache
BVerfG .... Bundesverfassungsgericht
BVerfGE .... Entscheidung des Bundesverfassungsgerichts

BWNotZ	Zeitschrift für das Notariat in Baden Württemberg
bzgl.	bezüglich
bzw.	beziehungsweise
ca	cirka
DÄBl	Deutsches Ärzteblatt
DB	Der Betrieb
DDR	Deutsche Demokratische Republik
d.h.	das heißt
Diss	Dissertation
DÖV	Die öffentliche Verwaltung
DRiZ	Deutsche Richterzeitung
EinigungsV	Einigungsvertrag
Einl	Einleitung
etc.	et cetera
EU	Europäische Union
EuGRZ	Europäische Grundrechte Zeitschrift
e.V.	eingetragener Verein
f.	folgende
FamRZ	Zeitschrift für das gesamte Familienrecht
FeuerGB	Feuerbestattungsgesetz
ff.	fortfolgende
Fn	Fußnote
FS	Festschrift
GG	Grundgesetz
ggf.	gegebenenfalls
GoA	Geschäftsführung ohne Auftrag
grds.	grundsätzlich

h.M. .... herrschende Meinung
Hrsg. .... Herausgeber

i.d.R. .... in der Regel
i.e.S. .... im engeren Sinn
i.H.v. .... in Höhe von
insb. .... insbesondere
i.S.d. .... im Sinn des
i.V.m. .... in Verbindung mit

JR .... Juristische Rundschau
JuS .... Juristische Schulung
Jura .... Juristische Ausbildung
JZ .... Juristenzeitung

KunstUrhG .... Kunsturhebergesetz

LG .... Landgericht
LM .... Lindenmaier/Möhring
LT-Drucks. .... Landtagsdrucksache

m.E. .... meines Erachtens
MDR .... Monatszeitschrift des Deutschen Rechts
MedR .... Medizinrecht
MMW .... Münchner Medizinische Wochenschrift
m.w.N. .... mit weiteren Nachweisen
MüKo .... Münchner Kommentar zum BGB

NJW .... Neue Juristische Wochenschrift
Nr. .... Nummer

o.ä. .... oder ähnliche
o.g. .... oben genannte
OLG .... Oberlandesgericht

PVV .... positive Vertragsverletzung

RGBl .... Reichsgesetzblatt
RGSt .... Entscheidungssammlung des Reichsgerichts in Strafsachen
RGZ .... Entscheidungssammlung des Reichsgerichts in Zivilsachen
Rn.................................. Randnummer

S.................................... Seite (Satz bei Paragraphenangabe)
sog. .... sogenannt/e
Sp.................................. Spalte
StGB .... Strafgesetzbuch
StPO .... Strafprozessordnung

TPG, TransplantG......... Transplantationsgesetz

u.a. .... und andere
usw................................ und so weiter

v .... von/vor
VersR............................. Versicherungsrecht
vgl. .... vergleiche
Vorbem .... Vorbemerkung

z.B. .... zum Beispiel ..
ZHR............................... Zeitschrift für das ges. Handels- und Wirtschaftsrecht
ZRP............................... Zeitschrift für Rechtspolitik
z.T. .... zum Teil

Teil 1: Allgemeines

A. Einleitung

Der Begriff Transplantation bezeichnet die chirurgische Fähigkeit, lebendes Gewebe von einer Stelle des Körpers an eine andere oder auf einen anderen Körper zu verpflanzen.[1]

Zu unterscheiden ist dabei zwischen der autoplastischen - der Übertragung körpereigenen Gewebes -, der heteroplastischen - der Verpflanzung tierischen Gewebes auf den Menschen - und der sog. homoioplastischen oder auch allogenen Transplantation, welche die Organ- oder Gewebsverpflanzung genetisch verschiedener Individuen innerhalb einer Spezies, hier von Mensch zu Mensch, bezeichnet.[2] Diese allogene Transplantation kann nach dem gegenwärtigen Stand der Transplantationsmedizin sowohl mit Organen vom toten als auch mit Organen vom lebenden Spender durchgeführt werden, sie gehört zum Standard der medizinischen Versorgung. Durch sie kann heute vielen schwerkranken Menschen das Leben gerettet oder die Krankheit weitgehend geheilt oder gelindert und damit die Lebensqualität entscheidend verbessert werden.

Seit den ersten erfolgreich durchgeführten Verpflanzungen ist die Organtransplantation so zu einem zentralen medizinischen Thema gewachsen, das durch die Besonderheit, im Gegensatz zu anderen Heilmethoden immer ein „Opfer" eines Dritten zu fordern, ernsthafte Interessengegensätze und tiefgreifende Wertungsdifferenzen hervorrief und daher intensive ethische, theologische aber auch rechtliche Auseinandersetzungen nach sich zog.

Die beiden erstgenannten Transplantationsarten gewinnen zwar inzwischen aufgrund neuer Ergebnisse der medizinischen Forschung zunehmend an Bedeutung, derzeit ist aber die praktische und damit auch rechtliche Relevanz noch nicht groß genug, um in den Mittelpunkt dieser Auseinandersetzungen vorzurücken.

Die intensiven Diskussion der letzten Jahrzehnte beschäftigen sich vielmehr hauptsächlich mit den Möglichkeiten, Methoden, Voraussetzungen und Folgen der allogenen Transplantation, weshalb sich auch die vorliegende Arbeit auf die Organtransplantation von Mensch zu Mensch beschränken soll.

Die juristischen Auseinandersetzungen - und damit auch die ausgewählte Literatur - betrafen vorwiegend die Voraussetzungen, unter welchen eine Organentnahme möglich sein sollte, die verfassungsrechtlichen Bedenken hinsichtlich der einzelnen Voraussetzungen und generell hinsichtlich der Zulässigkeit von Transplantationen, die Frage der Todesdefinition und der Kriterien der Hirntod-

---

[1] Vgl. Brockhaus unter dem Stichwort „Transplantation"

[2] Pscherembel, Klinisches Wörterbuch, Stichwort „homoiopatische Transplantation", S. 693 und Stichwort „Transplantation", S. 1591 f.

bestimmung und schließlich, unter strafrechtliche Aspekten, die Gefahr des Handeltreibens mit Organen.

Die Frage der Zulässigkeitskriterien für Organtransplantationen war derart umstritten, dass die Frage der zivilrechtlichen Rechtsfolgen bei erfolgter Transplantation kaum Erwähnung fand.

Das am 5. November 1997 in Kraft getretene Transplantationsgesetz[3] sollte dazu dienen, der Jahrzehnte andauernden Diskussion durch eine umfassende Regelung ein Ende zu setzen oder sie doch zumindest zu beruhigen. Gleichzeitig war erklärtes Ziel des Gesetzes, die Ängste und Unsicherheiten in der Bevölkerung zu beseitigen und damit eine höhere Spendebereitschaft zu erreichen.[4]

Es enthält ausführliche Regelungen über die Voraussetzungen und die Durchführung der Organentnahme vom lebenden und toten Spender, die Todesbestimmung und den unerlaubten Organhandel. Eine Regelung über die zivilrechtlichen Rechtsfolgen von Organentnahmen, die kein verbotenes Handeltreiben darstellen, findet sich allerdings auch in diesem Gesetz nicht, so dass diese anhand allgemeiner juristischer Vorschriften und Kriterien ermittelt werden müssen. Dass die fehlende Behandlung dieses Themengebiets in der juristischen Literatur nicht auf mangelnde praktische Relevanz zurückzuführen ist, zeigen verschiedene Urteile über Ansprüche nach Organentnahmen sowohl vom lebenden als auch vom toten Spender.[5]

Ziel der vorliegenden Arbeit ist es daher, die zivilrechtlichen Rechtsfolgen der Organentnahme vom lebenden und toten Spender für die jeweils daran Beteiligten, also Spender, Empfänger, die transplantierenden oder sonst behandelnden Ärzte und die Angehörigen, darzustellen.

Auf die Voraussetzungen der Transplantation und die einzelnen Vorschriften des Transplantationsgesetzes soll nur eingegangen werden, soweit es der Veranschaulichung dient oder zur Bestimmung der Rechtsfolgen notwendig ist.

Eine lückenlose Darstellung aller nur denkbaren Rechtsfolgen ist nicht beabsichtigt, die Prüfung erfolgt vielmehr anhand eines gedanklichen Durchspielens der möglichen und nicht allzu praxisfernen Konstellationen und beschränkt sich auf die daraus resultierenden Ansprüche.

Nicht unmittelbar Gegenstand dieser Arbeit ist die Rechtsproblematik, die sich bei der Implantation von Organen stellt, da sich der Empfang eines Transplantats aus der Sicht des Empfängers als Heileingriff darstellt. Da aber die Implantation eines Organs ja den einzigen Grund für eine Entnahme darstellt, diese beiden Eingriffe also unbedingt miteinander verknüpft sind, wird die Rolle des Empfängers an den erforderlichen Stellen mit dargestellt werden.

---

[3] BGBl. 1997 Teil 1 Nr. 74, S. 2631 ff.

[4] Vgl. BT-Drucks. 13/4355.

[5] Vgl. BGHZ 101, 215 ff; LG Bonn, VersR 1970, 715 ff.

B. Die medizinische und rechtliche Entwicklung der Organtransplantation bis zum Inkrafttreten des TPG[6]

I. Die medizinische Entwicklung

Will man die historische Entwicklung der Organtransplantation nachzeichnen, kann man sich im Hinblick auf die sich erst relativ spät herausbildenden medizintechnischen Möglichkeiten im wesentlichen auf die letzten Jahrzehnte beschränken.

Erste Andeutungen der Entstehung dieses neuen medizinischen Zweiges finden sich zwar schon Anfang des Jahrhunderts, als 1902 *E. Ullmann* in Wien und 1912 *A. Carrel*[7] in den USA Nierentransplantationen am Hund durchführten. Intention dieser Transplantationen war allerdings nur, die Möglichkeiten der Gefäßchirurgie zu verbessern.[8] Die eigentliche, d. h. die aus heutiger Sicht entscheidende Entwicklung der medizinischen Wissenschaft, menschliche Organe zu verpflanzen, begann aber erst in den fünfziger und sechziger Jahren, als die ersten erfolgreichen homioplastischen Organtransplantationen durchgeführt wurden.[9] Insbesondere für die Verpflanzung von Niere, Herz, Leber, Augenhornhäuten und Gehörknöchelchen wurde in dieser Zeit der entscheidende Grundstein gelegt,[10] wobei sich durch die Einführung des Immunsupressivum Azathioprin zunächst die Nierentransplantation zu einer echten Behandlungsmethode entwickelte.[11] Diese neue und hoffnungsträchtige Behandlungsmöglichkeit sorgte rasch für Aufmerksamkeit in der Bevölkerung. Weitere spektakuläre Ereignisse wie beispielsweise die erste Leberverpflanzung 1963, die erste Pankreasverpflanzung 1967, vor allem aber auch die erste erfolgreiche Herzverpflanzung beim Menschen am 3. 12. 1967 verhalfen der Transplantationsmedizin bald zu großer Popularität.[12]

---

[6] Transplantationsgesetz vom 5.11.1997, BGBl 1997, Teil 1 Nr. 74.

[7] Sowohl Ullmann, als auch Carrel waren bekannte Gefäßchirurgen ihrer Zeit.

[8] Eigler, Probleme der Organtransplantation, MedR 1992, S. 88.

[9] 1951 nahm R. Küss die erste Lebendspende von Nierentransplantaten vor, 1953 fand durch L. Michon die erste Verwandtenspende von Nierentransplantaten statt und am 23.12.1954 führten Joseph E. Murray und seine Mitarbeiter in Boston die erste erfolgreiche Nierentransplantation zwischen eineiigen Zwillingen durch, detailliert dazu siehe Kloth, Rechtsprobleme der Todesbestimmung und der Organentnahme vom Verstorbenen, S. 1 und Wagner, geschichtlicher Abriß der Organtransplantation in: Hrsg. R. Pichlmayr, S. 15, Transplantationschirurgie.

[10] Vgl. auch Schreiber/Wolfslast, Ein Entwurf für ein Transplantationsgesetz, MedR 1992, S. 189.

[11] Eigler, Probleme der Organtransplantation, MedR 1992, S. 88.

[12] Tress, Die Organtransplantation aus zivilrechtlicher Sicht, S. 1. Eine tabellarische Übersicht über die für die Geschichte der Organtransplantation wesentlichen Erfolge findet sich bei Wagner, Geschichtlicher Abriß der Organtransplantation in:, R. Pichlmayr (Hrsg.), Transplantationschirurgie, S. 11 ff.

In den folgenden Jahrzehnten entwickelte sich die medizinische Seite der Organtransplantation stetig und im Hinblick auf die Transplantationszahlen auf positive Weise fort. Die technischen Möglichkeiten und damit die praktische Anwendung wurden so bedeutend verbessert, dass die Transplantationsmedizin heute einen nicht mehr hinwegzudenkenden Teil ärztlicher Behandlungsmethoden darstellt.

Besondere Bedeutung kommt heute der Herz-, in Zukunft sehr wahrscheinlich auch der Leber-, vor allem aber immer noch der Nierentransplantation zu, die die am häufigsten durchgeführte Verpflanzung darstellt.[13]

So viele Vorteile diese Wissenschaft auf medizinischer Seite gebracht hat, so viele Ängste und Probleme hat sie auf der ethischen und daran anknüpfend auch auf der rechtlichen Seite hervorgerufen. Dies hauptsächlich durch die nur bei der Organtransplantation bestehende Besonderheit, dass einem Kranken nur dadurch geholfen werden kann, dass einem anderen lebenden oder toten Menschen ein Organ entnommen wird, wodurch – anders als bei sonstigen Heilmethoden - gegensätzliche Interessen und Rechte aufeinander treffen. *Zenker*[14] verweist auf den Ausspruch "neue Wissenschaft, neue Ethik", den Bert Brecht den alternden Galilei machen lässt. Dieser Ausspruch gewinnt insbesondere unter dem Aspekt an Bedeutung, dass Ethik vom Zeitgeist der Gesellschaft und damit auch von der jeweiligen Kultur und Wissenschaft abhängig ist. Gerade im Bereich der Organspenden trifft dies zu, da sich durch die medizinischen Möglichkeiten eine völlig neue Sicht des bis dahin unantastbar und unaustauschbar erscheinenden menschlichen Körpers entwickeln musste.

Doch ein solcher Ethik-Wandel, der sich im Inneren der einzelnen Bürger vollziehen muss, kann ohne Ängste und Unruhen vor dem Neuen kaum stattfinden. Und von der Vorstellung des Menschen als unveränderlichem Ganzen, als einer menschlichen Disposition entzogenen Einheit abzukommen, um zu einem Verständnis des Körpers zu gelangen, das – zwar in Grenzen, aber doch prinzipiell – einen Austausch von Organen zuläßt, war für die Bevölkerung in den 60er Jahren - und ist es auch heute noch teilweise - kein leichter Schritt.

Mit der Popularität von Organtransplantationen und der Hoffnung, vielen Patienten zu neuer Lebensqualität zu verhelfen, und trotz aller Hochachtung vor dem Fortschritt der medizinischen Wissenschaft stiegen also auch die Ängste in der Gesellschaft: Zum einen vor der Gefahr der Ausschlachtung des Körpers als lebendes oder totes Ersatzteillager; bei der postmortalen Organspende vor einer nicht korrekten Bestimmung des Todeszeitpunktes und damit vor der Gefahr, dass lebenswichtige Organe bei einem vielleicht noch Lebenden entnommen

---

[13] Zenker, Ethische und rechtliche Probleme der Organtransplantation, S. 7; zur medizinischen Seite der Nierentransplantation vgl. Viebahn, ...und das Leben geht weiter!, Informationsbroschüre über die Nierentransplantation, 1999.

[14] Ethische und rechtliche Probleme der Organtransplantation in: Transplantationschirurgie (Hrsg. R. Pichlmayr), 1981, S. 3.

werden könnten.[15] Zum anderen machten sich aber auch Bedenken breit, ob es überhaupt erlaubt sein könne oder dürfe, den Teil eines Menschen ohne weiteres mit einem anderen Menschen zu verbinden. Insbesondere bei der Verpflanzung des Herzens, das weit verbreitet als Wohnung der menschlichen Seele angesehen wird, wuchs die Befürchtung, ob ein solcher Austausch nicht auch einen Identitätswechsel zur Folge haben könnte.[16]

Diese Frage nach der generellen Zulässigkeit einer Organtransplantation, also ob eine Organentnahme, speziell eine postmortale, ethisch überhaupt erlaubt sein kann, beschäftigte aber nicht nur die Gesellschaft in Form der einzelnen Bürger, vielmehr entflammte binnen kurzer Zeit eine Auseinandersetzung über diese Fragen zwischen Theologen und Naturwissenschaftlern, aber auch der Mediziner untereinander.[17] Folge dieser ethischen Auseinandersetzung war auch der Beginn der rechtlichen Diskussion um die Zulässigkeit von Organentnahmen und deren Voraussetzungen und damit letztlich um das gesamte rechtliche Umfeld der Organtransplantation.[18] Diese Diskussion zog sich in unterschiedlicher Intensität bis in die 90er Jahre.[19] Das Inkrafttreten des neuen Transplantationsgesetzes 1997 hat die ethische Diskussion nicht zum Erliegen gebracht, innerhalb der Ärzteschaft hat sie sich aber teilweise dahingehend verlagert, wie innerhalb der durch das TPG vorgegebenen Rahmenbedingungen ein medizinisch optimales, strafrechtlich nicht relevantes und ethisch verträgliches Verhalten möglich ist.[20]

II. Die rechtliche Entwicklung

Aufgrund der geschilderten zunehmenden Durchführung von Organverpflanzungen und der im gleichen Maße wachsenden Unsicherheit über Voraussetzungen und Folgen derselben, stieg Ende der sechziger, Anfang der siebziger Jahre das Bedürfnis nach gesetzgeberischen Aktivitäten. Der verbreitete Ruf nach einer allen Interessen gerecht werdenden rechtlichen Regelung brauchte jedoch noch fast ein Jahrzehnt, bis der Gesetzgeber ihn in Form eines Gesetzesentwurfs von 1978, der am 16. März 1979 von der Bundesregierung eingebracht wurde, erhörte. Er beruhte auf Vorarbeiten einer Bund-Länder-Arbeitsgruppe, in der sich

[15] Kohlhaas, Rechtsfragen zur Transplantation von Körperorganen, NJW 1967, S. 1489; Wolfslast, Transplantation ohne Gesetz?, MMW 1982, S. 105.

[16] Kallmann, Rechtsprobleme bei der Organtransplantation, FamRZ 1969, S. 572.

[17] Kohlhaas, Rechtsfragen zur Transplantation von Körperorganen, NJW 1967, S. 1489; Zenker, Ethische und rechtliche Probleme der Organtransplantation in: R. Pichlmayr (Hrsg.), Transplantationschirurgie S. 3 ff.

[18] Deutsch, Brauchen wir ein Transplantationsgesetz, Der Chirurg 51 (1980), S. 349; Pichlmayr, Transplantationsgebung in chirurgischer Sicht, Der Chirurg 51 (1980), 344 ff.

[19] Schreiber/Wolfslast, Ein Entwurf für ein Transplantationsgesetz, MedR 1992, S. 189.

[20] Was der Verfasserin in zahlreichen Gesprächen mit Transplantationsmedizinern und auf entsprechenden Tagungen mitgeteilt wurde.

in den Jahren 1974-1976 Mediziner und Juristen um Vorschläge für eine interessengerechte Regelung bemüht hatten.[21]

Der Entwurf beinhaltete die sog. "Widerspruchslösung", welche vorsah, dass eine Organentnahme bereits dann zulässig sein sollte, wenn der Spender zu Lebzeiten, bzw. nach seinem Tode die Angehörigen, diese nicht in einer dem Arzt zugänglichen Weise widersprochen hatten.[22] Zudem beinhaltete der Entwurf eine Regelung über die Bestimmung des Todeszeitpunktes. Aufgrund nicht lösbar erscheinender Meinungsverschiedenheiten über die Zulässigkeitsvoraussetzungen einer Organentnahme kam der Entwurf jedoch nicht über die erste Lesung im Bundestag und den Beginn der Beratungen im Rechtsausschuß hinaus.[23] Der Bundesrat stellte ihm vielmehr einen völlig gegensätzlichen Entwurf, die sog. "Zustimmungslösung",[24] also die Zulässigkeit einer Organentnahme nur bei ausdrücklicher Zustimmung des potentiellen Spenders (oder nach seinem Tode die der Angehörigen, so die "erweiterte Zustimmungslösung"), gegenüber, auch dieses verbunden mit einer Regelung über die Bestimmung des Todeszeitpunktes des potentiellen Spenders. In diesem letzten Punkt stimmten die Entwürfe also überein. Sie definierten zwar noch nicht den Todeszeitpunkt, forderten aber zumindest, dass der Tod von zwei nicht dem Transplantationsteam angehörenden Ärzten festgestellt werden müsse, enthielten also ein förmliches Todesfeststellungsverfahren.[25] Ziel dieses Vorschlags war es, den Ängsten in der Bevölkerung entgegenzuwirken, Organspender könnten voreilig für tot erklärt werden.[26]

Aufgrund der sowohl medizinisch als auch rechtlich gravierend unterschiedlichen Auffassungen über eine sachgerechte Regelung und der einhelligen Ansicht, dass die Durchsetzung einer Lösung gegen große Widerstände nicht im Interesse der Transplantationstherapie sei, konnte sich weder der eine noch der andere Lösungsvorschlag durchsetzen; am Ende der 8. Legislaturperiode am 4. 11. 1980 waren beide Entwürfe vielmehr wieder verfallen.[27]

Parallel dazu flachte auch außerhalb der legislativen Gremien die Diskussion um ein künftiges Transplantationsgesetz wieder deutlich ab. Von verschiedenen Seiten, die anfangs auf ein entsprechendes Gesetz gedrängt hatten, kamen sogar

---

[21] Lemke, Stand der Diskussion zum Entwurf eines Transplantationsgesetzes, MedR 1991, S. 281.

[22] Kern, Fremdbestimmung bei der Einwilligung in ärztliche Eingriffe, NJW 1994, S. 758.

[23] Vgl. BT-Drucksache 8/2681, aber zuvor BR-Drucksache 359/78; Bundesrat 465. Sitzung, Protokoll vom 10. 11. 1978, S. 438 ff; Bundestag, 8. Wahlperiode, Sitzung vom 26. 4. 1979, Protokoll, S. 11 811.

[24] BT Drucksache 8/2681, S. 14 ff.

[25] § 2, Abs. 5 BRegE; § 3, Abs. 2 BRatE.

[26] Wolfslast, Transplantation ohne Gesetz?, MMW 1982, S. 108 und Fn. 24.

[27] Schreiber, Vorüberlegungen für ein künftiges Transplantationsgesetz, S. 341; Zur ganzen Entwicklung ausführlich Lemke, Stand der Diskussion zum Entwurf eines Transplantationsgesetzes, MedR 1991, S.281 ff.

Empfehlungen, das Vorantreiben eines Gesetzesentwurfes vorerst zu beenden, sich eine "Besinnungs- und Überlegungspause" zu gönnen,[28] um zunächst die weiteren Entwicklungen abzuwarten und neue Erfahrungen zu sammeln.[29]

Die Gründe für das zurückgehende Interesse an einer gesetzlichen Regelung lagen hauptsächlich in der Erkenntnis begründet, dass sich die Transplantationsmedizin auch ohne ein entsprechendes Gesetz praktikabel erwies. Zum einen waren mit dem Ende der 70er Jahre genügend Dialyseplätze vorhanden und somit kein Patient mangels künstlicher Nieren unmittelbar vom Tode bedroht, sodass die Verpflanzung des am häufigsten benötigten Organs aufgrund der gewachsenen Kapazitäten nicht mehr einer solchen Dringlichkeit unterlag. Des weiteren verringerten sich durch zunehmende Aufklärung der Öffentlichkeit die Schwierigkeiten mit den Angehörigen,[30] die vormals ein Hauptargument für die sog. Widerspruchslösung waren. Insbesondere versprach sich die Bundesregierung durch die Aufklärungs- und Werbearbeit des von der Bundeszentrale für gesundheitliche Aufklärung geförderten "Arbeitskreises Organspende" eine breitere Akzeptanz der Transplantationsmedizin in der Öffentlichkeit.[31] Selbst die katholische Kirche, die vorab zumindest die Widerspruchslösung des Entwurfs abgelehnt hatte, beteiligte sich an der intensiven Werbung für Organspenden auf freiwilliger Basis.[32]

Schließlich entstand im Laufe der Diskussion um das Transplantationsgesetz und durch weitere gezielte Werbung für Organspenden auf freiwilliger Basis (d.h. das Werben für Organspendeausweise) ein neues Bewußtsein und eine positivere Einstellung zur Transplantationsmedizin, sodass der Mangel an Spenderorganen gegenüber den Anfangsjahren zurückging.[33]

---

[28] So der damalige Bundesjustizminister Dr. Hans-Jochen Vogel in: Zustimmung oder Widerspruch, NJW 1980, S. 629.

[29] Ähnlich z. B. auch das Schreiben der Bundesärztekammer vom 11. Januar 1980 an den Rechtsausschuß des deutschen Bundestages, welches die Anregung enthielt, das Transplantationsgesetz zunächst einmal ruhen zu lassen, von Bülow, Aufgaben des Gesetzgebers, S. 81.

[30] Schreiber, Vorüberlegungen für ein künftiges Transplantationsgesetz, S.342.

[31] Borchmann, die Bundesgesetzgebung zum Gesundheitsrecht im Jahre 1980, MedR 1991, S. 115.

[32] Von Bülow, Aufgaben des Gesetzgebers, S. 81. Diese Unterstützung erfolgte insbesondere deshalb, weil das Nichtweiterverfolgen des Gesetzes den theologischen Forderungen entsprach, eine Organtransplantation müsse in allen ihren Phasen Hilfeleistung des Menschen für den Menschen sein und dürfe "in keiner ihrer Phasen nur vom Gesetz erzwungene oder nur durch das Gesetz möglich gewordene Maßnahme sein". Vgl. hierzu die schriftliche Stellungnahme von Prof. Dr. Rief, Ausschuß-Drucksache 8/167, S. 7.

[33] Vgl. von Bülow, Aufgaben des Gesetzgebers, S. 81.

Da sich also die Transplantationen von Organen durch ein fehlendes Organspendegesetz nicht aufhalten ließen, die Zahl der durchgeführten Transplantationen vielmehr ständig weiter anstieg,[34] ruhte die Diskussion während der gesamten 80er Jahre nahezu.

Auch wenn keine umfassende Kodifizierung vorlag, bewegte sich die Transplantationsmedizin jedoch nicht völlig im rechtsfreien Raum.[35] Zum einen bestanden bereits Standesrichtlinien der Ärzteschaft bezüglich der Voraussetzungen einer Organentnahme, insbesondere ausführlich zu den Kriterien der Todesbestimmung,[36] die zwar keine gesetzliche Grundlage im o. g. Sinne bildeten, den Ärzten aber doch immerhin eine Hilfestellung gaben und der Bevölkerung gleichzeitig als Indiz gegen die befürchtete Willkür bei Todesfeststellung und Organentnahme dienen konnten. So gab sich z.B. die Arbeitsgemeinschaft der Transplantationszentren der Bundesrepublik Deutschland einschließlich Berlin-West e.V. einen Transplantationskodex, der eine Zusammenfassung medizinischer, ethischer und juristischer Grundsätze enthielt, die zwar keine Rechtsverbindlichkeit besaßen, aber doch immerhin eine Selbstbindung und Eigenkontrolle der Ärzte darstellten.

Zum anderen galten aber auch ohne ein entsprechendes Gesetz die allgemeinen rechtlichen Regelungen und Grundsätze, wie etwa das im Grundgesetz verankerte Recht auf Selbstbestimmung und das allgemeine Persönlichkeitsrecht, insbesondere aber bei postmortalen Organspenden das durch Art 1 I GG und Art 2 I GG geschützte fortwirkende Persönlichkeitsrecht des Verstorbenen.[37]

Diese trotz fehlenden Spezialgesetzes ableitbaren Rechte des potentiellen Spenders und die Scheu, eine Medizin zu betreiben, die diese Rechte verletzen könnte, bestimmten die Transplantationspraxis in den darauffolgenden Jahren.

Nur wenn man eine Organentnahme von einer eindeutigen Einverständniserklärung des Spenders abhängig machte, ginge man dieser Gefahr aus dem Wege, weshalb die sog. Widerspruchslösung als Verfahrensweise für die Praxis ausschied. Außerdem war man zu dem Ergebnis gelangt, dass die Widerspruchslösung nicht unbedingt förderlich für die ohnehin hohe Zahl der Transplantationen sein müßte, dass sie vielmehr sogar hinderlich sein könnte, da aufgrund der vorhandenen Ängste und emotionalen Vorbehalte mangels zwingendem, der Aufklärung dienendem Gespräch der Spender eher zu einem Wider-

---

34 Zu den Zahlen vgl. Lemke, Stand der Diskussion zum Entwurf eines Transplantationsgesetzes, MedR 1991, S. 283.

35 Vgl. hierzu Möx, Zur Zulässigkeit von Organentnahmen, ArztR 1994, S. 39 und Laufs, Arztrecht, Rn. 189; Lemke, Stand der Diskussion zum Entwurf eines Transplantationsgesetzes, MedR 1991, S. 283 f.

36 Siehe die Stellungnahme des wissenschaftlichen Beirates der Bundesärztekammer zur Frage der Kriterien des Hirntodes, DÄBl 1982, Heft 14, S. 45 ff.

37 H.-L. Schreiber, Vorüberlegungen für ein künftiges Transplantationsgesetz, S. 349; Schreiber, C., Rechtliche Aspekte der Organtransplantation, S. 77.

spruch neigen könnte. Die gleiche Gefahr wurde in Bezug auf die Angehörigen gesehen,[38] welche sich durch ein nicht erfolgtes Einwilligungsgespräch in ihrem Pietätsempfinden verletzt fühlen könnten. Aus diesen Gründen begann sich in Deutschland als praktizierte Verfahrensweise die sog. "erweiterte Zustimmungs- oder Einwilligungslösung" durchzusetzen, nach welcher der Verstorbene zu Lebzeiten aufgrund des ihm garantierten allgemeinen Persönlichkeitsrechts durch einen Organspendeausweis oder auf andere Weise entscheiden kann, ob nach seinem Ableben eine Organentnahme zulässig sein soll. Liegt eine eindeutige Erklärung vor, so sind nach dieser Lösung alle, auch die Angehörigen daran gebunden. Nur wenn der Verstorbene zu Lebzeiten keine Erklärung abgegeben hat, können die Angehörigen nach Aufklärung einer Organentnahme zustimmen.[39]

Obwohl diese Verfahrensweise jahrelang befolgt und weitgehend auch als praktikabel angesehen wurde, was durch die statistischen Zahlen über durchgeführte Transplantationen auch belegt werden kann,[40] lebte die Diskussion um ein künftiges Transplantationsgesetz mit Beginn der neunziger Jahre wieder auf.

Die Gründe dafür waren unterschiedlicher Art. Hauptsächlicher Streitgegenstand war immer noch die Festlegung des Todeszeitpunkts, der die Voraussetzung für jede postmortale Organentnahme darstellt.[41] Obwohl der Todeszeitpunkt bereits seit 1980[42] von den Medizinern gleichbleibend auf den sog. Hirntod festgelegt wurde, konnte dies die fortbestehende Unsicherheit in der Öffentlichkeit nicht beilegen. Rechtsunsicherheit bestand aber auch auf Seiten der Ärzte, besonders der nicht-transplantierenden Intensivmediziner, die aufgrund der Pflicht, bei der Organgewinnung behilflich zu sein, das Gespräch mit den in Frage kommenden

---

[38] die aufgrund des möglichen Totensorgerechts als Zustimmungspersonen nach Meinungsumfragen ungeachtet schon deshalb in Betracht kamen, weil bei einem Verstorbenen ohne ausdrücklich erklärten Willen die Vermutung nicht schon automatisch gegen eine Einwilligung sprach. Vgl. hierzu Deutsch, Die rechtliche Seite der Transplantation, ZRP 1982, S. 175.

[39] Zenker, Ethische und rechtliche Probleme der Organtransplantation, S. 5 f; Lemke, Stand der Diskussion zum Entwurf eines Transplantationsgesetz, MedR 1991, S. 283; Deutsch, Die rechtliche Seite der Transplantation, ZRP 1982, S. 175 f; Schreiber/Wolfslast, Ein Entwurf für ein Transplantationsgesetz, MedR 1992, S. 190; Schreiber, C., Rechtliche Aspekte der Organtransplantation, S. 82 f; Borchmann, Die Bundesgesetzgebung zum Gesundheitsrecht im Jahre 1990, MedR 1991, S. 115; Pichlmayr/Honecker/Wolfslast, Lexikon Medizin, Ethik, Recht, Stichwort Organtransplantation, Spalte 767 ff.

[40] Was mit H.-L. Schreiber, Vorüberlegungen für ein künftiges Transplantationsgesetz, S. 348, auch dahingehend gedeutet werden kann, dass die Praxis einfach nur "gangbare" Wege gefunden hat, mit der gegenwärtigen Rechtslage klarzukommen.

[41] Vgl. hierzu ausführlich Rixen, Todesbegriff, Lebensgrundrecht und Transplantationsgesetz, ZRP 1995, S. 464 f.

[42] Vgl. zu den erstmals herausgegebenen Richtlinien DÄBl 1982, Heft 14, S.45 ff; später dann, allerdings mit Änderung der sprachlichen Regelung der Wissenschaftliche Beirat der Bundesärztekammer, Kriterien des Hirntodes, Entscheidungshilfen zur Feststellung des Hirntodes, DÄBl 88/1991, C 2417-2422; Zum "endgültigen Ausfall der gesamten Hirnfunktion ("Hirntod") als sicheres Todeszeichen, DÄBl 90/1993, B 2177-2179.

Patienten suchen sollten oder mangels Einwilligung des Verstorbenen Gespräche mit den Angehörigen eines nach den Kriterien des Hirntodes Verstorbenen führen mussten, was den Wunsch oder die Hoffnung auf eine Erleichterung dieser schwierigen Aufgabe durch einen gesetzlich vorgegebenen Rahmen verstärkte. Schwierigkeiten in diesem Zusammenhang bereitete insbesondere die immer häufiger vorkommende Multi-Organentnahme, die eine noch größere Ablehnung erfuhr als die Entnahme etwa nur eines einzelnen Organs.[43]

Abgesehen von der allgemeinen Unsicherheit sowohl beim Spender als auch beim Empfänger über die Umstände einer Transplantation, kamen in den letzten Jahren noch die Gefahren der Kommerzialisierung der Organspende, vor allem aber die des Organhandels hinzu, die den erneuten Ruf nach einem bundeseinheitlichen Transplantationsgesetz laut werden ließen.[44]

Gleichzeitig belebten auch politische Gründe die Diskussion um ein künftiges Transplantationsgesetz aufs neue, da zum einen in der Zwischenzeit schon einige europäische Länder ein Transplantationsgesetz vorweisen konnten, zum anderen das früher in der DDR geltende, auf der Widerspruchslösung basierende Recht[45] eine unterschiedliche Rechtsanwendung auf äquivalente Sachverhalte innerhalb Deutschlands verursachte[46] und damit einen rechtlich und politisch nur übergangsweise hinnehmbaren Zustand begründete.[47]

Diese Mißstände und Unstimmigkeiten waren Anlaß für mehrere, von verschiedenen Seiten ausgehende Initiativen hinsichtlich eines künftigen Transplantationsgesetzes. Im parlamentarischen Bereich ging diese nach dem Gesetzesentwurf von 1978 erstmals erfolgende Initiative zunächst von der Fraktion der GRÜNEN in Form mehrerer Anfragen aus, die zwar mit unterschiedlicher Fragestellung eingebracht wurden, doch alle den möglichen Anwendungsbereich eines künftigen Transplantationsgesetzes betrafen. Insbesondere durch ihre kleine Anfrage zu "Hirntodbestimmung und Organexplantation bei Unfallopfern"[48] und durch ihre große Anfrage zu "Problemen der modernen Transplantationsmedizin"[49] wollte die Fraktion mit den darin enthaltenen mehreren hundert Fra-

---

[43] Schreiber/Wolfslast, Ein Entwurf für ein Transplantationsgesetz, MedR 1992, S. 190; auch v. Bülow, Aufgaben des Gesetzgebers, S. 82, der dieses Problem aber als so nicht gravierend einschätzt.

[44] Vgl. NJW-Wochenspiegel, 1994, Heft 40, S. XLIX; Schreiber/Wolfslast, Ein Entwurf für ein Transplantationsgesetz, MedR 1992, S. 190.

[45] Vgl. hierzu die Verordnung über die Durchführung von Organtransplantationen vom 4. 7. 1975, GBl. 1974 I, S. 597; 1977 I, S. 141; 1987 I, S. 199.

[46] Vgl. Art. 9 EinigungsV.

[47] Zum Übernahmeproblem des DDR-Rechts Lemke, Stand der Diskussion zum Entwurf eines Transplantationsgesetzes, MedR 1991, S. 287 f.

[48] BT-Drucks. 11/3759.

[49] BT-Drucks. 11/7980, wobei diese Anfragen nicht die ersten diesbzgl. waren, die Große Anfrage vielmehr an frühere Kleine Anfragen der verschiedenen Fraktionen anknüpfte. Vgl. hierzu

gen eine Bestandsaufnahme der medizinischen und rechtlichen Probleme der modernen Transplantationsmedizin veranlassen und zugleich die Bundesregierung von der Notwendigkeit eines Transplantationsgesetzes überzeugen und sie zu einer die Fragen betreffenden Prüfung bewegen.

Die Bundesregierung hatte zwar in ihrer Antwort vom 26. September 1990 die gewünschte Bestandsaufnahme vorgenommen, sich von den für ein Transplantationsgesetz sprechenden Argumenten aber nicht überzeugen lassen.[50] Jedoch nicht nur in den Reihen der GRÜNEN, die am 7.1.1995 einen Entwurf für ein TPG einbrachten,[51] und nicht nur im Bundestag ging das Bestreben um ein Transplantationsgesetz weiter. So stellten eine ganze Reihe Abgeordneter und die Fraktion der SPD am 21. 6. 1994 einen Antrag auf Beschluß eines (ausführlich dargelegten) Transplantationsgesetzes,[52] aber auch auf Landesebene wurden die Gesetzgeber aktiv, wie sich am Beispiel des rheinland-pfälzischen Transplantationsgesetzes zeigen lässt.[53] Dieser Entwurf sollte als Ergebnis der in den Jahren davor wieder aufgeflammten Diskussion Vorreiter für ein bundeseinheitliches Transplantationsgesetz sein, stieß aber auf massiven gesellschaftlichen und politischen Widerstand zum einen aufgrund der vorgesehenen Widerspruchslösung, zum anderen, weil es sich nach den laut werdenden Stimmen um eine Materie handele, die (im Jahre 1995) bundeseinheitlich geregelt werden solle und ein entsprechendes Landesgesetz dieses Bestreben nur hindern könne. Das Inkrafttreten des Gesetzes wurde daher vorerst aufgeschoben.

Aber auch außerhalb des parlamentarischen Bereichs wurde in den letzten Jahren ein neu auflebendes Engagement für ein Transplantationsgesetz aus verschiedenen Richtungen spürbar, wie sich etwa an einer Initiative der deutschen Bischofskonferenz und des Rates der evangelischen Kirche in Deutschland oder einem ausführlichen Entwurf der "Arbeitsgemeinschaft der Deutschen Transplantationszentren e.V." zeigte.[54]

---

zur "Organentnahme" BT-Drucks. 10/6542, zur "Knochenmarkstransplantation" BT-Drucks. 11/2803 und zum "Organhandel" BT-Drucks. 11/3993.

[50] Lemke, Stand der Diskussion zum Entwurf eines Transplantationsgesetzes, MedR 1991, S. 284; BT-Drucks. 11/7980, S. 2 f.

[51] BT-Drucks. 13/2926.

[52] BT-Drucks. 12/8063.

[53] Am 15. 10. 1992 hatte die SPD-Fraktion einen Entwurf für ein solches Gesetz im Landtag eingebracht (LT-Drucks. 12/2094), der durch eine Beschlußempfehlung des Sozialpolitischen Ausschusses vom 23. 6. 1994 (LT-Drucks. 12/5037, S. 11) dann noch entscheidend modifiziert wurde. Der Gesetzesentwurf wurde unter Berücksichtigung der Beschlußempfehlung mit knapper Mehrheit angenommen, er basierte auf der sog. Widerspruchslösung und sah eine entschiedene Ablehnung der Zustimmungslösung vor, siehe Weber/Lejeune, Rechtliche Probleme des Rheinland-pfälzischen Transplantationsgesetzes, NJW 1994, 2392.

[54] Vgl. hierzu Lemke, Stand der Diskussion zum Entwurf eines Transplantationsgesetzes, MedR 1991, S. 285.

Mit der zunehmenden Diskussion verhärteten sich auch die Fronten zwischen Vertretern der Widerspruchslösung und solchen der Zustimmungslösung wieder. Als Folge davon kam, zwar Ende der 70er Jahre schon angesprochen, aber nicht weiter verfolgt, die sog. "Informationslösung"[55] als Lösungsmodell hinzu. Diese sieht bei mangelnder Willensäußerung des Verstorbenen die Unterrichtung der Angehörigen von der beabsichtigten Organentnahme vor. Die Angehörigen können der Organentnahme ausdrücklich zustimmen, ihr widersprechen, sie können die Mitteilung aber auch schweigend hinnehmen. Hat also entweder der Verstorbene eingewilligt oder aber haben die Angehörigen einer Entnahme nicht widersprochen, soll die Organentnahme zulässig sein.

Mit dieser Lösung sollte dem Umstand Rechnung getragen werden, dass es den Angehörigen in der konkreten Situation aufgrund der emotionalen Beteiligung oft schwer fällt, einer Organentnahme zuzustimmen, obwohl sie grundsätzlich mit der Maßnahme einverstanden sind.[56]

Damit standen wieder mehrere juristisch, politisch und ethisch nicht leicht zu beurteilende Lösungsmöglichkeiten im Raume. Obwohl sich in der medizinischen und juristischen Literatur zahlreiche Stimmen gegen die Notwendigkeit eines Transplantationsgesetzes fanden,[57] nahm das Gesetzgebungsverfahren wegen der zunehmenden praktischen Relevanz der Transplantationsmedizin seinen Fortgang und mündete in einem alle Bereiche der Transplantationsmedizin, also die Lebendspende, die postmortale Spende, die Todesbestimmung, die Kommerzialisierung, den Organhandel etc. umfassenden Gesetz, das am 5.11.1997 in Kraft trat.[58]

Der nach dem oben angesprochenen Entwurf der GRÜNEN entscheidende Gesetzesentwurf ist im Antrag der Fraktionen CDU/CSU, F.D.P. und SPD vom 16.4.1996[59] enthalten, dem das heutige Gesetz in weiten Teilen entspricht und dessen Annahme vom Ausschuß für Gesundheit empfohlen wurde.[60] Es folgten

---

55 Schreiber/Wolfslast, Ein Entwurf für ein Transplantationsgesetz, MedR 1992, S. 190.

56 Eigler, Probleme der Organtransplantation, MedR 1992, S. 91; insb. zu einem, die Informationslösung beinhaltenden Entwurf der Arbeitsgemeinschaft der Deutschen Transplantationszentren e.V. Lemke, Stand der Diskussion zum Entwurf eines Transplantationsgesetzes. MedR 1991, S. 286.

57 Von Bülow, Aufgaben des Gesetzgebers, S. 81; Laufs, Rechtsfragen der Organtransplantation, S. 73; Zenker, Ethische und rechtliche Probleme der Organtransplantation, S. 6; Schreiber, C., Rechtliche Aspekte der Organtransplantation, S. 83.

58 BGBl 1997 Teil 1 Nr. 74, S. 2631 ff.

59 BT-Drucks. 13, 4355.

60 BT-Drucks. 13/8017.

jedoch noch eine Reihe weiterer Anträge mit Änderungsvorschlägen, die sich allerdings weitgehend auf die Voraussetzungen der postmortalen Organentnahme und der Todesbestimmung bezogen.[61]

Zu den einzelnen Voraussetzungen und Regelungen des TPG siehe unten Teil 2, A.II.

[61] Zur zeitlichen Abfolge des Gesetzgebungsverfahrens: BT-Drucks. 13/2926 vom 7.1.1995 – Entwurf eines TPG, eingebracht von Bündnis 90/DIE GRÜNEN; BT-Drucks. 12/8063 – Antrag der SPD und verschiedener Abgeordneter, Entwurf eines TPG; BT-Drucks. 13/4114 vom 14.3.1996 – Antrag der Abgeordneten Wodarg, Däubler-Gmelin u.a., die Organentnahme soll von der persönlichen Zustimmung des Spenders abhängig gemacht werden, Hirntod als unumkehrbarer Punkt des Sterbeprozesses, nicht aber als Gesamttod; BT-Drucks. 13, 4355 vom 16.4.1996 – umfassender Entwurf der Fraktionen CDU/CSU, F.D.P., SPD; BT-Drucks. 13/4368 vom 17.4.1996 – Antrag Dreßler/Seehofer, Hirntod als Tod des ganzen Menschen und Entnahme auch bei Zustimmung der Hinterbliebenen; BT-Drucks. 13/6591 vom 17.12.1996 – Antrag Schmidt-Jortzig, Geis, von Klaeden u.a., Hirntodfrage kann unbeantwortet bleiben, aber ab dessen Feststellung Organentnahme zulässig, Explantation nur bei persönlicher Einwilligung und Appell an die Bevölkerung zur Spende; BT-Drucks. 13/8017 vom 23.6.1997 – Beschlussempfehlung und Bericht des Ausschusses für Gesundheit, Beschlussempfehlung, den Gesetzesentwurf BT-Drucks. 13/4355 anzunehmen u.a.; BT-Drucks. 13/8025 vom 24.6.1997 – Antrag Wodarg u.a., die enge Zustimmungslösung; BT-Drucks. 13/8026 vom 24.6.1997 – Änderungsantrag Wodarg, Däubler-Gmelin u.a., höchstpersönliche Zustimmung als Voraussetzung für die Entnahme; BT-Drucks. 13/8027 vom 24.6.1997 – Änderungsantrag Blüm, Seehofer, Solms, Dreßler, Schäuble, Scharping, Hintze u.a. auf erweiterte Zustimmungslösung; BT-Drucks. 13/8028 vom 24.6.1997 – Antrag von Klaeden, Götzer u.a., erweiterte Zustimmungslösung in engerer Form, die Angehörigen sollen den Willen des Betroffenen erklären können, aber nur unter engeren Bedingungen; BT-Drucks. 13/8029 vom 24.6.1997 – Antrag Schmidt-Jortzig u.a., weil der Mensch sich ungern mit seinem Tod beschäftige, sollen Krankenkassen und Ämter bei der Übersendung von Versicherungskarten und Dokumenten auffordern, sich zur Organspende zu erklären; BT-Drucks. 13/8030 – Modifizierter Antrag Schmidt-Jortzig u.a. hinsichtlich Einwilligung durch Verwandte und Eltern nicht einwilligungsfähiger Kinder; BT-Drucks. 13/8031 – Änderungsantrag Cutenhausen, Schmidt u.a., Angehörige sollen den erklärten oder mutmaßlichen Willen des Betroffenen erklären, falls nicht bekannt, dürfen sie erklären, was sie wollen.

Teil 2: Die Organentnahme vom lebenden Spender

A. Der Normalfall - Die freiwillige Organspende

I. Allgemeines

Die Lebendspende ist ein wichtiger Teil des gesamten Transplantationswesens. Auch wenn sich die Diskussion in Presse und Medien vorwiegend um die postmortale Organspende und die Hirntodproblematik dreht, sollte die Bedeutung der Lebendspende nicht unterschätzt werden.

Die Lebendspende ist zwar gegenüber der Übertragung eines postmortal gespendeten Organs gem. § 8 Abs. 1 S. 1 Nr. 3 des neuen Transplantationsgesetzes subsidiär, stellt aber gerade dann, wenn also kein postmortal gespendetes Organ zur Verfügung steht, für den Patienten oft die einzige Möglichkeit der Rettung oder der Rückkehr in ein erträgliches Leben dar.

Wie dringend der Bedarf auch an Lebendspenden ist, zeigt die Veröffentlichung der Deutschen Stiftung Organtransplantation, nach der die durchschnittliche Wartezeit auf eine Niere in Deutschland fünf Jahre beträgt. Aufgeschlüsselt für das Jahr 1997 etwa heißt das: Ca. 10500 Warteliste-Patienten bei ca. 2249 Nierentransplantationen, davon lediglich 1970 nach postmortaler Organspende.[62]

Aus medizinischer Sicht ist bei der Lebendspende insbesondere die Übertragung von Leber und Niere eine anerkannte Behandlungsmethode und wird weltweit praktiziert. So können entnommene Nieren sich zwar nicht wiederbilden, ein gesunder Mensch kann jedoch ohne weiteres dauerhaft mit einer Niere auskommen, bei einer Teilleberspende hingegen kann die Leber des Spenders sogar zu ihrer vollen Leistungsfähigkeit zurückfinden.[63]

Im Vergleich zu anderen Ländern hat die Lebendspende von Organen in Deutschland zwar noch einen recht geringen Stellenwert, gewinnt aber von Jahr zu Jahr stetig an Bedeutung. So stammten etwa 1996 erst 129 der insg. 2016 übertragenen Nieren von lebenden Spendern, 1997 waren es bereits 279 der 2249 übertragenen Nieren,[64] die Zahl hat sich also von einem zum anderen Jahr praktisch verdoppelt.

---

[62] Presseinformation der Deutschen Stiftung Organtransplantation vom 19.1.1998.

[63] Seidenath, Lebendspende von Organen, MedR 1998, S. 253.

[64] Presseinformation der Deutschen Stiftung Organtransplantation vom 19.1.1998.

In den Jahren von 1998 bis 1999 ist die Spendebereitschaft insgesamt zurückgegangen, rückläufig waren jedoch nur die Zahlen der postmortalen Transplantationen. Die Zahl der Lebendspenden ist weiter gestiegen, wenn auch etwas langsamer als in den vorhergehenden Jahren.

Eine Gegenüberstellung der letzten beiden Jahre soll die Bedeutung der Lebendspende und der postmortalen Spende verdeutlichen.

Transplantationen	1998 (absolut)	1999 (absolut)
Niere	**2340**	2275
davon Lebendspende	**343**	380
Leber	**722**	757
davon Lebendspende	**25**	41
Herz	**542**	500
Lunge	**131**	146
Pankreas	**183**	218
insgesamt	**3918**	3896

Abb. 1: Transplantationen 1998/1999[65]

Die Zahlen zeigen die immer noch geringe Spendebereitschaft in Deutschland, sie liegt weit unter dem europäischen Durchschnitt.[66] Und an dem Organbedarf gemessen, ist die Zahl der durchgeführten Transplantationen immer noch viel zu gering, wie die folgende, vom *Arbeitskreis Organspende*[67] veröffentlichte Statistik für das Jahr 1998 zeigt.

[65]Mitteilung von Prof. Becker, Leiter des Transplantationszentrums, Universitätsklinik Tübingen.

[66]Spanien etwa hat eine fast 4-mal so hohe Anzahl an Transplantationen bei geringerer Bevölkerungsdichte.

[67]Eine Institution, die mit ihren über 30 Mitgliedsorganisationen die Aufklärung der Bevölkerung in Deutschland zum Thema Organspende und die Förderung der Organspendebereitschaft zur Aufgabe hat.

Organ	Mindestbedarf pro Jahr	Realisiert 1998
Niere	4.000	2.340
Leber	1.000	722
Herz	1.000	542
Lunge	200	131
Pankreas	600	183

Abb. 2: Organbedarf und transplantierte Organe 1998

Die erste Tabelle zeigt jedoch, dass die Lebendspende, insbesondere wenn man die personelle Begrenzung betrachtet, bei der eine Lebendspende gem. § 8 Abs. 1 letzter Satz TPG nur zulässig ist, inzwischen einen wichtigen Teil der Organübertragungen ausmacht und dass die Zahl der Lebendspenden auch nach Erlaß des Transplantationsgesetzes 1997 stetig gestiegen ist.

Die vorstehende Darstellung bezieht sich natürlich nur auf den legalen Bereich der Organtransplantation vom Lebenden, der das Thema der vorliegenden Arbeit sein soll.

Ich möchte daher darauf hinweisen, dass diese Betrachtung der Organentnahme beim lebenden Spender nur die Entnahme nicht lebenswichtiger Organe[68] betrifft. Bei dem in der Praxis in der Bundesrepublik wohl kaum vorkommenden Fall der Entnahme lebenswichtiger Organe vom Lebenden befinden sich die Beteiligten zum einen selbst bei Einwilligung des Spenders im strafrechtlich relevanten Bereich, so dass ein darüber abgeschlossenes Rechtsgeschäft ausnahmslos sittenwidrig und damit gem. § 138 Abs. 1 BGB nichtig ist, da es der Vorbereitung einer Straftat dient,[69] nämlich etwa der Tötung auf Verlangen, § 216 StGB, des Totschlags oder Mords, §§ 212, 211 StGB oder der Körperverletzung mit Todesfolge, § 226 StGB; eventuell wird man sogar eine Nichtigkeit gem. § 30 StGB i.V.m. § 134 BGB annehmen müssen.

Eine solche Organentnahme ist zudem auch nach dem neuen Transplantationsgesetz explizit unzulässig; § 8 Abs. 1 S. 1 c) Transplantationsgesetz (TransplantG - TPG) erklärt die Entnahme von Organen einer lebenden Person nur dann für zulässig, wenn "die Person nach ärztlicher Beurteilung als Spender geeignet ist und voraussichtlich nicht über das Operationsrisiko hinaus gefährdet oder über die unmittelbaren Folgen der Entnahme hinaus gesundheitlich schwer beeinträchtigt wird".

Die in dem strafrechtlichen Bereich einzig verbleibende Frage, ob und inwieweit die Angehörigen des dann Verstorbenen Schadensersatz- bzw. Schmerzens-

---

[68]Bzw. so wie bei der Leber nur Teile lebenswichtiger Organe.

[69]BGH NJW-RR 1990, 1522; Palandt/Heinrichs § 138 Rn. 42 ff.

geldansprüche gem. § 823 Abs. 2 BGB in Verbindung mit den StGB-Vorschriften oder § 8 Abs. 1 S. 1 c) TPG, § 847 BGB geltend machen können, soll nicht Gegenstand dieser Arbeit sein, vielmehr sollen im Folgenden nur die rechtlichen Folgen einer zulässigen Entnahme nicht lebenswichtiger Organe behandelt werden.

II. Lebendspende nach dem neuen Transplantationsgesetz

Ebenso soll nicht detailliert auf die Voraussetzungen der Organentnahme von lebenden Personen eingegangen werden, die inzwischen in § 8 TPG gesetzlich geregelt sind. Deren Vorliegen soll stattdessen unterstellt werden (ansonsten würde man sich wieder im Bereich der unfreiwilligen, also rechtswidrigen Organentnahme bzw. des Organhandels bewegen, dazu unten Kapitel B; eine kurze kritische Darstellung der in diesem Paragraphen enthaltenen Regelungen soll an dieser Stelle genügen.[70]

1. Zulässigkeit

§ 8 Abs. 1 Nr. 3 TPG regelt zunächst die Subsidiarität der Lebendspende gegenüber der Organentnahme vom Toten. Des weiteren muss der Spender nach dieser Vorschrift volljährig und einwilligungsfähig sein, nach Aufklärung zugestimmt haben und darf nach ärztlicher Beurteilung nicht über das Operationsrisiko hinaus gefährdet (§ 8 Abs. 1 Nr. 1 TPG) sein. Weiterhin muss die Übertragung des Organs auf den Empfänger nach ärztlicher Beurteilung geeignet sein, das Leben dieses Menschen zu erhalten oder bei ihm eine schwerwiegende Krankheit zu heilen, ihre Verschlimmerung zu verhüten oder ihre Beschwerden zu lindern, § 8 Abs. 1 Nr. 2 TPG.

2. Empfängerkreis

Im Gegensatz zur postmortalen Organspende ist der Empfängerkreis bei lebend gespendeten Organen (unter anderem um die Kommerzialisierung von Organspenden zu verhindern) stark begrenzt. Gemäß § 8 Abs. 1 TPG ist die Übertragung sich nicht wiederbildender Organe nur zulässig auf Verwandte ersten oder zweiten Grades, Ehegatten, Verlobte oder andere Personen, die dem Spender in "besonderer persönlicher Verbundenheit offenkundig nahe stehen".

Zum einen stellt sich hier die Frage nach der Handhabung der Begriffe "Organe" und "Gewebe": Da es, medizinisch korrekt, keine sich wirklich wiederbildenden

[70] Zu den praktischen Auswirkungen des TPG vgl. Gubernatis, Transplantationsgesetz - Praktische Umsetzung und Aufgaben in den Versorgungskrankenhäusern, Arzt und Krankenhaus 2000, 116 ff.

"Organe" in diesem Sinne gibt, sieht man einmal von der Haut als Organ ab, die nur zu kleinen Teilen transplantiert wird, weshalb man dabei wohl eher von einer Gewebetransplantation sprechen muss (das gleiche muss für die Augenhornhaut gelten), ist anzunehmen, dass mit dem an dieser Stelle verwendeten Begriff "Organe" wohl Organe im engeren Sinne *und* Gewebe gemeint sein sollen[71]. Der Ausdruck ist daher, wenn auch ohne besondere rechtlich Folgen, zumindest ungeschickt formuliert, da an anderer Stelle (vgl. etwa § 1 Abs. 1 S. 1 TPG) ausdrücklich zwischen Organen und Gewebe differenziert wird.[72]

Zum anderen fragt sich, was bei der Formulierung des Empfängerkreises mit Personen gemeint ist, die dem Spender in persönlicher Verbundenheit "offenkundig" nahe stehen. Dieses Merkmal der Offenkundigkeit ist insbesondere unter dem Aspekt als problematisch anzusehen, dass die Beschränkung auf bestimmte Empfänger in § 19 Abs. 2 TPG für den Arzt mit Freiheitsstrafe bis zu fünf Jahren oder Geldstrafe strafrechtlich sanktioniert ist. Wie kann der Arzt also entscheiden, was er als offenkundig ansehen darf, damit er einer späteren Bestrafung entgeht? Kann er nach den vorgegebenen Kriterien überhaupt eine Entscheidung treffen, die ihn absichert? Diese Problematik führt zu der Frage, ob mit der vorliegenden Akkumulation unbestimmter Rechtsbegriffe den Anforderungen an die Bestimmtheit der Norm (Art. 103 Abs. 2 GG; § 1 StGB) Genüge getan ist.

[71]Zur Frage, inwieweit Organe Arzneimittel im Sinne von § 2 Abs. 1 Nr. 5 AMG darstellen und den sich daraus ergebenden Folgen Bender, Organtransplantation und AMG, VersR 1999, 419 ff, 424; Wolfslast/Rosenau, Zur Anwendung des AMG auf die Entnahme von Organ- und Gewebetransplantaten, NJW 1993, 2348 ff. (bejahend); ablehnend insoweit Deutsch, Medizinrecht, Rn. 701. Das TPG setzt nunmehr in den Konkurrenzregelungen des § 21 voraus, dass Organe dem Arzneimittelrecht und damit dem Arzneimittelbegriff unterfallen. Ausgenommen hiervon sind nach dem neu eingefügten § 2 Abs. 3 Nr. 8 AMG die lebenswichtigen Organe sowie Augenhornhäute. Wann abgesehen davon das AMG anwendbar oder nicht anwendbar ist, richtet sich nach §§ 2 Abs. 3 Nr. 8, 13, 14 Abs. 4, 80 S. 1 Nr. 4 AMG.

[72] Es fragt sich, warum in das TPG keine einheitliche Begriffsdefinition oder Vorabklärung aufgenommen wurde, wie sie in der Entwurfsbegründung zum TPG enthalten ist, siehe BT-Drucks. 13/4355, S. 11. Siehe hierzu auch Deutsch, Zum geplanten strafrechtlichen Verbot des Organhandels, ZRP 1994, 179.

Zum Schutz des Arztes vor oben genannten Sanktionen nach § 19 Abs. 2 TPG kann dies nur der Fall sein, wenn durch Auslegung des § 8 Abs. 1 Satz 2 TPG ein eindeutiger, fest konturierter Regelungsgehalt der Bestimmung ermittelt werden kann. Eine solche Auslegung kann jedoch gerade nicht in der konkreten Situation durch den Arzt selbst vorgenommen werden,[73] sie muss diesem im Ergebnis aber klare Anwendungsrichtlinien für den unbestimmten Rechtsbegriff der Offenkundigkeit liefern.[74]

Ausgehend vom Wortlaut des § 8 Abs. 1 S. 2 TPG[75] ergibt sich zunächst, dass Lebendspender und Empfänger nicht verheiratet, verlobt oder im ersten oder zweiten Grad verwandt sein müssen und auch kein "ähnliches" oder entsprechendes Verhältnis gefordert wird.

Da aber Offenkundigkeit verlangt wird, muss sich das Näheverhältnis in irgendeiner Weise in einer erkennbaren Form nach außen hin manifestiert haben, wohingegen eine bestimmte Dauer der Beziehung sich kaum aus dem Wortlaut herleiten lässt, so dass sich verfassungsrechtliche Bedenken an die Bestimmtheit der Norm stellen.[76]

Zieht man weiterhin den Regelungszusammenhang mit den umstehenden Normen zu Rate, der manchmal zur Konkretisierung eines unbestimmten Rechtsbegriffs beiträgt,[77] so hilft einem dies im vorliegenden Fall nicht entscheidend weiter. Da der gesamte Abschnitt der Lebendspende ausschließlich in § 8 TPG geregelt ist, können zur Einordnung in den Regelungszusammenhang nur die restlichen Absätze von § 8 herangezogen werden. So etwa § 8 Abs. 3 S. 2 TPG, der die gutachterliche Stellungnahme der zuständigen Kommission hinsichtlich der Freiwilligkeit der Einwilligung und das Verbot des Handeltreibens mit Organen nach § 17 TPG voraussetzt. Nach § 17 Abs. 1 Nr. 1 TPG wiederum ist die Gewährung oder Entgegennahme eines Entgelts für die Organspende verboten. In Bezug auf das Merkmal der offenkundigen Nähebeziehung kann aus dem Verhältnis zu § 8 Abs. 3 S. 2 TPG jedoch sicher nur geschlossen werden, dass die geforderte persönliche Verbundenheit nicht durch die Zahlung eines Entgelts oder durch die Tatsache, dass eine dem Spender weitgehend fremde Person aus rein altruistischen Gründen bereit ist, einem Organbedürftigen ein Organ zu spenden, herbeigeführt werden kann. Dies dürfte für den Arzt aber noch keine ausreichende Hilfe sein.

---

[73]Sie muss vielmehr nach allgemein methodologischen Kriterien, wie sie für die Gesetzesauslegung vorhanden sind, vorab erfolgen also insb. nach der grammatikalischen Auslegung, der systematischen, der historischen und der teleologischen Zur Notwendigkeit der Gesetzesauslegung und den dafür vorhandenen Kriterien vgl. Larenz, Methodenlehre der Rechtswissenschaft, S. 312 ff, 320 ff.

[74]Larenz, a.a.O., S. 312; Zur Verfassungsmäßigkeit unbestimmter Rechtsbegriffe, sofern diese durch juristische Auslegung konkretisierbar sind, BVerfGE 14, 34 ff; 78, 241 ff; 83, 130, 145.

[75]Vgl. oben Teil 2, A.II.2.

[76]Seidenath, Lebendspende von Organen, MedR 1998, S. 254; Deutsch, Medizinrecht, Rn. 507.

[77]Bydlinski, Juristische Methodenlehre und Rechtsbegriff, S. 443.

Nächstes methodisches Kriterium ist die historische Auslegung, also die Frage nach der ursprünglichen Absicht des Gesetzgebers und seinen dem Gesetz zugrunde liegenden Vorstellungen.[78] Da es sich bei dem TPG um ein sehr junges Gesetz handelt, müssen zumindest keine historisch überholten Begriffe umgedeutet, sondern "nur" die Überlegungen des Gesetzgebers nachvollzogen werden. In der noch im Entwurf vorhandenen Fassung des Gesetzes war noch von "besonderer persönlicher und sittlicher Verbundenheit" die Rede. Die Streichung der Worte "und sittlicher" sollte aber keine Erweiterung des Personenkreises bedeuten, sondern wurde in der Diskussion schlicht schon in der Formulierung "besonderer persönlicher Verbundenheit" als enthalten angesehen.[79]

Aus der Gesetzesbegründung geht weiter hervor, dass die genannte Formulierung hauptsächlich eine Umgehung von § 17 TPG verhindern sollte.[80] Die Begründung spricht zwar von "häufigen engen persönlichen Kontakten... über einen längeren Zeitraum" und einer "über einen längeren Zeitraum..." gewachsenen "Bindung",[81] macht aber keine konkreten zeitlichen Angaben über die Mindestdauer einer solchen Beziehung, so dass sich auch hieraus keine eindeutigen Beurteilungskriterien herleiten lassen.

Schließlich bleibt noch die sog. objektiv-teleologische Auslegung, die immer herangezogen wird, wenn das Auslegungsproblem mit den bereits erörterten Kriterien nicht zu lösen ist[82] und die "ratio legis" aufgrund allgemeiner Erfahrung zu ermitteln versucht. Dies führt zu der Frage, was ein vernünftiger Gesetzgeber mit der Norm beabsichtigt, bzw. wie er sie verstanden hätte, also zur Frage der objektiv vernünftigen Zielsetzung.

Erklärtes Ziel des Transplantationsgesetzes ist es, durch die Schaffung von Transparenz und größerer Rechtssicherheit auch die im europaweiten Vergleich niedrigen Zahlen der Organspende und Transplantation in Deutschland zu steigern.[83] Gleichzeitig soll, wie bereits dargestellt, mit der Regelung des § 8 Abs. 1 S. 2 TPG auch eine Umgehung des Verbots des Organhandels verhindert werden. Die genannte Zielsetzung, also die zahlenmäßige Erweiterung auch von Lebendspenden, kann dabei jedoch nur erreicht werden, wenn die Zulässigkeitskriterien so gefasst sind, dass einem unerlaubten Handel mit Organen entgegengewirkt wird, die Kriterien aber ansonsten keine überzogenen "Hinder-

---

[78] Bydlinski, Juristische Methodenlehre und Rechtsbegriff, S. 449.

[79] Änderungsantrag 6 der Fraktionen der CDU/CSU, SPD und F.D.P. zum Entwurf eines Transplantationsgesetzes (TPG), BT-Drucks. 13/4355, der in dieser Form am 25.6.1997 von der Bundesregierung angenommen wurde.

[80] "An einer...besonderen persönlichen und sittlichen Verbundenheit fehlt es, wenn die Verbundenheit durch vermögenswerte Vorteile bestimmt ist", BT-Drucks. 13/4355 v. 16.4.1996, S. 21.

[81] BT-Drucks. 13/4355, S. 21, linke Spalte.

[82] Larenz, Methodenlehre der Rechtswissenschaft, S. 333; Bydlinski, Juristische Methodenlehre und Rechtsbegriff, S. 453 f.

[83] Vgl. die Begründung des Gesetzesentwurfs unter A. III., BT-Drucks. 13/4355 vom 16.4.1996, S. 11, rechte Spalte.

nisse" bei der praktischen Anwendung darstellen. Dies führt dann aber tendenziell zu einer weiten Auslegung des Merkmals der besonderen persönlichen Verbundenheit, sowohl im Hinblick auf die beteiligten Personen, als auch auf die zeitliche Dauer der Verbundenheit zwischen Spender und Empfänger, da die Zahl der gespendeten Organe bei weitem noch nicht den Bedarf deckt und mit dem TPG u.a. die Spendebereitschaft gefördert werden sollte.[84] Eine zu enge Auslegung der Vorschrift würde diesem Gedanken zuwider laufen, da damit spendebereite geeignete Personen möglicherweise ausgeschlossen würden.

Alle angesprochenen Auslegungskriterien deuten also darauf hin, dass der Begriff der besonderen persönlichen Verbundenheit großzügig auszulegen ist[85], geben aber dennoch keine eindeutig definierten Kriterien, die der Arzt anwenden und sich somit vor Sanktionierungen schützen kann.[86]

Es fragt sich daher, ob mangels ausreichender Bestimmtheit für den Arzt in der akuten Situation in der praktischen Anwendung der Norm nicht umgekehrt vorgegangen werden muss, nämlich dahingehend, dass für den Arzt jede erkennbare persönliche Verbundenheit ausreicht, es sei denn, dass diese offenkundig vorgespiegelt ist oder die Gefahr des Handeltreibens mit Organen besteht. Ansonsten wäre wohl eine eindeutigere Definierung dieses Rechtsbegriffs nötig, damit die unerwünschte Folge verhindert wird, dass der Arzt sich in jedem Zweifelsfall aus Gründen des Selbstschutzes gegen eine Transplantation entscheidet. In der Literatur wird teilweise sogar die Ansicht vertreten, die Beschränkung auf den genannten Empfängerkreis sei mangels in Deutschland existierendem Organhandel gänzlich überflüssig, der Gesetzgeber habe mit der Regelung vielmehr über das Ziel hinausgeschossen.[87]

Anderer Ansicht hinsichtlich der oben dargestellten Bedenken (im Prinzip aber mit ähnlicher Intention, nämlich im Rahmen der „besonderen persönlichen Verbundenheit“ großzügig auszulegen, aber gleichzeitig einen Missbrauchsvorbe-

---

[84] Vgl. BT-Drucks. 13/4355, S. 10 f.

[85] Vgl. dazu und zur verfassungskonformen Auslegung auch Seidenath, Lebendspende von Organen, MedR 1998, S. 255.

[86] Interessant und praktisch wichtig wird die Problematik bei den sog. Überkreuz-Lebendspenden (Cross-Spenden). Eine Cross-Spende liegt z.B. vor, wenn bei zwei Ehepaaren jeweils ein Partner eine Nierenspende benötigt, der eigene Partner aber aufgrund falscher Blutgruppenzugehörigkeit nicht spenden kann, die Paare sich aber durch Spenden zugunsten des jeweiligen Bedürftigen des anderen Paares helfen könnten. Hier stellt sich dann die Frage nach der besonderen persönlichen Verbundenheit und der "Gegenleistung" (Cross-Spende) für die Spende. Vgl. hierzu Seidenath, Lebendspende von Organen, MedR 1998, S. 255 f, der die Cross-Spende als nach dem TPG zulässig erachtet; dagegen Schroth, Stellungnahme zu dem Artikel von Bernhard Seidenath, MedR 1999, S. 67 f.

[87] Bruns/Debong/Andreas, Das neue Transplantationsgesetz - Was müssen die Krankenhausärzte beachten?, ArztR 1998, S. 283, 285; dagegen Kühn, das neue deutsche Transplantationsgesetz, MedR 1998, S. 455, 458.

halt zu statuieren) ist das BVerfG[88] in seiner neuesten Rechtsprechung, das § 8 Abs. 1 S. 2 TPG und den damit verbundenen Straftatbestand des § 19 Abs. 2 TPG sowohl in formeller als auch in materieller Hinsicht für verfassungsgemäß hält. Unter anderem sei ein Verstoß der angegriffenen Vorschriften gegen das rechtsstaatliche Bestimmtheitserfordernis, Art. 20 Abs. 3 GG und Art. 103 Abs. 2 GG nicht ersichtlich. Das Gericht gesteht den Beschwerdeführern zwar zu, dass das Merkmal des „in besonderer persönlicher Hinsicht offenkundigen Nahestehens" durch den Wortlaut allein noch nicht hinreichend bestimmt ist, ist aber der Meinung, dass anhand der allgemeinen juristischen Auslegungsmethoden, insb. durch Hinzuziehen der oben angesprochenen Ausführungen im Gesetzesentwurf[89], eine ausreichende Bestimmtheit hinsichtlich des Assoziationsgrades zwischen Spender und Empfänger erreicht werden kann[90]. Dieser bestimmbare Assoziationsgrad sei dahingehend zu verstehen, dass sich typischerweise die Vermutung aufstellen lassen muss, der Entschluss zur Organspende sei, wie bei Verwandten, ohne äußeren Zwang und frei von finanziellen Erwägungen getroffen worden. Wenn ein unbestimmter Rechtsbegriff aber mit Hilfe der üblichen Auslegungsmethoden eine zuverlässige Grundlage für die Auslegung und Anwendung der Norm biete (oder aus einer gefestigten Rechtsprechung hinreichende Bestimmtheit gewinnt), sei er – wie vorliegend - verfassungsrechtlich nicht zu beanstanden.

Das Gericht gelangt somit zu der Auffassung, dass die gleichwohl noch bestehen bleibenden Auslegungsschwierigkeiten nicht das rechtsstaatlich hinnehmbare Maß an Unbestimmtheit oder die Grenzen des Art. 103 Abs. 2 GG übersteigen.[91]

3. Aufklärung und Einwilligung

Nach § 8 Abs. 2 TPG hat die umfassende Aufklärung des Spenders über Art, Umfang und Folgen des Eingriffs sowie die zu erwartenden Erfolgsaussichten

---

[88]BVerfG NJW 1999, 3399 ff. Ein Dialysepatient, der dringend eine Lebendspende benötigte, da sein Gesundheitszustand ein Warten auf eine postmortal gespendete Niere nicht mehr zuließ, hatte einen, ihm allerdings fremden, Spender gefunden, der aus rein altruistischen Gründen seine Niere, gleichgültig an wen, spenden wollte. Der Patient, der potentielle Spender sowie der Chirurg, der die Transplantation vornehmen wollte, richteten ihre verbundene Verfassungsbeschwerde gegen § 8 I 2, III, 19 II TPG mit dem Ziel, dass die Begrenzung des Empfängerkreises für verfassungswidrig erklärt und die geplante Transplantation damit zulässig werde.

[89]BT-Drucks. 13/4355, S. 20 f; BT-Drucks. 13/8017, S. 42 zu § 7 I.

[90]BVerfG NJW 1999, 3400.

[91]Äußerst kritisch zu diesem Urteil und insb. zur Frage des Zitiergebots gem. Art. 19 Abs. 1 S. 2 GG, zur Begründung der Beschränkung des Spenderkreises und zum Gebot des schuldangemessenen Strafens im Hinblick auf die Strafandrohung des Arztes Gutmann, Gesetzgeberischer Paternalismus ohne Grenzen?, NJW 1999, 3387 ff.

der Übertragung und andere Umstände durch einen Arzt in Anwesenheit eines weiteren Arztes zu erfolgen. Über den Inhalt der Aufklärung und die Einwilligungserklärung hat eine Niederschrift zu erfolgen.

Spender und Empfänger müssen sich außerdem zur Teilnahme an einer ärztlich empfohlenen Nachbetreuung bereit erklären.

4. Gutachten einer Landeskommission

Schließlich ist gem. § 8 Abs. 3 TPG noch Voraussetzung, dass eine nach Landesrecht zuständige Kommission (die spätestens bis zum 1.12.1999 einzurichten ist), der wenigstens ein Arzt, ein Jurist und eine in psychologischen Fragen erfahrene Person angehören, eine gutachterliche Stellungnahme darüber abgibt, ob begründete tatsächliche Anhaltspunkte dafür vorliegen, dass die Einwilligung in die Organentnahme nicht freiwillig erfolgt oder das Organ Gegenstand verbotenen Handeltreibens nach § 17 TPG ist[92]. Die Kommission wird mutmaßlich bei der jeweiligen Landesärztekammer eingerichtet werden.

III. Ansprüche gegen Arzt und Krankenhausträger

1. Schuldhafte Verursachung bzw. Herausforderung der Organspende

a) Ausgangsfall - die sog. Nierenentscheidung

Wenn ein Lebendspender einwilligungsfähig ist, umfassend über die Risiken und Folgen aufgeklärt wurde, eingewilligt hat und auch sonst alle Voraussetzungen des § 8 TPG eingehalten wurden, stellt sich die Frage, ob sich dann überhaupt noch eine Prüfung von Ersatzansprüchen des Spenders gegen den Entnehmenden anschließen kann.

Um dies zu verdeutlichen, soll als Ausgangsfall die sog. "Nierenentscheidung" des BGH[93] dienen.

aa) Inhalt

Die Klägerin, ein 13jähriges Mädchen erlitt am 6. 2. 1976 einen Sportunfall und wurde wegen Verdachts auf Verletzung der Milz vom Unfallarzt in ein Krankenhaus überwiesen. Der zuständige Chirurg stellte bei der operativen Öffnung der Bauchhöhle eine Verletzung der linken Niere fest und entfernte diese vollständig.

---

[92]Zum ganzen auch Deutsch, Das Transplantationsgesetz vom 5.11.1997, NJW 1998, 777 ff.

[93]BGHZ 101, 215 = NJW 1987, 2925 ff.

Am darauffolgenden Tag musste die Klägerin wegen akuten Nierenversagens dialysiert werden. Es stellte sich heraus, dass die Klägerin von Geburt an keine rechte Niere besaß, der Chirurg ihr also die einzige Niere entfernt hatte. Im weiteren Verlauf wurde das schuldhafte Handeln des Arztes festgestellt, die Niere hätte bei richtigem ärztlichen Verhalten gerettet werden können.

Auf Anraten der Ärzte entschloß sich die Mutter der Klägerin, ihrer Tochter eine Niere zu spenden, deren Übertragung zwei Monate später erfolgreich stattfand.

Nachdem das Mädchen den behandelnden Arzt und den Klinikträger erfolgreich auf Schadensersatz und Schmerzensgeld verklagt hatte, verlangte sie im Wege der Feststellungsklage Ersatz des Schadens, der ihrer Mutter durch die Nierenspende entstanden war oder noch entstehen würde. Sie hatte sich insoweit etwaige Schadensersatzansprüche der Mutter abtreten lassen.

Das Berufungsgericht[94] gab der Klage und damit dem Anspruch aus §§ 823 I, 89, 31 BGB mit der Begründung statt, es handle sich vorliegend um einen ähnlich gelagerten Fall wie bei den sog. Rettungs- und Nothilfefällen. Die Nierenspende sei durch eine gegenüber der Klägerin begangene unerlaubte Handlung herausgefordert worden. Das Gericht stellte dabei maßgeblich auf die psychisch vermittelte Kausalität zwischen der dem Beklagten zuzurechnenden unerlaubten Handlung und dem durch die Nierenspende der Mutter entstandenen Körperschaden ab, die auch nicht durch die Freiwilligkeit des Entschlusses dazu entfalle; dasselbe gelte für den Zurechnungszusammenhang.[95]

Der BGH bestätigte dieses Urteil aus denselben Gründen wie das Berufungsgericht, da das dem Organspender aufgezwungene Opfer der eigenen körperlichen Unversehrtheit einen schadensersatzpflichtigen Verletzungstatbestand darstelle.[96]

Der Arzt habe mit der sorgfaltswidrigen Entfernung der einzigen Niere nicht nur den Körper und die Gesundheit der Tochter verletzt, sondern auch einen Gefahrenzustand geschaffen, der die Mutter unter Inkaufnahme der Verletzung des eigenen Körpers zur Organspende veranlassen konnte. Das so der Mutter aufgezwungene Opfer stelle einen Verletzungstatbestand dar, dem es weder an einem haftungsrelevanten Ursachenzusammenhang mangele, da die Lebendspende bereits eine anerkannte und verbreitete Heilmethode gewesen sei. Noch würde die Kausalkette durch den freiwilligen Entschluß der Mutter durchbrochen, da bereits das Schaffen der Gefahrenlage maßgeblich sei und eine psychisch vermittelte Kausalität durchaus zur Haftungsbegründung ausreiche.[97]

Ob der Mutter der Klägerin Ansprüche auf Ersatz zukünftiger Aufwendungen wegen Verlusts der Niere auch aus Geschäftsführung ohne Auftrag gem.

---

[94] OLG Schleswig, Urteil vom 3.10.1986, NJW 1987, 710 ff.

[95] NJW 1987, 710 f.

[96] BGHZ 101, 215 (219).

[97] BGHZ 101, 215, 218 f. = JZ 1988. 150 ff.

§§ 683, 670 BGB (oder anderen Anspruchsgrundlagen) zustehen könnten, wurde allerdings offen gelassen.

bb) Weitere Fälle

Bei einem weiteren Fall[98], der sich zu 1978 in Manitoba, Canada ereignete, hatte ein Gynäkologe während einer Tubenligatur eine vermeintliche Zyste herausgenommen, in Wirklichkeit aber die einzige Niere der Patientin entfernt. Die Patientin wurde erst durch Dialyse am Leben erhalten, dann spendete ihr Vater eine Niere, die allerdings bereits nach einer Woche wieder abgestoßen wurde. Der Vater verklagte den Arzt daraufhin auf Schadensersatz wegen Körper- und Gesundheitsverletzung. Das Gericht gab der Klage mit der Begründung statt, dass die Nierentransplantation eine mittlerweile verbreitete und erwartete Behandlungsmethode bei Nierenversagen sei und die Spende durch nahe Verwandte eine anerkannte Praxis.[99] Mit dieser Argumentation wurde die Kausalkette zwischen dem schuldhaften Handeln des Arztes und der Körperverletzung des Vaters begründet.

Das Gericht argumentierte damit entgegengesetzt zu einer früheren Entscheidung des New York Supreme Court vom 21. Dezember 1967,[100] bei der das New Yorker Gericht in einem ähnlich gelagerten Fall, also bei fahrlässigem Entfernen der einzigen Niere eines Patienten, die Spende einer Niere durch die Mutter als unvorhersehbare Folge und Unterbrechung des Kausalzusammenhangs angesehen hatte.[101] Die Spende der Mutter sei keine Notfall-Rettungsmaßnahme gewesen, sondern eine wissentliche und auf freiwilligem Entschluß beruhende Spende. Der New York Supreme Court stützt sich also auf zwei verschiedene Argumente, nämlich einmal auf eine Unterbrechung des Kausalverlaufs und des weiteren auf eine solche des Zurechnungszusammenhangs.

Die unterschiedliche Rechtsprechung in den zuletzt angesprochenen Fällen lässt sich teilweise, aber nicht ausschließlich mit dem medizinisch-technischen Fortschritt und der mehr und mehr verbreiteten Praxis von Nierentransplantationen in den zwischen den Urteilen liegenden 11 Jahren begründen. Sie verdeutlicht vor allem, dass diese Fälle haftungsrechtlich durchaus diskussionswürdig sind und unterschiedlich bewertet werden können, ist doch gerade die Frage der Bejahung bzw. Verneinung des Zurechnungszusammenhangs in erheblichem Maße wertungsabhängig.

---

[98] Urbanski v. Patel; Firman v. Patel, 84 D.L.R. (Dominion Law Report) 3 d 650 (Manitoba Queens Beach), Urteil vom 25. Januar 1978.

[99] 84 D.L.R. 3 d, page 671.

[100] Sirianni v. Anna 285 N.Y. S. 2 d 709; zur Begründung des abweichenden Urteils aufgrund der fortgeschrittenen Entwicklung der Transplantationsmedizin vgl. 84 D.L.R. 3 d page 671.

[101] Vgl. auch Deutsch, Die rechtliche Seite der Transplantation, ZRP 1982, 174; ders. Das Transplantationsgesetz vom 5.11.1997, NJW 1998, 777 (781).

Die drei Fälle, insbesondere der vom BGH entschiedene, zeigen, dass auch trotz Einhaltens der Voraussetzungen für eine ordnungsgemäßen Organentnahme, Schadensersatz- und Schmerzensgeldansprüche seitens des Spenders in Betracht kommen können. Für die Zeit nach dem 5.11.1997 bedeutet das also, dass trotz einer den Vorschriften des TPG entsprechenden Explantation und Übertragung Ansprüche des Spenders entstehen können. Der BGH hat im oben dargestellten Fall zwar nur den deliktsrechtlichen Anspruch der Mutter gegen den Arzt und damit die Frage der wirksamen Einwilligung der Mutter geprüft, trotzdem stellt sich aber die Frage, welche Ansprüche des Spenders gegen den Drittschädiger grundsätzlich in Betracht kommen können und welches ihre Mindestvoraussetzungen sind.

Es kann zunächst also festgehalten werden, dass sich trotz ordnungsgemäß durchgeführter Organentnahme bereits ein Anknüpfungspunkt für Ansprüche des Spenders bietet, die ihren Grund in der Verletzungshandlung des Arztes am späteren Organempfänger finden, durch welche die Notwendigkeit einer Transplantation überhaupt erst hervorgerufen wird und die den Anspruchsteller zu der Organspende bewegt hat.

2. Vertragliche Ansprüche des Spenders gegen den Arzt bzw. den Krankenhausträger

a) Maßgebliches Schuldverhältnis

Für die Frage vertraglicher Ansprüche ist zunächst zu prüfen, ob zwischen den am Geschehen beteiligten Personen überhaupt ein - irgendwie geartetes - Schuldverhältnis besteht, wenn ja, wer konkret die Parteien sind und schließlich, wie es inhaltlich ausgestaltet ist und in welchem zeitlichen Rahmen es sich bewegt, da das Schuldverhältnis die "Quelle" der einzelnen Forderungsrechte darstellt.[102] Die Festlegung der Achsen der Sonderrechtsbeziehungen wird besonders wichtig, wenn, wie hier mit Arzt, Organspender und Organempfänger u.a., mehrere Personen an den Vorgängen beteiligt sind.

Grundsätzlich wird bei der Aufnahme in ein Krankenhaus und der ärztlichen Behandlung mit dem jeweiligen Patienten ein Behandlungsvertrag abgeschlossen, der die Beziehungen und Leistungspflichten der Parteien regelt. Dogmatisch wird dieser Behandlungsvertrag in der Regel den dienstvertraglichen Vorschriften (§§ 611 ff. BGB) zugeordnet[103].

---

[102] Palandt/Heinrichs Einl v § 241 Rn. 2.

[103] BGHZ 76, 249, 254; 97, 273, 277 ff.; BGH NJW 1981, S. 630 f., 2002, 2004; Palandt/Putzo Einf v § 611 Rn. 18 f.; Medicus, Schuldrecht Besonderer Teil § 98 I b; Laufs, Arztrecht Rn. 100.

Die Feststellung, dass überhaupt ein solches Vertragsverhältnis besteht, hilft allerdings für die Frage, wer dem Patienten (Spender) bei der Organentnahme vom Lebenden vertraglich haftet, noch nicht weiter.

aa) Die Vertragsparteien

Zunächst muss geklärt werden, ob bei stationärer Aufnahme in ein Krankenhaus ein Behandlungsvertrag nur zwischen dem Patienten und dem Arzt direkt abgeschlossen wird, oder ob die vertraglichen Beziehungen auch oder sogar ausschließlich zwischen dem Patienten und dem Krankenhaus (Krankenhausträger) zustande kommen.

Im Bereich größerer Eingriffe wie etwa Operationen und Organtransplantationen spielt in der Regel nur die stationäre Aufnahme und Behandlung eine Rolle, so dass eine Erörterung der ambulanten Behandlung durch einen Krankenhausarzt nicht erforderlich scheint. Bei der Tätigkeit von niedergelassenen Ärzten taucht die Problematik des (Krankenhaus-) trägers ohnehin nicht auf.

Nicht entscheidend für den Inhalt der vertraglichen Haftung ist, ob es sich um einen Privatpatienten oder um einen Kassenpatienten handelt, bei dem die Krankenkasse als Vertragspartei mit der Folge "echter" Drittwirkung (§ 328 BGB) zugunsten des Patienten zwischengeschaltet ist. Nach ganz herrschender Ansicht bestehen, ebenso wie zwischen dem Arzt/Krankenhausträger und dem Privatpatienten, auch zwischen dem Arzt/Krankenhausträger und dem Kassenpatienten unmittelbare privatrechtliche vertragliche Bindungen[104]. Die Beziehungen zwischen Arzt bzw. Krankenhausträger und Kassenpatient, aus denen dieser seinen Leistungsanspruch herleitet, §§ 241, 328 BGB, folgen in allen Fragen des Arzthaftungsrechts dem Vorbild des Arztvertrags mit dem Privatpatienten, die Zwischenschaltung der gesetzlichen Krankenkasse soll in diesem Bereich keine Rolle spielen[105].

Unterschieden werden muss aber, wer nun Vertragspartei des Behandlungsvertrags mit dem Patienten ist, der Arzt oder der Krankenhausträger, oder ob dem Patienten gar zwei Leistungsschuldner gegenüberstehen[106].

---

[104]BGHZ 85, 327, 332 (im Rahmen der Frage des Einsichtsrechts eines Patienten in seine Krankenakten beantwortet); 89, 250, 252, 254; 96, 360, 363; 97, 273, 276; BGH NJW 1979, S. 1933 f.; 1993, S. 2989 ff.; Giesen, Arzthaftungsrecht Rn. 5; Laufs, Arztrecht Rn. 87 m.w.N.; MüKo/Selb, § 421 Rn. 15.

[105]Deutsch/Matthies, Arzthaftungsrecht S. 10 ff; Laufs/Uhlenbruck, Handbuch des Arztrechts, § 40 Rn. 1 und 31; Deutsch, Medizinrecht, Rn. 52 ff.

[106] Hart, Grundlagen des Arzthaftungsrechts, Jura 2000, 15.

Bei den sog. Belegkrankenhäusern[107] und den dementsprechenden Belegarztverträgen werden die Grundsätze des gespaltenen Krankenhausvertrages angewandt (was bei anderen Krankenhäusern – also solchen ohne Belegbetten - kraft besonderer Abrede allerdings ebenfalls möglich ist) mit der Folge, dass der Belegarzt für eigenes Verschulden und Fehler der Ärzte seines Faches haftet, die als seine Erfüllungs- und Verrichtungsgehilfen tätig werden und deren Leistungen er zu vergüten hat[108]. Der Krankenhausträger haftet dagegen allein für die Krankenhausärzte, die nicht im Fachgebiet des Belegarztes gehandelt haben sowie für die pflegerische Betreuung, sofern Fehler hierbei nicht auf Anweisungen des Belegarztes zurückzuführen sind[109].

Daraus folgt, dass nur bezüglich der Handlungen der für das Krankenhaus tätigen Ärzte der Krankenhausträger als Vertragspartner in Betracht kommt. Für die für den Belegarzt tätigen Ärzte ist allein dieser Vertragspartner, so dass sich hier das Problem, ob der Arzt oder der Krankenhausträger Vertragspartner geworden ist, nicht stellt.

Bei stationären Krankenhäusern hingegen wird nach heute allg. Ansicht bei der Aufnahme der Patienten i.d.R. ein sog. totaler Krankenhausaufnahmevertrag abgeschlossen, der sämtliche ärztlichen und pflegerischen Leistungen beinhaltet[110]. Parteien dieses totalen Krankenhausaufnahmevertrages sind der Patient und das Krankenhaus (also der Krankenhausträger)[111]. Es handelt sich dabei um einen privatrechtlichen Vertrag, im Schwerpunkt Dienstvertrag, vermischt mit kauf-, werk- und beherbergungsvertraglichen Elementen. Vertragliche Beziehungen zu den Krankenhausärzten selbst bestehen nicht.[112] Das Krankenhaus verspricht in dem Vertrag, die ärztlichen Leistungen durch Bedienstete zu erbringen. Die Ärzte des Krankenhauses sind dabei entweder Erfüllungsgehilfen, für deren Verschulden der Krankenhausträger gem. § 278 BGB einzustehen hat, oder sie können diesen als Organe gem. §§ 31, 89 BGB haftbar machen[113]. Vertragspartner für den Patienten ist also in jedem Fall der Krankenhausträger. Wie oben dargestellt, ist nach allg. Ansicht auch hier die Unterscheidung zwischen Kassen- und Privatpatienten für haftungsrelevante Fragen nicht erheblich.

---

[107]In der Regel handelt es sich nicht um Krankenhäuser, die vollständig aus Belegbetten bestehen, vielmehr haben neben den normalen Krankenhausabteilungen niedergelassene Fachärzte Belegbetten in diversen Abteilungen. Es gibt allerdings auch Krankenhäuser, die keine sog. eigene ärztliche Versorgung haben, sondern ausschließlich aus Belegbetten bestehen.

[108]BGHZ 89, 263, 271; BGH NJW 1995, S. 1611.

[109]BGH NJW 1986, S. 2365. das Grundmodell für diese Vertragsform ist der sog. Belegarztvertrag gem. § 2 I, III, § 8 Bundespflegezusatzverordnung vom 21.8.1985 (BGBl. I, 1666); Hart, Grundlagen des Arzthaftungsrechts, Jura 2000, 17.

[110]Giesen, Arzthaftungsrecht Rn. 15; Deutsch/Matthies, Arzthaftungsrecht S. 12; Laufs/-Uhlenbruck, Handbuch des Arztrechts § 93 Rn. 3.

[111]Laufs/Uhlenbruck, Handbuch des Arztrechts § 41 Rn. 16.

[112]Hart, Grundlagen des Arzthaftungsrechts, Jura 2000, 17.

[113]Deutsch/Matthies, Arzthaftungsrecht, S. 12.

Auch beim totalen Krankenhausaufnahmevertrag ist es aber möglich, dass der Patient zusätzlich zum Regelvertrag mit einem bestimmten (Chef-) Arzt ausdrücklich oder konkludent einen Vertrag über zusätzliche ärztliche Leistungen durch diesen (sog. Arztzusatzvertrag gem. § 22 III BPflV) abschließt[114]. Dann kommt es zwar wie beim gespaltenen Krankenhausaufnahmevertrag zu einer vertraglichen Bindung zwischen dem Patienten und dem Arzt selbst, mangels anderweitiger Vereinbarung schuldet bei einem typischen Aufnahmevertrag aber grundsätzlich auch der Krankenhausträger gem. § 6 Satz 4 BPflV die "gesondert berechenbaren ärztlichen Leistungen" und hat somit vertraglich als auch deliktisch für Fehler in diesem Bereich einzustehen[115]. Grds. stehen dem Patienten bei dieser Vertragsart also zwei Leistungsschuldner gegenüber.[116]

Soll zwischen den Parteien etwas Abweichendes vereinbart werden, so muss dies im Krankenhausaufnahmevertrag klar und deutlich zum Ausdruck kommen[117] und ist auch nicht in beliebigem Umfang möglich. So bleibt etwa bei vertraglich bestimmter Konzentration der Haftungsansprüche des Privatpatienten auf den Chefarzt die Organisationspflicht des Krankenhausträgers bestehen. Ist etwa eine notwendige Aufklärung nicht erfolgt, so ist die umfassende Organisationspflicht des Krankenhausträgers verletzt, die zu den grundlegenden Haftungsregeln beim Behandlungsvertrag zählt. Sie auszuschließen, würde eine unangemessene Benachteiligung des Patienten im Sinne von § 9 AGBG darstellen.[118] Solchermaßen vereinbarte Haftungsausschlüsse unterliegen immer den strengen Kontrollen und Anforderungen durch das AGBG.

Als Fazit daraus folgt also, dass abgesehen von den für den Belegarzt tätigen Ärzten, für die dieser dann vertraglich haftet, der Krankenhausträger bei jedem Tätigwerden eines Krankenhausarztes immer vertraglich (zumindest mit-) verpflichtet wird, unabhängig von der inhaltlichen Ausgestaltung des Vertrags mit dem jeweiligen Patienten.

Da damit der Krankenhausträger bei Ansprüchen gegen den Arzt auf jeden Fall Vertragspartner ist und die zusätzliche vertragliche Haftung des Arztes selbst von dem einzelnen Vertrag abhängt, soll in der folgenden Prüfung auf die Unterscheidung von Arzt und Krankenhausträger als Vertragspartner verzichtet werden. Das Kapitel "Ansprüche gegen den Arzt" behandelt daher die Frage, ob

[114]Vgl. hierzu Giesen, Arzthaftungsrecht, Rn. 16.

[115]BGH NJW 1985, S. 2189; BGHZ 121, 107, 112.

[116]Der Abschluss des Arztzusatzvertrags erfolgt i.d.R. durch den Krankenhausträger, der als Vertreter der liquidationsberechtigten Ärzte das entspr. Angebot abgibt oder annimmt. Er kann aber auch gesondert mit den Ärzten abgeschlossen werden.

[117]BGH NJW 1985, S. 2190.

[118]Ausführlich zu dieser Problematik Deutsch, Das Organisationsverschulden des Krankenhausträgers, NJW 2000, 1748 m.w.N.

aufgrund ärztlichen Fehlverhaltens vertragliche und andere Schadensersatzansprüche geltend gemacht werden können. Wer diesbezüglich schließlich in Anspruch genommen werden kann, ist einzelfallabhängig[119].

bb) Beteiligte Personen an den ärztlichen Eingriffen

Betrachtet man den zeitlichen Ablauf bei der Lebendspende, so kann man drei Abschnitte unterscheiden. Einmal die Behandlung und Versorgung des Patienten, und aufgrund des ärztlichen Fehlers späteren Organempfängers, dann die Aufklärung und Organentnahme beim Spender und schließlich die Organübertragung auf den Empfänger.

Bei der Frage, ob der Spender vertragliche Ansprüche gegen den Arzt geltend machen kann, der die Verletzungshandlung am Patienten (und späteren Organempfänger) begangen und damit die Organspende herausgefordert hat, ist unter anderem entscheidend, an welchem der genannten Komplexe der Arzt außerdem beteiligt war, oder ob alles, was mit der eigentlichen Transplantation zusammenhängt, von anderen Ärzten durchgeführt wurde.

aaa) Rechtliche Zulässigkeit der Beteiligung

An der rechtlichen Zulässigkeit der Beteiligung des Arztes an allen drei Vorgängen bestehen grds. keine Bedenken.

Für die postmortale Organübertragung schreibt § 5 Abs. 2 S. 1 TPG i.V.m. §§ 5 Abs. 1, 3 TPG vor, dass die an den Untersuchungen zur Todesfeststellung beteiligten Ärzte weder an der Entnahme, noch an der Übertragung des Organs beteiligt sein dürfen.

Diese Regelung soll den Spender vor der Gefahr einer verfrühten Todesfeststellung schützen, die der immer noch eklatante Mangel an Spenderorganen[120] und der daraus möglicherweise resultierende (selbst altruistische) Übereifer auf Seiten der Ärzte in sich birgt. Der Spender soll vielmehr darauf vertrauen können, dass ein korrekter und neutraler Verfahrensablauf gewahrt wird.[121] Für die Spende vom Lebenden existiert eine entsprechende Regelung nur bzgl. der Aufklärung des Spenders. § 8 Abs. 2 S. 2 TPG fordert, dass die Aufklärung in Anwesenheit eines weiteren Arztes stattfindet, für den § 5 Abs. 2 S. 1 u. 2 TPG gilt, der also an der Organübertragung nicht beteiligt ist und auch nicht den Weisungen des transplantierenden Arztes untersteht.

---

[119] Zur Passivlegitimation des Haftenden bei stationärer Behandlung innerhalb der verschiedenen dargestellten Vertragsarten siehe Laufs/Uhlenbruck, Handbuch des Arztrechts § 115 Rn. 31 ff.

[120] Vgl. Kühn, Das neue deutsche Transplantationsgesetz, MedR 1998, S. 459.

[121] Bruns/Debong/Andreas, Das neue Transplantationsgesetz, ArztR 1998, S. 285.

Hinsichtlich der Organentnahme selbst besteht eine solche einschränkende Regelung nicht, so dass theoretisch die Möglichkeit besteht, dass derselbe Arzt, der die Verletzungshandlung (z.B. schuldhafte Entfernung der einzigen Niere) am späteren Organempfänger begangen hat, das Organ vom Spender auf den Empfänger überträgt.

Die Interessenlage des Spenders gebietet auch keine rechtlich entgegenstehende Regelung. Sie ist zu seinem Schutz nicht notwendig, die Gewährleistung von Neutralität und Transparenz ist für ihn vielmehr bei der der Einwilligung vorangehenden Aufklärung entscheidend. In eine der Organentnahme vom Toten bzgl. der Todesfeststellung entsprechenden Gefahr kann der Spender nicht kommen.

Nicht berücksichtigt bei dieser juristischen Überlegung ist allerdings ein praktisches Problem: Der Spender wird häufig kein Vertrauen (mehr) in die Fähigkeiten gerade des Arztes haben, der bereits einmal einen Fehler begangen und damit die Organspende herausgefordert hat. Es ist davon auszugehen, dass sich der Spender in vielen Fällen gegen eine weitere Beteiligung desselben Arztes verwahren wird.

bbb) Praktische Relevanz

In der Praxis wird eine Beteiligung des Arztes an allen Eingriffen allerdings selbst ohne die letztgenannte Überlegung nur äußerst selten der Fall sein, da zum einen i.d.R für eine Transplantation speziell dafür ausgebildete Ärzteteams in den entsprechenden Kliniken zur Verfügung stehen und herangezogen werden. Zum anderen wird der Arzt, dem aufgrund des die Transplantation herausfordernden Eingriffs zumindest der Vorwurf der Fahrlässigkeit droht, nur im äußersten Notfall noch an Eingriffen an demselben Patienten sich beteiligen wollen und von seinen Vorgesetzten oder dem Krankenhausträger beteiligt werden[122].

Ist der ursprünglich behandelnde Arzt also nur bei der Erstbehandlung des späteren Organempfängers und damit innerhalb des ersten der genannten drei Schuldverhältnisse tätig, so ist die Frage, aus welchem der drei Schuldverhältnisse der Spender möglicherweise vertragliche Ansprüche herleiten kann, obsolet. Es kann sich nur um das erste Schuldverhältnis, also den Behandlungsvertrag mit dem Patienten handeln.

Da jedoch die theoretische Möglichkeit der mehrfachen Beteiligung des Arztes besteht, sollen die sich dann eröffnenden Haftungsmöglichkeiten gedanklich weiter verfolgt werden.

---

[122] In keiner der die Befragung der Autorin einschließenden transplantierenden Kliniken ist, nach Auskunft der Ärzte, ein solcher Fall der mehrfachen Beteiligung des Arztes bislang vorgekommen, bzw. wurde in hypothetischen Überlegungen abgelehnt.

cc) Die Verträge ohne (schuldhafte) Verletzung

Abgesehen von dem ursprünglichen Behandlungsvertrag bleiben also zwei weitere Vertragsverhältnisse mit dem Arzt, dasjenige mit dem Spender über die Organentnahme und das mit dem Empfänger über die Organübertragung.

Wie zu Anfang angesprochen, befasst sich dieses Kapitel mit der legalen Organentnahme, die also unter Einhaltung der insbesondere nach § 8 TPG erforderlichen Voraussetzungen durchgeführt wurde.

Wenn nun aber der Vertrag über die Organentnahme unter Beachtung dieser Voraussetzungen geschlossen,[123] im Vorfeld der Entnahme (Aufklärung etc.) seitens des Arztes keine Fehler begangen wurden und schließlich die Organentnahme selbst lege artis durchgeführt wurde, so fällt es schwer, aus diesem Vertragsverhältnis Schadensersatzansprüche des Spenders herzuleiten, selbst wenn der Arzt auch an diesem Eingriff beteiligt ist: Wie allgemein im Bereich der Leistungsstörungen,[124] gilt auch im haftungsrechtlichen Bereich des Arztrechts das Verschuldensprinzip, und zwar nicht nur im deliktischen, sondern auch im vertraglichen Bereich, wie etwa bei den Behandlungsverträgen.[125] Ohne eine schuldhafte, also vorsätzliche oder fahrlässige (§ 276 Abs. 1 S. 1 BGB) Pflichtverletzung, die innerhalb dieses speziellen Vertragsverhältnisses stattfindet,[126] fehlt es an einem haftungsrechtlichen Anknüpfungspunkt, wobei im Bereich des Arztrechts allerdings praktisch nur Fahrlässigkeit eine Rolle spielt.

Fahrlässig handelt gem. § 276 Abs. 1 S. 2 BGB, wer die im Verkehr erforderliche Sorgfalt außer Acht lässt. Dieses Kriterium wird im BGB, an einem objektiven Sorgfaltsmaßstab gemessen und setzt Vorhersehbarkeit und Vermeidbarkeit des pflichtwidrigen Erfolges voraus.[127]

aaa) Behandlungsfehler

Um Ansprüche aus den Behandlungsverträgen über die Explantation und Im-

---

[123]Die strengen Voraussetzungen des TPG erübrigen die früher notwendige allgemein zivilrechtliche Prüfung, inwieweit ein solches Verpflichtungsgeschäft zulässig bzw. wann es sittenwidrig ist; §§ 17, 18 TPG i.V.m. § 134 BGB. Vgl. Tress, Die Organtransplantation aus zivilrechtlicher Sicht, S. 20 ff.

[124]Palandt/Heinrichs § 276 Rn. 3 ff.

[125]Katzenmaier, Ersetzung der Arzthaftung durch Versicherungsschutz, S. 59 und Pelz, Verschulden - Realität oder Fiktion - die ärztliche Haftung in der Rechtsprechung: Laufs/Dierks/Wienke/Graf-Baumann/Hirsch (Hrsg.), Die Entwicklung der Arzthaftung, S. 41 ff. in; Laufs/Uhlenbruck, Handbuch des Arztrechts § 47 Rn. 4 - an dieser Stelle auch ausführlich zur Abgrenzung zwischen Unglück und Unrecht und der starken Ausweitung des Haftpflichtrechts in Deutschland; zu diesem Thema auch Pichler, Arzthaftungsdynamik versus alternative, verschuldensunabhängige Entschädigungssysteme in: Laufs/Dierks/Wienke/Graf-Baumann/Hirsch (Hrsg.), Die Entwicklung der Arzthaftung, S. 173 ff.

[126]Deutsch, Haftungsrecht, 1. Band S. 80.

[127]Palandt/Heinrichs § 276 Rn. 12 ff.

plantation des Organs geltend machen zu können, muss also ein schuldhafter Behandlungs- oder sonstiger Fehler während dieser Phase stattfinden.

Geht man aber von einer den Vorschriften des TPG entsprechenden und lege artis ausgeführten Transplantation aus, so mangelt es an einem schuldhaft begangenen Behandlungsfehler innerhalb des Vertrags zwischen Arzt und Spender, so dass letzterer aus diesem auch keine eigenen vertraglichen Ansprüche herleiten kann.

bbb) unwirksame Einwilligung

Einziger Anknüpfungspunkt für eine vertragliche Haftung aus diesem Vertragsverhältnis bliebe dann noch die Überlegung, ob die Einwilligung des Spenders, obwohl er gem. § 8 Abs. 1 Nr. 1 TPG einwilligungsfähig war und nach ärztlicher Aufklärung der Entnahme zugestimmt hat, unwirksam sein könnte.

(1) Einwilligung als Bestandteil des Behandlungsvertrags

Um Ansprüche aus dem Behandlungsvertrag gegen den Arzt geltend machen zu können, müsste eine unwirksame Einwilligung des Spenders in die Entnahme gleichzeitig eine pflichtwidrige Vertragsverletzung des Arztes darstellen. Seine Pflicht aus dem Behandlungsvertrag ist es, für eine rechtmäßige und lege artis durchgeführte Behandlung zu sorgen. Ohne eine wirksame Einwilligung ist die Behandlung rechtswidrig, was nicht nur deliktsrechtlich beachtlich ist, sondern sich auch auf den Vertrag auswirkt.[128]

Holt der Arzt daher keine wirksame Einwilligung des Patienten ein, so liegt darin zunächst eine objektive Pflichtwidrigkeit, die bei auch subjektiver Vorwerfbarkeit zu Ansprüchen des Spenders führen kann.

Da der Behandlungsvertrag die vertraglichen Pflichten von Arzt/Krankenhaus und Patient regelt, beinhaltet er aber auch die Mitwirkungspflichten des Patienten, sog. Compliance.[129] Verweigert der Patient eine solche Mitwirkung (sog. "non-compliance") und macht dies eine Erfüllung des Arztvertrags unmöglich, so kann darin eine schuldhafte Obliegenheitsverletzung liegen, bzw. kann sie im Haftungsprozeß ein Mitverschulden nach § 254 BGB begründen.

Die Mitwirkungspflichten können vielfältiger und unterschiedlicher Art sein, fraglich ist aber, ob auch die Einwilligung darunter fällt.

---

[128] Deutsch, Medizinrecht, Rn. 68 ff. und 166.

[129] Nach dem Vorwort des Compliance Handbuchs, 1982, ist Compliance "das Ausmaß der Übereinstimmung des Verhaltens eines Menschen in Bezug auf die Einnahme von Arzneimitteln, die Befolgung einer Diät oder die Art, wie jemand seinen Lebensstil ändert, mit einem ärztlichen oder gesundheitlichen Rat". In Bezug auf den Behandlungsvertrag bedeutet Compliance jedoch mehr als nur die Befolgung von Anweisungen durch den Arzt, sondern jede für den Behandlungsvertrag notwendige Mitwirkung des Patienten, Laufs/Uhlenbruck, Handbuch des Arztrechts § 78 Rn. 1.

Grundsätzlich kann der Patient aufgrund des ihm gem. Art. 1 Abs. 1 und 2 Abs. 1 und 2 GG verfassungsrechtlich garantierten Selbstbe-stimmungsrechts autonom entscheiden, welche medizinischen Maßnahmen an ihm vorgenommen dürfen werden.[130] Der Behandlungsvertrag verpflichtet den Patienten zwar prinzipiell, notwendige Eingriffe und Behandlungen zu dulden, diese vertragliche Pflicht ist aber immer durch das Selbstbestimmungsrecht des Patienten begrenzt, von einer echten Vertragspflicht kann daher nicht gesprochen werden.

Will der Patient jedoch eine Maßnahme durchgeführt wissen, besteht die vertragliche Mitwirkungspflicht darin, sie durch seine Einwilligung für den Arzt zu einer rechtmäßigen zu machen. Diese rechtliche Pflicht gehört zum Kreis der compliance und ist daher Bestandteil des Behandlungsvertrags.

Dies muss umso mehr bei der Organspende vom Lebenden gelten, denn einziger Sinn des darüber geschlossenen Behandlungsvertrags ist, das Organ zu entnehmen. Die Obliegenheit des Spenders, zum Zustandekommen einer ordnungsgemäßen Einwilligung beizutragen, kann daher sogar als verstärkte Mitwirkungspflicht bezeichnet werden[131] und damit als Bestandteil des Behandlungsvertrags.

Ausgehend von der ärztlichen Pflicht zur Einholung einer wirksamen Einwilligungserklärung stellt sich allerdings die Frage, ob dem Arzt jeglicher Grund für eine Unwirksamkeit der Einwilligung zugerechnet werden kann, oder ob hiervon Ausnahmen zu machen sind.

(2) Unwirksamkeitsgründe

Wurden die nach dem TPG erforderlichen und im Arztrecht allgemein gestellten formalen Voraussetzungen eingehalten, kann die Wirksamkeit der Einwilligung nur durch Willensmängel des Erklärenden beeinträchtigt sein. Als solche kommen generell Drohung und Zwang, Täuschung und Irrtum in Betracht.[132]

Bei der Einwilligung in die Organentnahme vom lebenden Spender sticht vorwiegend das Merkmal des Zwangs mit der Begründung hervor, dass der Spender nur unter dem enormen psychischen Druck einwilligt, einem nahen Angehörigen das Leben retten oder erleichtern zu müssen und daher unter einem (inneren) Zwang handelt. Auf diesem Argument beruht, allerdings im Rahmen des Zurechnungszusammenhangs bei § 823 Abs. 1 BGB, auch das zu Anfang dargestellte BGH-Urteil.[133] Der BGH spricht darin von einem dem Organspender aufgezwungenem Opfer. Der Arzt habe durch die schuldhafte Entfernung der Niere nicht nur Körper und Gesundheit der Tochter selbst verletzt, sondern auch einen

[130]BGHZ 29, 46; 29, 176; Deutsch, Das Persönlichkeitsrecht des Patienten, AcP 192 (1992), 161, 166 ff.

[131]Siehe auch Laufs/Uhlenbruck, Handbuch des Arztrechts § 78 Rn. 8 f.

[132]Palandt/Thomas § 823 Rn. 43.

[133]BGHZ 101, 215, 219.

Gefahrenzustand geschaffen, der vor allem[134] nahe Angehörige dazu veranlassen konnte, zur Rettung von Leben und Gesundheit des Geschädigten eine Verletzung des eigenen Körpers in Kauf zu nehmen, indem sie eine Niere zur Transplantation zur Verfügung stellten.

Grundsätzlich ist für den Wegfall der Freiwilligkeit einer Einwilligung zwar kein physischer Zwang erforderlich, es reicht vielmehr, wenn der Betroffene unter psychischem Zwang steht, im zivilrechtlichen Bereich wird diesbezüglich nicht unterschieden.[135] Fehlt es daher aufgrund eines irgendwie gearteten Zwangs an einer freiwilligen und damit wirksamen Einwilligung, so ist der Eingriff am Patienten rechtswidrig.[136]

Selbst wenn man aber die Unfreiwilligkeit einer solchen Spender-Einwilligung bejaht, fragt es sich, ob das für den Organentnahmevertrag eine Rolle spielen kann, ob sich also der durch die Spendenotwendigkeit hervorgerufene Willensmangel überhaupt auf den Vertrag auswirken kann.

Die Systematik des zivilrechtlichen Vertragsrechts im allgemeinen beinhaltet, dass zum einen sich aus dem Vertragsverhältnis ergebende Auswirkungen und Rechtsfolgen (rechtlich) nur inter partes wirken (das schuldrechtliche Recht als "relatives Recht").[137] Zum anderen müssen, zur Sicherheit des Vertragspartners, Änderungsrechte innerhalb des Vertragsverhältnisses, die zur Unwirksamkeit, Anfechtbarkeit, zum Rücktrittsrecht etc. führen, ihren Grund immer gerade in diesem Schuldverhältnis haben. Dies ermöglicht es dem Vertragspartner, sein Risiko zu kalkulieren, da die Gründe für eine rechtliche Änderung überschaubar begrenzt werden.[138] Außerhalb liegende Gründe fallen in den Motivationsbereich des jeweiligen Vertragspartners und sind daher grundsätzlich unbeachtlich. Dies ergibt sich bereits aus den Anfechtungsregeln, §§ 119 ff BGB, ein Irrtum über den Beweggrund (sog. Motivirrtum) ist danach grds. nichtrelevant[139]. Auch eine Anfechtbarkeit wegen Drohung gem. § 123 Abs. 1 BGB lässt sich durch eine vorher nur fahrlässig geschaffene, die Willenserklärung auslösende Situation nicht begründen.[140] Und selbst wenn man über das Merkmal des Zwangs in den Bereich der Sittenwidrigkeit des Rechtsgeschäftes kommt, so fordert § 138 BGB auch hier wiederum das bewusste Ausbeuten einer solchen Zwangslage durch

[134]Da das Urteil vor Inkrafttreten des TPG erging, gab es die einschränkende Regelung noch nicht, dass nur nahe Angehörige (§ 8 Abs. 1 TPG) spenden dürfen.

[135]Palandt/Thomas § 823 Rn. 43; BGHZ 67, 163, 168; 101, 215, 219.

[136]MüKo/Mertens § 823 Rn. 41.

[137]Esser/Schmidt Schuldrecht Band 1 Allg. Teil S. 99.

[138]Henke, Die sog. Relativität des Schuldverhältnisses S. 79.

[139]Statt vieler Palandt/Heinrichs § 119 Rn. 29. Ausnahmen hiervon sind nur in den gesetzlich geregelten Fällen des § 123 und in dem von der Rechtsprechung entwickelten Institut des Wegfalls der Geschäftsgrundlage zulässig. Auf die Diskussion, ob und inwieweit § 119 Abs. 2 BGB einen gesetzlich geregelten Fall des Motivirrtums darstellt, soll hier verzichtet werden, siehe hierzu MüKo/Kramer § 119 Rn. 89 ff.

[140]MüKo/Kramer § 123 Rn. 33.

den Vertragspartner[141] (was bei einem Arztvertrag über eine Organexplantation sicher nicht angenommen werden kann) und rückt damit den Anknüpfungspunkt für die Unwirksamkeit in den Bereich des konkreten Rechtsgeschäftes.

Dies alles lässt auf ein Konzept für die vertragliche Haftung des Gesetzgebers schließen, dem eine Ausweitung der zur Unwirksamkeit der Vertragserklärung führenden Beweggründe, auf die aus einem gänzlich anderen Verhältnis herrührenden, zuwider laufen würde. Die psychische Zwangslage des Spenders resultiert aber aus Umständen, die jenseits der unmittelbaren Vertragsbeziehungen des entnehmenden Arztes zum Spender liegen. Die Richtigkeit der hier vertretenen Konzeption folgt im übrigen schon daraus, dass die Gegenauffassung bei dem durch § 8 Abs. 1 letzter Satz TPG beschränkten Spenderkreis stets zur Unwirksamkeit der Einwilligung kommen müsste, der entnehmende Arzt also stets der Haftung ausgesetzt wäre, was erkennbar nicht der Sinn der gesetzlichen Regelung sein kann.

Es widerspräche dem Sinn und System des Vertragsrechts, wenn eine Vertragserklärung (hier die Einwilligung) unwirksam sein kann, obwohl alle innerhalb des Vertragsverhältnisses beeinflussbaren Voraussetzungen eingehalten wurden.

Wenn also der Behandlungsvertrag zwischen Spender und Arzt nicht durch eine mangelhafte Einwilligung beeinträchtigt wird, so können dem Spender aus diesem auch keine vertraglichen Schadensersatzansprüche erwachsen.

Der Behandlungsvertrag zwischen Arzt und Spender über die Implantation des Organs kann erst recht keine vertraglichen Ersatzansprüche des Spenders begründen. Zum einen ist letzterer nicht Partei des Vertrags, zum anderen wird bei legaler Transplantation, also bei Einhalten der Voraussetzungen, keine Vertragsverletzung begangen, aus der sich eine Verletzung des Spenders und damit Ersatzansprüche herleiten ließen, zumal die potentielle Verletzungshandlung zeitlich auch nur nach der Organentnahme beim Spender liegen und damit kaum kausal für seine Körperverletzung sein könnte. Es bietet sich also auch bei diesem Vertrag kein Anknüpfungspunkt für vertragliche Schadensersatzansprüche des Spenders.

dd) Der ursprüngliche Behandlungsvertrag

Einziger möglicher Anknüpfungspunkt für vertragliche Ansprüche des Spenders bleibt daher nur der ursprüngliche Behandlungsvertrag zwischen Arzt und späterem Organempfänger, da hierbei seitens des Arztes eine schuldhafte Vertragsverletzung begangen wurde.

Fraglich ist also, ob dem Spender aus dem ursprünglichen Behandlungsvertrag eigene, d.h. unmittelbare, nicht abgeleitete vertragliche Ansprüche zustehen können.

[141] Palandt/Heinrichs § 138 Rn. 74.

Zwar liegt eine schuldhafte Verletzungshandlung vor, die, wenn auch am Empfänger begangen, in ihren tatsächlichen Auswirkungen auch den Spender getroffen hat. Das Problem liegt aber auch in diesem Fall darin, dass der Spender nicht Partei dieses Behandlungsvertrags war, er vielmehr an dem ganzen Geschehen zu diesem Zeitpunkt noch überhaupt nicht beteiligt war.

Unabhängig von der konkreten Anspruchsgrundlage müssen für vertragliche oder vorvertragliche Schadensersatzansprüche die schuldrechtlichen Beziehungen zwischen den Parteien zum Zeitpunkt der Verletzungshandlung bereits in irgendeiner Form aufgenommen worden sein,[142] ein späteres Begründen solcher Beziehungen zu einer der Parteien reicht nicht aus. Nur eine an diesen vorvertraglichen oder vertraglichen Beziehungen beteiligte Partei kann eigene unmittelbare Ansprüche aus diesem Verhältnis ableiten, denn, wie oben bereits angesprochen, werden durch das Schuldverhältnis grds. nur die an ihm Beteiligten berechtigt und verpflichtet, es entfaltet seine Wirkungen nur "inter partes"[143].

In einem vom BGH entschiedenen Fall[144] wurden zwar dem Ehemann Ersatzansprüche des ihm durch Schlechtleistung entstandenen Vermögensschadens zugesprochen, obwohl er an dem Behandlungsvertrag zwischen seiner Ehefrau und dem Arzt nicht beteiligt war. In dem angesprochenen Fall ging es jedoch um eine fehlgeschlagene Sterilisation und anschließende Schwangerschaft der Frau, weshalb die Eheleute den Unterhalt des Kindes als Schaden geltend machten.

Der BGH bejahte den Anspruch des Ehemannes (aus Vertrag mit Schutzwirkung zugunsten Dritter) nur mit der Begründung, dass es sich bei der Sterilisation um eine Arztleistung gehandelt habe, die der wirtschaftlichen Familienplanung zu dienen bestimmt gewesen und es ihr deshalb wesenseigen sei, dass der vertragliche Schutz gegen Schlechtleistung jedem Ehegatten zukomme, soweit er durch seine Unterhaltslast betroffen sei.

Diese Argumentation ist aber auf den der Herausforderung der Organspende durch ärztliches Fehlverhalten gerade nicht übertragbar, denn die ursprüngliche Behandlung des späteren Organempfängers sollte ausschließlich dessen Gesundung dienen, nicht aber einer auch die Familienangehörigen betreffenden wirtschaftlichen Planung. Für den "normalen" Behandlungsvertrag bleibt es deshalb dabei, dass er andere Personen nicht mit einbezieht, sondern seine Wirkungen nur zwischen Arzt und Patient entfaltet.

---

[142] Palandt/Heinrichs § 276 Rn. 65 ff, 107 (zu c.i.c. und p.V.V.)

[143] Esser/Schmidt SchuldR Band I Allg. Teil Teilband 1; S. 98; Palandt/Heinrichs Einl v § 241 Rn. 3.

[144] BGHZ 76, 259, 262.

Aus der Tatsache, dass durch eine Verletzungshandlung innerhalb dieses Behandlungsverhältnisses die Organspende notwendig wird, lassen sich auch noch keine vorvertraglichen Beziehungen zwischen dem Arzt und dem Spender konstruieren, zumal zu diesem Zeitpunkt noch nicht einmal feststeht, ob ein geeigneter Spender überhaupt vorhanden ist und wer es sein wird.

Damit bestehen zum Zeitpunkt der die Spende herausfordernden Verletzungshandlung keinerlei vertragliche Beziehungen zwischen Arzt und späterem Spender, so dass letzterer aus dem Verhältnis Arzt - Patient (Organempfänger) keine direkten eigenen Ansprüche ableiten kann. Aus dem gleichen Grund, also mangels vertraglicher Beziehungen zwischen Arzt und Spender lehnten bereits zwei Gerichte in den USA Ansprüche des Organspenders gegen den Arzt, der beim Empfänger einen Behandlungsfehler begangen hatte, ab.[145]

b) Zusammenfassung

Bei der Prüfung eigener vertraglicher Ansprüche des Spenders gegen den Arzt kommt als einziger haftungsrechtlicher Anknüpfungspunkt die Verletzungshandlung des Arztes am Patienten und damit der ursprüngliche Behandlungsvertrag in Betracht. Da der Spender an diesem Vertrag aber in keiner Form beteiligt war, kann er daraus keine vertraglichen Ersatzansprüche herleiten.

Dass die durch die fehlerhafte Behandlung geschaffene Situation den Spender unter den psychischen Druck setzt, seinem Angehörigen ein Organ zu spenden und damit die Freiwilligkeit seiner Einwilligung beeinträchtigen kann, hat auf seinen eigenen Vertrag mit dem Arzt über die Organentnahme keine Auswirkungen, da dessen Voraussetzungen dennoch eingehalten wurden.

Aus dem Vertrag zwischen Arzt und Empfänger über die Organübertragung lassen sich, da der Spender nicht Partei dieses Vertrags ist und, davon abgesehen, mangels Vertragsverletzung, ebenfalls keine vertraglichen Ansprüche herleiten.

3. Drittschadensliquidation und Vertrag mit Schutzwirkung zugunsten Dritter

Wenn im vertraglichen Bereich Anknüpfungspunkt für Schadensersatzansprüche des Spenders nur der Behandlungsvertrag zwischen Arzt und Patient (späterer Empfänger) sein, der Spender daraus aber keine direkten Ansprüche herleiten kann, so stellt sich als nächstes die Frage, ob nicht vielleicht der Organempfänger den Schaden des Spenders, etwa im Wege der sog. Drittschadensliquidation, geltend machen kann.

---

[145]Ornelas and Ornelas v. Fry, 25.6.1986, Pacific Reporter 2d series, 727 p. 819, 824 Court of Appeals of Arizona); Moore v. Sha, 1982, New York Supplement 2d series, 727 p. 33.

Grundsätzlich werden im deutschen Recht Drittschäden nicht ersetzt.[146] Dies liegt zum einen am sog. "Dogma vom Gläubigerinteresse", was besagt, dass der Gläubiger eines Schadensersatzanspruchs nur seinen eigenen Schaden ersetzt verlangen kann, den Schaden eines Dritten hingegen darf er nicht geltend machen.[147] Bei einer deliktischen Haftung ist dieser Gläubiger nach unserer Rechtsordnung derjenige, in dessen Rechte oder absolut geschützte Rechtsgüter eingegriffen worden ist, bei einer Vertragsverletzung ist aber regelmäßig nur der Vertragspartner in seinen Rechten verletzt.

Zum anderen findet dies seine Ursache in dem Grundsatz der Relativität von Schuldverhältnissen, nach dem, wie im vorigen Kapitel bereits angesprochen, nur die an dem Schuldverhältnis Beteiligten berechtigt und verpflichtet werden.[148] Die Rechtsprechung hat zu diesem Grundsatz allerdings einige Ausnahmen entwickelt.

a) Vertrag zugunsten Dritter

Zunächst ist der echte Vertrag zugunsten Dritter gem. § 328 ff. BGB zu betrachten. Er bildet von diesem Grundsatz keine Ausnahme, denn bei ihm erwirbt der begünstigte Dritte gem. § 328 Abs. 1 BGB "unmittelbar" das Recht, die Leistung zu fordern. Dies macht ihn zu einem an dem konkreten Schuldverhältnis Beteiligten.[149]

Im Bereich von Behandlungsverträgen spielt der echte Vertrag zugunsten Dritter in der Regel keine Rolle. Er ist zwar kein spezieller Vertragstyp, sondern kann grundsätzlich jedes schuldrechtliche Versprechen beinhalten, Ansprüche aus dem Behandlungsvertrag stehen aber grundsätzlich nur dem Patienten zu[150] und sofern nicht ausdrücklich aufgrund besonderer Umstände ein Vertrag zugunsten Dritter vereinbart wurde, kann im hier interessierenden Bereich auf einen solchen nicht geschlossen werden.

Auf die Situation der Organtransplantation bezogen passt zudem die Konstellation der Drittbegünstigung eines normalen Behandlungsvertrags im Hinblick auf den späteren potentiellen Spender nicht, denn der Spender wird schließlich erst für den Fall benötigt, dass bei der Behandlung ein Fehler unterläuft, der Ver-

---

[146] BGHZ 40, 91, 100; MüKo/Grunsky Vor § 249 Rn. 116.

[147] Medicus SchuldR AT Rn. 609; Seine positiv-rechtliche Grundlage findet es für Ansprüche aus Schuldverhältnissen u.a. in den Formulierungen der §§ 280, 282 BGB, für deliktische Forderungen im entsprechenden Wortlaut der jeweiligen Anspruchsgrundlage, wie etwa § 823, wo der Täter "dem anderen zum Ersatz des daraus entstehenden Schadens verpflichtet" ist; ausführlich Hagen, Die Drittschadensliquidation im Wandel der Rechtsdogmatik, S. 1 f.

[148] Palandt/Heinrichs Einl v § 241 Rn. 3; Henke, Die sog. Relativität der Schuldverhältnisse, 1990, S. 14.

[149] Palandt/Heinrichs Einf v § 328, Rn. 1; Lange, Zur Abgrenzung des Vertrags zugunsten Dritter und der Drittschadensliquidation, S. 4.

[150] Laufs/Uhlenbruck Handbuch des Arztrechts, § 40 Rn. 1.

trag also fehlerhaft abgewickelt wird. Im Zeitpunkt des Vertragsschlusses fehlt es an der Notwendigkeit, einen (auch) ihn begünstigenden Vertrag abzuschließen.

b) Abgrenzung Drittschadensliquidation und Vertrag mit Schutzwirkung zugunsten Dritter

Ausnahmen zu dem oben genannten Grundsatz bilden jedoch die beiden im deutschen Recht anerkannten[151] Rechtsfiguren der Drittschadensliquidation und des Vertrags mit Schutzwirkung zugunsten Dritter.[152] Sie beide dienen dazu, eine im Einzelfall ungerechtfertigte Entlastung des Schädigers zu verhindern[153], die dadurch entsteht, dass die vertraglichen Haftungsregelungen den Sachverhalt nicht erfassen.

Allgemein anerkannt ist heute, dass bei der Drittschadensliquidation der Gläubiger eines Schadensersatzanspruches den Schaden eines Dritten liquidieren darf, wenn eine für den Schädiger zufällige Schadensverlagerung vom Gläubiger auf den Dritten vorliegt.[154] Das sind solche Fälle, in denen der Schaden, der normalerweise beim Ersatzberechtigten, also beim Anspruchsinhaber, eintreten würde, durch besondere Umstände nicht bei ihm, sondern einem Dritten eintritt.[155] Mit dem Institut der Drittschadensliquidation soll verhindert werden, dass der Ersatzpflichtige nur aus dem Grund von seiner Schadensersatzpflicht frei wird, dass der Verletzte nur deshalb keinen eigenen Schaden erlitten hat, weil statt seiner ein anderer geschädigt wurde.

Die Drittschadensliquidation birgt für den Ersatzpflichtigen nicht die Gefahr, die Schäden mehrerer Personen ersetzen zu müssen und führt daher auch zu keinem unübersehbaren Risiko der vertraglichen Haftung, da sich der Schaden schlicht von der normalerweise ersatzberechtigten Person auf eine andere verlagert. Ihre grundsätzliche Zulässigkeit wird daher heute kaum noch in Frage gestellt.[156]

---

[151]Das war nicht immer so, es wurden zeitweise nicht nur die einzelnen Voraussetzungen, sondern sogar die Rechtsinstitute selbst in Frage gestellt. Siehe hierzu etwa Hagen, Die Drittschadensliquidation im Wandel der Rechtsdogmatik, S. 287.

[152]Zu den Bedingungen, die eine Rechtsordnung erfüllen muss, um den Vertrag mit Schutzwirkung zugunsten Dritter und die Drittschadensliquidation zu ermöglichen vgl. von Bar, Verträge mit Schutzwirkung zugunsten Dritter, Drittschadensliquidation and extension of duty of care in: Toward Comparative Law in the 21st Century, 1998, S. 4 f; Jauernig/Vollkommer § 328 Rn. 20.

[153]Palandt/Heinrichs Vor § 249 Rn. 112; Larenz, Lehrbuch des Schuldrechts Band I Allg. Teil, § 27 IV S. 462.

[154]BGHZ 40, 91, 100; Lange, Zur Abgrenzung des Vertrags zugunsten Dritter und der Drittschadensliquidation, S. 19; Soergel/Hadding Anh § 328 Rn. 11.

[155]Larenz, Lehrbuch des Schuldrechts Band I Allg. Teil, § 27 IV S. 462.

[156]Vgl. etwa Soergel/Mertens Vor § 249 Rn. 247.

Problematisch und umstritten sind jedoch nach wie vor der Anwendungsbereich und die inhaltliche Ausgestaltung der Drittschadensliquidation.[157] Insbesondere soll sie nur dann zum Einsatz kommen, wenn auf andere Art und Weise kein billiges Ergebnis erzielt werden kann, wenn also keine anderen schadensersatzrechtlichen Institute eingreifen.[158] Um ihre Voraussetzungen festlegen zu können, ist zunächst eine Abgrenzung vom Vertrag mit Schutzwirkung zugunsten Dritter erforderlich.[159]

Ursprünglich verwendete die Rechtsprechung als Abgrenzungskriterium die Frage, ob Personen- oder Sach- bzw. Vermögensschäden vorlagen. Während sie bei Personenschäden grds. den Vertrag mit Schutzwirkung zugunsten Dritter anwandte, löste sie Ersatzansprüche bei Sach- und Vermögensschäden über die Figur der Drittschadensliquidation,[160] was zunächst auch in der Literatur Zustimmung fand.[161]

Dieses Kriterium wurde von der Rechtsprechung aber bald wieder aufgegeben, indem unter dem Gesichtspunkt des "Vertrags" mit Schutzwirkung zugunsten Dritter auch Sach- und Vermögensschäden ersetzt wurden.[162] Auch das Schrifttum schloß sich dieser Ausweitung an und gelangte zu der Überzeugung, dass die Art des Schadens nicht maßgebliches Abgrenzungskriterium sein könne.[163] Argumentiert wurde damit, dass sich der Umfang eines Schadensersatzanspruchs nach der zentralen Norm des § 249 BGB bestimme, diese aber gerade nicht nach Sach- oder Personenschäden differenziert, sondern beide gleichbehandelt.

Eine ähnliche Ansicht, die sich in ihrer Unterscheidung allerdings am Schutzgut des Vertrags - Personen oder sachbezogene Vermögensinteressen - orientierte, konnte sich mangels sachlich gerechtfertigter Gründe für die vorgeschlagene Differenzierung nicht durchsetzen.[164]

Ein weiterer Abgrenzungsvorschlag bestand darin, beim praktischen Hauptunterschied der beiden Rechtsfiguren anzusetzen, also daran, dass beim Vertrag mit Schutzwirkung zugunsten Dritter der Dritte unmittelbarer Anspruchsinhaber ist,

---

[157]Vgl. hierzu Traugott, Risiko und Haftungsgrund bei Drittschäden, ZIP 1997, 872.

[158]Vgl. Hagen, Die Drittschadensliquidation im Wandel der Rechtsdogmatik, S. 10 f, 14 f.

[159]MüKo/Gottwald § 328 Rn. 96.

[160]Vgl. etwa BGH NJW 1964, 33 ff, die Drittschadensliquidation wird bei der Prüfung von Personenschäden nicht einmal erwähnt.

[161]Z.B. Gernhuber, Gläubiger, Schuldner und Dritte, JZ 1962, 553 ff.

[162]Grundlegend BGH VersR 1968, 375 ff.; BGHZ 49, 350; zum ganzen Urban, "Vertrag" mit Schutzwirkung zugunsten Dritter und Drittschadensliquidation S. 165.

[163]Canaris, Ansprüche wegen „positiver Vertragsverletzung" und Schutzwirkung für Dritte" bei nichtigen Verträgen, JZ 1965, 475 ff.; Lorenz, Anm. zu BGH JZ 1960, 141, JZ 1960, 140 f.; Schwerdtner, Verträge mit Schutzwirkung für Dritte, Jura 1980, 493, 500.

[164]Vgl. dazu ausführlich Urban, "Vertrag" mit Schutzwirkung zugunsten Dritter und Drittschadensliquidation S. 165 f.

bei der Drittschadensliquidation dagegen der Verletzte (Vertragspartner) den Schadensersatzanspruch für den Dritten geltend macht oder diesem den Anspruch abtritt.[165]

Bei tatbestandlichem in Betracht kommen beider Alternativen sollte danach entschieden werden, ob die Zwischenschaltung des Verletzten sach- und interessengerecht sei.[166]

Auch diese Ansicht konnte sich aber nicht durchsetzen, da es häufig an verlässlichen objektiven Anhaltspunkten dafür fehlt, welche Konstruktion sach- und interessengerecht ist, das Ergebnis vielmehr stark vom subjektiven Gerechtigkeitsempfinden des Rechtsanwenders abhängt.

Die heutige Rechtsprechung und der größte Teil der Literatur stellen auf das Haftungsrisiko des Schädigers als maßgebliches Abgrenzungskriterium ab. Danach greift die Drittschadensliquidation ein, wenn es sich um eine bloß (schuldrechtlich) zufällige Schadensverlagerung vom Verletzten auf einen Dritten handelt und damit der Kreis der Ersatzberechtigten nicht erweitert wird, während der Vertrag mit Schutzwirkung zugunsten Dritter eine Erweiterung des Haftungsrisikos über die Vertragsparteien auf die in den Schutzbereich mit einbezogenen Dritten bedeutet; es geht bei letzterem also gerade nicht um ein und denselben Schaden, der verlagert wird, sondern um einen, der nicht nur bei der Vertragspartei, sondern bei mehreren Personen gleichzeitig eintreten kann.[167] Wirtschaftlich gesehen muss letztgenannte Konstellation zwar nicht zwangsläufig zu einer Risikoerhöhung für den Ersatzpflichtigen führen,[168] rechtlich werden aber gleichartige oder verschiedene Risiken gehäuft.[169]

Da sich die Fälle der Drittschadensliquidation und des Vertrags mit Schutzwirkung zugunsten Dritter aber häufig ähneln oder auch überschneiden, stellt sich die Frage nach der Vorrangigkeit eines der beiden Rechtsinstitute, die die Anwendbarkeit des anderen dann ausschließen könnte.

Teilweise wurde hierzu vertreten, dass beide Rechtsinstitute nebeneinander stehen könnten.[170] Dies erscheint aber aufgrund dessen, dass beide Rechtsinstitute

---

[165]Canaris, Bankvertragsrecht Band 1, 3. Aufl. 1988, Rn. 26.

[166]Traugott, Risiko und Haftungsgrund bei Drittschäden, ZIP 1997, 873 f.

[167]MüKo/Gottwald § 328 Rn. 96; Erman/Westermann § 328 Rn. 11 f; Soergel/Hadding § 328 Rn. 30; Grund für die Entwicklung des Instituts des Vertrags mit Schutzwirkung zugunsten Dritter war, dass der deliktische Schutz in mehrfacher Hinsicht, insbesondere bzgl. der Haftung für schuldhaftes Verhalten eines Gehilfen nach § 831 BGB, hinter dem vertraglichen Schutz unter Anwendung der entsprechenden Norm des § 278 BGB zurückbleibt und damit der Vertragsleistung nahestehende Personen, die selbst nicht Vertragspartei waren, nicht ausreichend geschützt wurden (z.B. die Familie des Mieters), vgl. Larenz, Lehrbuch des Schuldrechts Band I Allg. Teil, § 17 II S. 224 f.

[168]Urban, "Vertrag" mit Schutzwirkung zugunsten Dritter und Drittschadensliquidation, S. 168.

[169]Medicus, Schuldrecht I Allg. Teil, Rn. 773.

[170]BGH NJW 1987, 2510 f; Söllner, Mietvertragliche Sachmängelhaftung des Grundstückserwerbers gegenüber Dritten, JuS 1970, 159, 163 f.

als nicht kodifizierte Rechtsfortbildungen nur dann eingreifen sollen, wenn auf andere Weise kein billiges Ergebnis erreicht werden kann, nicht überzeugend, unterstützt durch die oben dargestellten Argumente.

Es ist vielmehr fraglich, welches der beiden Rechtsinstitute dem als schutzbedürftig erkannten Dritten die „stärkere" Rechtsposition und deshalb Vorrang genießt, weil es das legitime Schutzbedürfnis des Dritten am effizientesten zu befriedigen vermag.

Zwar schafft die Rechtstellung des Dritten beim Vertrag mit Schutzwirkung zugunsten Dritter für den Schädiger eine schwer kalkulierbare Haftungserweiterung,[171] stellt man aber auf den schutzwürdigen Dritten ab, so ist dieses Institut dennoch näher am Vertrag zugunsten Dritter gem. § 328 BGB und damit an der gesetzlichen Regelung, da es dem Dritten eine weitgehend unabhängige Rechtstellung verschafft.[172] Bei der Drittschadensliquidation hingegen hängt die zufällige Schadensverlagerung und damit die Rechtstellung des Dritten von der des Vertragspartners ab. Dies verschafft ihm eine wesentlich schwächere Position als beim Vertrag mit Schutzwirkung zugunsten Dritter. Zudem steht sie inhaltlich den gesetzlichen Regelungen ferner als dieser und sollte daher als Ausnahmeregelung zum Zuge kommen, wenn alle anderen schadensersatzrechtlichen Institute (und damit auch der Vertrag mit Schutzwirkung zugunsten Dritter) nicht eingreifen, was zur Vorrangigkeit des letztgenannten führt.[173]

c) Voraussetzungen des Vertrags mit Schutzwirkung zugunsten Dritter

Um für den Schuldner das Risiko, dass ein nicht am Vertrag Beteiligter zusätzlich Schadensersatzansprüche geltend machen kann, nicht uferlos werden zu lassen, kann die Anwendung des Vertrags mit Schutzwirkung zugunsten Dritter nur unter sehr engen Voraussetzungen stattfinden.[174] Daher wurden die folgenden Eingrenzungserfordernisse von der Rechtsprechung entwickelt.

aa) Leistungsnähe

So kann ein Dritter nur dann Schadensersatzansprüche aus einem Vertrag gel-

---

[171] Was teilweise als Argument für den Vorrang der Drittschadensliquidation herangezogen wird, die Figur des Vertrags mit Schutzwirkung zugunsten Dritter soll aus diesem Grund nur als ultima ratio herangezogen werden, vgl. Berg, Verträge mit Schutzwirkung und Drittschadensliquidation, JuS 1977, 363, 366; V. Caemmerer, Verträge zugunsten Dritter, FS für Wieacker, S. 311, 320; Medicus, Bürgerliches Recht, Rn. 841 f.

[172] Gernhuber, Handbuch des Schuldrechts, Band 8, § 21 I 5 b; MüKo/Gottwald § 328 Rn. 79; Musielak, Die Haftung der Banken für falsche Kreditauskünfte, VersR 1977, 973, 978; Hüffer, Die Haftung gegenüber dem ersten Auftraggeber im mehrgliedrigen Zahlungsverkehr, ZHR 151 (1087), 93, 103-106

[173] Vgl. auch Hagen, Die Drittschadensliquidation im Wandel der Rechtsdogmatik, S. 10 f, 14 f, a.A. Soergel/Hadding Anh § 328 Rn. 12.

[174] Larenz, Lehrbuch des Schuldrechts Band I Allg. Teil, § 17 II S. 226.

tend machen, wenn er sich bestimmungsgemäß in Leistungsnähe befindet, also den typischen Gefahren der Leistungserbringung ebenso stark ausgesetzt ist, wie der Gläubiger selbst.[175]

bb) Gläubigerinteresse

Des weiteren muss der Gläubiger ein besonderes Interesse an der Einbeziehung des Dritten in den vertraglichen Schutzbereich haben, das sich aus einem besonderen Näheverhältnis zwischen ihm und dem Dritten ergibt (Gläubigerinteresse).[176] Das vormals verlangte strenge "Wohl- und Weheverhältnis" zwischen Gläubiger und Drittem, das im wesentlichen nur für familienrechtliche Unterhaltspflichten und Dienstverträge passte, hat die Rechtsprechung inzwischen aufgegeben, da die Vertragsauslegung ergeben kann, dass auch eine dem Gläubiger fernstehende Person in den Schutzbereich des Vertrags miteinbezogen werden soll, wenn der Gläubiger an der Einbeziehung des Dritten in den Vertrag ein besonderes Interesse hat und der Vertrag dahingehend ausgelegt werden kann, dass der Vertragsschutz in Anerkennung dieses Interesses den Dritten miterfassen soll.[177] So etwa bei vom Wohl- und Weheverhältnis nicht erfassten Kauf- oder Werkverträgen. Wenn also die Leistung ausdrücklich oder bestimmungsgemäß auch einem Dritten zugute kommen soll, wird dieser vom Vertragsschutz mitumfasst.[178]

cc) Erkennbarkeit

Nach h.M. müssen zudem die beiden vorgenannten Voraussetzungen (Leistungsnähe und Gläubigerinteresse am Drittschutz) für den Schuldner subjektiv erkennbar sein.[179] Das Vertrags- und Haftungsrisiko soll für ihn bei Abschluß des Vertrags übersehbar und kalkulierbar, gegebenenfalls auch versicherbar sein.[180]

dd) Schutzbedürftigkeit

Letztes Erfordernis ist schließlich die Schutzbedürftigkeit des Dritten. Es muss nach dem Gebot von Treu und Glauben ein Bedürfnis bestehen, den Dritten in

---

[175]BGHZ 61, 227, 233 f; 70, 327, 329; BGH ZIP 1995, 819, 830.

[176]BGHZ 51, 91, 96; 56, 269, 273, beide Urteile verlangen allerdings noch ein sog. „Wohl- und Weheverhältnis"; Medicus Schuldrecht Allg. Teil, Rn. 775.

[177]BGH JZ 1985, 951, 952; BGHZ 127, 378, 380, der dieses Gläubigerinteresse - es ging in dem Fall um ein Auftragsgutachten - bei Gegenläufigkeit der Interessen von Gläubiger und Drittem verneinte; BGH NJW 1998, 1059, auch hinsichtlich eines Gutachtenfalls: BGHZ 128, 168, 173; BGH NJW 1984, 356.

[178] BGH NJW 1983, 1054; 1985, 489.

[179]BGHZ 49, 350, 353; BGH NJW 1985, 2411; Schwerdtner, Verträge mit Schutzwirkung für Dritte, Jura 1980, 493 ff.

[180]MüKo/Gottwald § 328 Rn. 91; BGH NJW 1985, 489 f; BGHZ 51, 91, 96 = NJW 1969, 269.

den Schutzbereich des Vertrags mit einzubeziehen, weil er andernfalls mangels eigener vertraglicher Anspruchsgrundlagen nicht ausreichend geschützt wäre.[181]

d) Der Behandlungsvertrag als Vertrag mit Schutzwirkung zugunsten des Spenders?

Damit der Spender eigene Ansprüche aus dem Behandlungsvertrag zwischen Arzt und Patient/Organempfänger herleiten kann, müssten für diesen die Voraussetzungen eines Vertrags mit Schutzwirkung zugunsten Dritter erfüllt sein.

Zunächst müsste sich der Spender bestimmungsgemäß in Leistungsnähe des Behandlungsvertrags befinden. Er müsste den typischen Gefahren der Schlechterfüllung des Behandlungsvertrags, also insbesondere der Gefahr der aus Kunstfehlern, unzureichender Aufklärung etc. entstehenden Schäden, ebenso stark ausgesetzt sein, wie der Patient selbst.

Die typische, unmittelbare Gefahr einer ärztlichen Behandlung und eines in diesem Rahmen erfolgten Kunst- bzw. Behandlungsfehlers[182] verwirklicht sich regelmäßig in einer Körperverletzung des Patienten. Zwar ist eine dadurch notwendig gewordene Organspende und die dadurch erfolgende Körperverletzung des Spenders direkte Folge dieses Fehlers. Das Merkmal der Leistungsnähe würde jedoch erfordern, dass der Spender bereits bestimmungsgemäß genauso stark wie der Patient selbst den Folgen einer innerhalb des Behandlungsvertrags erfolgenden Körperverletzung ausgesetzt ist. Es reicht also nicht aus, dass die Spende unmittelbare Folge des Behandlungsfehlers ist, vielmehr müsste gerade diese Folge bestimmungsgemäß vom Schutzbereich des ärztlichen Behandlungsvertrags mitumfasst sein.

Grundsätzlich und in erster Linie ist davon jedoch nur der Patient selbst erfasst.[183] Dritte werden nach der Rechtsprechung in den Schutzbereich des Behandlungsvertrages nur dann ausnahmsweise mit einbezogen, wenn sie durch Behandlungsmaßnahmen am Patienten selbst betroffen werden, insbesondere wenn Dritte bei der Begründung des Behandlungsverhältnisses mitgewirkt haben oder aber nach der Zielsetzung der ärztlichen Maßnahme in Anbetracht der von ihr ausgehenden Gefahren notwendigerweise neben dem Patienten selbst betroffen sein müssen, etwa bei Behandlungsverträgen, die unmittelbar auch die

---

[181] BGHZ 70, 327, 329 f = NJW 1978, 883; BGH ZIP 1987, 1260, dazu EWiR 1998, 57 (Schwerdtner); BGH NJW 1993, 655, 656; MüKo/Gottwald § 328 Rn. 92; Medicus, Schuldrecht I Allg. Teil, Rn. 776.

[182] Eine fahrlässige medizinische Fehlbehandlung stellt die einzige für den Spender praktisch relevante „typische Gefahr“ dar, denn durch Aufklärungsfehler u.ä. wird in der Regel kein Organspendebedarf ausgelöst werden.

[183] Vgl. Schramm, Der Schutzbereich der Norm im Arzthaftungsrecht S, 103. Für den Patienten selbst spielt es dabei keine Rolle, ob er selbst Vertragspartner ist oder nicht, da er im Zentrum des Behandlungsvertrags steht.

Familienplanung betreffen[184] oder im Fall des § 1357 Abs. 1 BGB[185]. Dem Patienten in dieser Weise nicht nahestehende Personen sind bestimmungsgemäß grundsätzlich nicht vom Schutzbereich erfasst.

Die Frage ist daher, ob bei einer Lebendspende eine ähnlich gelagerte Situation wie etwa bei den die Familienplanung betreffenden Eingriffen vorliegt.

Schramm[186] sieht in dem zu Anfang geschilderten BGH-Fall der fehlerhaften Entfernung der Niere eine solche Ausnahme. Er argumentiert damit, dass der gegenständlich-modale Schutzbereich der konkret verletzten Sorgfaltspflicht zwar primär die daraus entstehenden Schäden des Kindes erfasse. Der vom Arzt pflichtwidrig geschaffenen Risikolage (Notwendigkeit einer Dialyse oder Nierentransplantation) wohne aber gerade die Gefahr inne, dass sich ein Angehöriger in Anbetracht der schwerwiegenden Situation für das Kind zu einer Nierenspende aufgerufen sehe. Die Nierenspende sei dann die Verwirklichung dieses Risikos, weshalb auch den Angehörigen Schutz vor materiellen und immateriellen Schäden angedeihen müsse, die sie aus der Nierenspende erleiden. Nicht näher erläutert wird an dieser Stelle, ob dieser Anspruch aus einer vertraglichen oder deliktischen Anspruchsgrundlage herrühren soll.

Meines Erachtens mag im deliktischen Bereich das Schaffen einer Risikolage zwar ausschlaggebendes Merkmal für die Bejahung des Zurechnungszusammenhangs sein, bei der Frage, ob ein Vertrag mit Schutzwirkung zugunsten Dritter vorliegt, müssen jedoch dessen einzelne Voraussetzungen wegen der Ausweitung des Haftungsrisikos sehr restriktiv gehandhabt werden und deshalb daran festgehalten werden, dass der Spender sich wirklich bestimmungsgemäß so wie der Patient selbst in Leistungsnähe befindet.

Situationsbezogen bedeutet „bestimmungsgemäß in gleicher Weise wie der Vertragspartner" also, dass der Spender durch die Vertragsverletzung, sprich den Behandlungsfehler, mit ebenso großer Wahrscheinlichkeit wie der Patient einen Schaden erleidet. Das kann aber nur dann der Fall sein, wenn die Folgen der Körperverletzung des Patienten vorhersehbar und direkt die konkrete Person des Spenders treffen.

Dies ist schon deshalb nicht möglich, weil ein Behandlungsfehler nur in seltenen Fällen zur Notwendigkeit einer Organtransplantation führt. Wenn aber noch völlig

---

[184]Siehe etwa den Fall BGHZ 89, 263, bei dem bei Verletzung des Behandlungsvertrags mit einem Kind und daraus folgender Schädigung des Kindes die Eltern mit in den Schutzbereich des Vertrags einbezogen wurden; sie können danach etwaige Unterhaltsmehraufwendungen als eigenen Schaden geltend machen. Siehe auch BGHZ 76, 259; 96, 360; OLG Celle VersR 1988, 964 und zum ganzen Giesen, Arzthaftungsrecht Rn. 47; Schramm, Der Schutzbereich der Norm im Arzthaftungsrecht, S. 103 ff. mit einer detaillierten Darstellung der Fallgruppen.

[185]Vgl. MüKo/Wacke § 1357 Rn. 31 f. und 36.

[186]Der Schutzbereich der Norm im Arzthaftungsrecht, S. 130 f.

offen ist, ob überhaupt ein Dritter durch die Verwirklichung einer solchen typischen Gefahr eine Schädigung erleiden kann, so kann dieser sich schon begrifflich nicht bestimmungsgemäß in Leistungsnähe befinden.

Selbst wenn aber ein Fall vorläge, bei dem ein Behandlungsfehler vorhersehbar zur Notwendigkeit einer Organtransplantation führen würde, bestünde immer noch die Ungewissheit, ob sich überhaupt ein geeigneter Spender finden lässt und wer dies sein wird, so dass auch dann der Dritte nicht ausreichend konkretisiert wäre, um sich bestimmungsgemäß in Leistungsnähe zu befinden. Zwar müssen Namen und Zahl der Geschützten bei Vertragsschluß nicht zwingend bekannt sein,[187] so dass in anderen Fällen eine abstrakte Bestimmtheit ausreichen kann, vorliegend fehlt es jedoch an der Möglichkeit, bei Vertragsschluß bereits zu ermitteln, ob im Fall eines Behandlungsfehlers überhaupt ein Dritter betroffen sein kann.

Auch die weiteren Voraussetzungen des Vertrags mit Schutzwirkung zugunsten Dritter können dann aber nicht mehr vorliegen. Wenn die Frage einer Transplantation noch nicht im Raume steht und damit keine dritte Person, so kann der Patient auch kein Interesse an der Einbeziehung eines solchen Dritten in den Schutzbereich des Vertrags haben.[188] Die Frage der Erkennbarkeit der beiden Voraussetzungen für den Arzt stellt sich schließlich überhaupt nicht mehr.

Bei dem Behandlungsvertrag zwischen Arzt und Patient kann es sich also bereits begrifflich nicht um einen Vertrag mit Schutzwirkung zugunsten des späteren Spenders handeln. Das Rechtsinstitut des Vertrags mit Schutzwirkung zugunsten Dritter ist nicht das passende Instrument, um den Schaden des Spenders zu ersetzen.

Es könnte aber dann eine Geltendmachung des Schadens im Wege der Drittschadensliquidation in Betracht kommen.

e) Voraussetzungen der Drittschadensliquidation

Die Drittschadensliquidation unterliegt, da sie den Kreis der Ersatzberechtigten nicht erweitert, nicht den strengen Voraussetzungen des Vertrags mit Schutzwirkung zugunsten Dritter. Da sie aber der unserer Rechtsordnung zugrundeliegenden Entscheidung, dass der nur mittelbar Geschädigte keinen eigenen Schadensersatzanspruch hat[189], widerspricht, da sie praeter legem entwickelt wurde und mit ihr nur in Einzelfällen nicht interessengerechte Ergebnisse verhindert werden sollen, hat die Rechtsprechung auch hier eine relativ eng begrenzte Kasuistik entwickelt.

---

[187] BGH NJW 1984, 355.

[188] Vgl. Palandt/Heinrichs § 328 Rn. 17; BGH NJW 1984, 356; 1996, 2927 f (Nitrierofen); Jauernig/Vollkommer § 328 Rn. 25 f.

[189] MüKo/Grunsky Vor § 249 Rn. 116.

Diese so entstandenen Fallgruppen sind zwar nicht abschließend, vielmehr kann die Drittschadensliquidation auch bei anderen Fallgestaltungen in Betracht kommen, diese müssen aber eine vergleichbare Interessenlage wie die anerkannten Fallgruppen aufweisen.[190]

aa) Obligatorische Gefahrentlastung

Anerkannt im Rahmen der Drittschadensliquidation ist zum einen die Schadensverlagerung aufgrund einer gesetzlichen Bestimmung über die Gefahrtragung (sog. "obligatorische Gefahrentlastung").[191]

Dabei handelt es sich um Fälle, in denen der zur Eigentumsübertragung Verpflichtete bei Beschädigung oder Zerstörung der Sache durch den Schädiger seinem Gläubiger gegenüber frei wird und deshalb keinen eigenen Schaden erleidet. Der Gläubiger hingegen hat keinen eigenen vertraglichen Anspruch gegen den Schädiger. Hauptanwendungsbereich dieser Fallgruppe sind das Vermächtnis und der Versendungskauf.

bb) Obhutsfälle

Eine zweite Gruppe stellen die sog. Obhutsfälle dar. Hierbei werden im Rahmen eines Vertragsverhältnisses Obhutspflichten begründet, die sich auf eine nicht der Vertragspartei gehörende Sache beziehen.[192] Wird die Sache beschädigt, so soll die Vertragspartei den Schaden des Eigentümers geltend machen können.[193]

cc) Mittelbare Stellvertretung

Eine weitere von der Rechtsprechung anerkannte Gruppe betrifft die Fälle der mittelbaren Stellvertretung, bei welcher der im eigenen Namen Handelnde den Schaden des Geschäftsherrn, den dieser durch vertragswidriges Verhalten des

---

[190]MüKo/Grunsky Vor § 249 Rn. 117; Kollhosser, Lohnfortzahlung, Schadensersatz und Regreßinteressen beim Unfall eines Angestellten, AcP 166 (1966), 304 ff.

[191]BGHZ 40, 91, 100 f = NJW 1963, 2071; VersR 1972, 1139; 1976, 168; Medicus, Schuldrecht I Allg. Teil, Rn. 609; Palandt/Heinrichs Vor § 249 Rn. 117; Erman/Kuckuck Vor § 249 Rn. 142.

[192]Beispiel: A gibt eine dem E gehörende gemietete Sache zu B in Reparatur, der Gehilfe des B zerstört sie. Folge ist, dass A nur den Gebrauchsentzug, E den Substanzschaden liquidieren kann, E aber keine vertraglichen Ansprüche hat (§§ 831 BGB statt § 278 BGB). In diesem Fall soll A den Schaden des E geltend machen können.

[193]BGHZ 15, 224, 228 = NJW 1955, 257; 40, 91, 101 = NJW 1963, 2071; NJW 1969, 789, 790; NJW 1985, 2411; Larenz, Lehrbuch des Schuldrechts Band I Allg. Teil, § 27 IV 2, S. 464;

Schädigers erlitten hat, geltend machen kann.[194] Maßgebend dabei ist, dass das Geschäft auf Rechnung des Dritten abgeschlossen worden ist.[195]

dd) Rechtsgeschäftliche Vereinbarung

Schließlich kann die Möglichkeit der Liquidation des Drittschadens auch noch rechtsgeschäftlich - ausdrücklich oder stillschweigend - vereinbart werden.[196]

f) Die Anwendung der Drittschadensliquidation auf die Organspende

Um den Schaden des Spenders vom Patienten im Wege der Drittschadensliquidation geltend machen zu können, müsste in dem Verhältnis zwischen Arzt, Patient und Organspender eine Interessenlage gegeben sein, die entweder unter eine der dargestellten Fallgruppen fällt oder zumindest vergleichbar mit einer solchen ist.

Unter die Fallgruppe der sog. „obligatorischen Gefahrentlastung" kann die Konstellation nicht fallen, da der Patient bzw. Organempfänger keine Eigentumsübertragung oder etwas Vergleichbares schuldet, wovon er trotz Beschädigung oder Verletzung durch den Arzt dem Spender gegenüber frei werden könnte.

Auch eine ähnliche Interessenlage ist hier nicht ersichtlich. Sinn und Zweck dieser Fallgruppe ist es, zu verhindern, dass der Dritte nur aufgrund gesetzlicher Gefahrtragungsregeln, wie etwa §§ 447, 2174 oder 644 BGB, seinen schuldhaft verursachten Schaden nicht ersetzt verlangen kann. Weder besteht aber im Bereich des Arztrechts eine entsprechende Gefahrtragungsregel, die es auszugleichen gilt, noch verletzt der Arzt wirtschaftlich ein Rechtsgut des Spenders anstelle eines des Patienten. Primär wird vielmehr dessen Rechtsgut, nämlich seine körperliche Unversehrtheit bzw. Gesundheit verletzt und erst infolgedessen die des Spenders.

Ebensowenig ist die Organspende vom Lebenden mit der Gruppe der sog. Obhutsfälle vergleichbar. Bei diesen Fällen handelt es sich um eine begrifflich tatsächliche Schadensverlagerung, da sich der beschädigte Gegenstand im Eigentum eines Dritten befindet, weshalb der Schaden ausschließlich bei diesem eintritt.[197] Für eine entsprechende Situation gibt es aus den bereits geschilderten

---

[194] BGHZ 25, 258; 40, 91, 100; MüKo/Grunsky Vor § 249 Rn. 119; Hagen, Die Drittschadensliquidation im Wandel der Rechtsdogmatik, S. 111; Ausführlich zu dieser Fallgruppe Peters, Zum Problem der Drittschadensliquidation, AcP 180, S. 329 ff.

[195] MüKo/Grunsky Vor § 249 Rn. 119.

[196] RGZ 170, 246, 251; Palandt/Heinrichs Vor § 249 Rn. 118; Medicus, Schuldrecht I Allg. Teil, Rn. 610.

[197] Larenz, Lehrbuch des Schuldrechts Band I Allg. Teil, S. 462. Zu den „dritteigentumsbezogenen Schutzpflichten" ausführlich Hagen, Die Drittschadensliquidation im Wandel der Rechtsdogmatik, S. 121 ff.

Gründen keine Anhaltspunkte, der Schaden des Spenders ist Folge des bereits entstandenen Schadens beim Patienten.

Erst recht nicht übertragbar ist die Organspendeproblematik auf die Fälle der mittelbaren Stellvertretung, denn dafür müsste der Patient mit dem Abschluß seines Behandlungsvertrags Rechtsfolgen für den Spender beabsichtigt haben.[198] Und schließlich kann auch von einer entsprechenden Vereinbarung im Behandlungsvertrag nicht ausgegangen werden.

Das Verhältnis zwischen Arzt, Patient und Organspender ist daher mit keiner der genannten Fallgruppen vergleichbar.

Aber selbst, wenn man sich von den Fallgruppen löst und sich den generellen Anwendungsbereich der Drittschadensliquidation vor Augen führt, so soll sie solche Fälle lösen, bei denen eine zufällige Schadensverlagerung vorliegt, aber gerade keine Erweiterung des Kreises der Ersatzberechtigten ermöglichen.[199]

Nun könnte man zwar sagen, dass die Organspende als inzwischen gängige Behandlungsmethode eine andere Behandlungsmethode, etwa eine Dialysebehandlung, ersetzt und so der Spender durch in Kauf nehmen des eigenen Schadens dem Empfänger das Leben erleichtern, also Schaden von ihm abwenden kann. Zum einen muss es sich aber für die Anwendbarkeit der Drittschadensliquidation um eine zufällige Schadensverlagerung handeln, was bei der Lebendspende nicht der Fall ist, da immer die Einwilligung des Spenders als selbständiger Akt dazwischengeschaltet ist. Aber selbst wenn man die Einwilligung aus Sicht des Schädigers als zufälliges Ereignis ansehen würde, soll gerade bei der Drittschadensliquidation der Kreis der Ersatzberechtigten nicht erweitert werden[200], was zumindest rechtlich bei Ausdehnung auf den Spender der Fall ist, da ihm neben dem Patienten und späterem Organempfänger ein eigener Schaden entsteht.

Zieht man all dies in Betracht, so ist auch die Drittschadensliquidation nicht das geeignete Mittel, um den durch das schuldhafte Verhalten des Arztes herausgeforderten Schaden des Spenders zu ersetzen.

g) Zusammenfassung

Der Behandlungsvertrag als Vertrag zugunsten des Spenders scheidet mangels der Miteinbeziehung des noch nicht konkretisierten Spenders aus.

Auch kann der Spender weder aus einem Vertrag mit Schutzwirkung zugunsten Dritter, noch im Wege der Drittschadensliquidation seinen Schaden gegenüber dem ursprünglich behandelnden Arzt geltend machen.

---

[198] Larenz, Schuldrecht Band I Allg. Teil, S. 465.

[199] MüKo/Gottwald § 328 Rn. 96 und Vor § 249 Rn. 116.

[200] Palandt/Heinrichs Vor § 249 Rn. 108; Soergel/Hadding Anh zu § 328 Rn. 11.

Bei einem Vertrag mit Schutzwirkung zugunsten Dritter fehlt es am Merkmal der sog. Leistungsnähe, da der Spender nicht bestimmungsgemäß im gleichen Maße wie der Patient in die Schutz- und Sorgfaltspflichten aus dem Behandlungsvertrag miteinbezogen ist. Die für eine Geltendmachung des Schadens im Wege der Drittschadensliquidation erforderliche zufällige Schadensverlagerung ist im Verhältnis Arzt-Patient-Spender nicht gegeben, es handelt sich vielmehr um eine Schadenskumulation.

4. Geschäftsführung ohne Auftrag

Ein weiteres in Betracht kommendes Rechtsinstitut folgt aus den Regeln über die Geschäftsführung ohne Auftrag gem. §§ 677 ff. BGB. Aus diesen können gegen einen Dritten Schadensersatzansprüche hergeleitet werden, obwohl zu diesem im Zeitpunkt der Wahrnehmung der fremden Aufgaben keine vertragliche oder gesetzliche Sonderbeziehung bestanden hat, diese durch die Geschäftsführungsmaßnahme vielmehr erst begründet wird.

Zu überlegen ist daher, ob der Lebendspender aus diesen Vorschriften Ansprüche gegen den Arzt geltend machen kann, da der Spender diesen in gewisser Weise bei der Wiedergutmachung des Schadens am Patienten unterstützt.

Es liegt zwar der Gedanke nahe, einen Anspruch aus Geschäftsführung ohne Auftrag primär gegen den Organempfänger zu prüfen, da es in erster Linie Intention des Spenders ist, dem Spendebedürftigen zu helfen. Es ist jedoch nicht grundsätzlich ausgeschlossen, dass die Geschäftsführung ohne Auftrag mehrere Geschäftsherren betreffen kann,[201] insbesondere in den Fällen der Geschäftsführung durch Hilfeleistung, also der nicht auf Vermögenspositionen gerichteten Geschäftsführung, kann der Geschäftsführer unter Umständen nicht nur für den Hilfebedürftigen, sondern gleichzeitig auch für den Schädiger, Versicherer oder Unterhaltspflichtigen etc. im Sinne der GoA tätig werden. [202]

Der BGH[203] hat in dem eingangs angesprochenen Fall der schuldhaft entfernten Niere die Frage, ob ein Anspruch aus GoA besteht, offengelassen. Das Berufungsgericht[204] lehnte einen Anspruch der Mutter unter dem Gesichtspunkt der

[201] BGHZ 67, 368, wonach die Rettung von Seeleuten zugleich als GoA für den zur Rettung verpflichteten Reeder gilt; OLG Hamburg MDR 1975, 316; Palandt/Sprau § 677 Rn. 8; Soergel/Beuthien Vor § 677 Rn. 11.

[202] BGHZ aaO; BGH MDR 1999, 357 f; Ausführlich Wittmann, Begriff und Funktionen der Geschäftsführung ohne Auftrag, S. 72 ff; bereits vor Jahrzehnten war dieses Problem Gegenstand der Diskussion in der Literatur, vgl. Weimar, Für wen erfolgt die Geschäftsführung ohne Auftrag bei Hilfeleistung an Verkehrsopfern?, MDR 1964, 821 f; Erwiderung darauf mit demselben Titel von Ruhle, MDR 1965, 108 f; vgl. auch Laufs, Mehrere Geschäftsherren bei der negotiorum gestio, NJW 1967, 2294 ff.

[203] BGHZ 101, 214, 217.

[204] OLG Schleswig, NJW 1987, 710 f.

Geschäftsführung ohne Auftrag ab mit der Begründung, die Organspende der Mutter sei eine höchstpersönliche Entscheidung zu Lasten ihrer eigenen körperlichen Integrität, sie sei deshalb nicht im Rechtskreis des Arztes/Krankenhausträgers tätig geworden. Das Gericht ließ den Anspruch also am Merkmal des Tätigwerdens „für einen anderen" (Fremdgeschäftsführungswille) scheitern.

a) Voraussetzungen und Interessenlage

Der Definition nach handelt es sich um eine Geschäftsführung ohne Auftrag, wenn jemand (sog. Geschäftsführer) ein Geschäft für einen anderen (sog. Geschäftsherr) führt, ohne von ihm beauftragt oder sonst dazu berechtigt zu sein. Kennzeichnend dabei ist, dass zwischen dem Geschäftsherrn und dem Geschäftsführer jedes vertraglich oder gesetzlich begründete Rechtsverhältnis fehlt.[205] Durch die Geschäftsführung ohne Auftrag wird eine solche gesetzliche Sonderverbindung dann aber begründet.[206]

aa) Anwendbarkeit

Die Vorschriften der GoA stellen allerdings keinen Auffangtatbestand in der Weise dar, dass immer, wenn Aufwendungen für einen anderen gemacht wurden, diese zu ersetzen sind. Die Anwendung der Vorschriften ist vielmehr ausgeschlossen, wenn die Ausgleichspflicht vertraglich oder gesetzlich besonders geregelt ist.

Wie dargestellt, ist in Bezug auf Organspenden eine solche Ausgleichspflicht zugunsten des Spenders aber im vertragsrechtlichen Bereich nicht gesetzlich geregelt und kann mangels bestehenden Vertrags zwischen dem behandelnden Arzt und dem Spender auch nicht rechtsgeschäftlich vereinbart sein. Gegen die grundsätzliche Anwendbarkeit der Vorschriften bestehen daher keine Bedenken.

Weiterhin zu überlegen ist aber, ob der Organentnahmevertrag mit den explantierenden Ärzten bzw. dem Träger des Transplantationszentrums die Anwendung der GoA-Regeln ausschließen kann, denn wenn der Geschäftsführer kraft vertraglicher Bindung oder anderer spezieller Bindung handelt und damit in erster Linie eigene Pflichten erfüllt, würde dies dem Grundgedanken der GoA-Regeln widersprechen.[207] Anderes kann nach der h.M. allerdings in bestimmten Fällen gelten, sofern die vertraglichen Bindungen nicht gerade zum Geschäfts-

---

[205] Soergel/Beuthien Vor § 677 Rn. 1.

[206] Pesch, Probleme der Geschäftsführung ohne Auftrag, Jura 1995, 361, 363.

[207] Denn nach der h.M gilt die Leitlinie, dass der Leistende grds. nur gegenüber dem Gläubiger, also seinem Vertragspartner erfüllen will und damit keinen Geschäftsführungswillen gegenüber einem Dritten hat, vgl. auch Erman/Ehmann Vor § 677 Rn. 1a; Soergel/Beuthien § 677 Rn. 10 ff.

herrn, sondern zu einem Dritten bestehen und der Geschäftsführer seinen besonderen Geschäftsführungswillen zum Ausdruck bringt.[208]

Der Lebendspender handelt jedoch nicht, um seinen Verpflichtungen aus dem Organentnahmevertrag nachzukommen. Dieser Vertrag ist vielmehr Teil seiner Hilfsaktion, er geht ihn in Erfüllung der „Aufgaben“ ein. Es kann daher diesbzgl. zu keinem Ausschluss der GoA-Regeln kommen, denn der Geschäftsführer muss alles Notwendige für eine erfolgreiche Hilfeleistung tun, also auch entsprechende Verträge abschließen können.

Da bei der Lebendspende jedoch das Problem einer Rechtsgutsverletzung des Spenders und daraus resultierenden Schadensersatzansprüchen zu prüfen ist, stellt sich schließlich noch die Frage nach dem Verhältnis zu den deliktsrechtlichen Vorschriften, §§ 823 ff. BGB.

Zwischen den Ansprüchen aus §§ 677 ff. und denjenigen aus §§ 823 ff. besteht nach allgemeinen Regeln Anspruchskonkurrenz. Das heißt, sofern die Besorgung fremder Geschäfte den Tatbestand einer unerlaubten Handlung erfüllt, kann der Geschäftsherr den deliktischen Anspruch geltend machen.[209] Nach der überwiegenden Meinung in der Literatur ist dieser Grundsatz allerdings für die sog. berechtigte GoA einzuschränken. Diese soll einen Rechtfertigungsgrund für Eingriffe in fremde Lebensgüter und absolute Rechte schaffen, der Schadensersatzansprüche aus den §§ 823 oder anderen Rechtsgütern ausschließt.[210]

[208] BGHZ 61, 359, 363; Soergel/Beuthien § 677 Rn. 5 und 11 f; Jauernig/Vollkommer § 677 Rn. 4 und 6; ausführlich Gursky, der Tatbestand der Geschäftsführung ohne Auftrag, S. 36 ff, der dies nur in einzelnen wenigen Fällen für möglich erachtet; a.A. Schubert, Der Tatbestand der Geschäftsführung ohne Auftrag, AcP 178, 435 ff, 443.

[209] MüKo/Seiler Vor § 677 Rn. 16.

[210] Bspl.: Arzt behandelt bewusstlosen Verunglückten; Staudinger/Wittmann Vor § 677 Rn. 8; Erman/Ehmann Vor § 677 Rn. 29; Palandt/Sprau Vor § 677 Rn. 4, 5, 11;Batsch, Aufwendungsersatz und Schadensersatzpflicht des Geschäftsführers im Falle berechtigter und unberechtigter GoA, AcP 171, 1971, S. 218, 223; a.A. MüKo/Seiler Vor § 677 Rn. 17 (m.w.N.) mit der Argumentation, dass nach der Entstehungsgeschichte der GoA in den §§ 677 ff. nur die schuldrechtlichen Ansprüche und Pflichten im Verhältnis zwischen Geschäftsherrn und Geschäftsführer geregelt werden sollten und ein allgemeiner Grundsatz der Rechtfertigung nützlicher Eingriffe daher zu weit gefasst sei. Zur Lösung der Rechtfertigungsproblematik empfehle es sich vielmehr, die Notstandsregelungen, insb. die Grundsätze des sog. übergesetzlichen rechtfertigenden Notstandes, heranzuziehen. Nach dieser Auffassung besteht dann auch bei der sog. berechtigten GoA kein Konkurrenzproblem, die Anspruchsgrundlagen sind vielmehr unabhängig voneinander zu prüfen. Vgl. auch Wollenschläger, Die Geschäftsführung ohne Auftrag, S. 271 ff.

Bezüglich der Fälle der Nothilfe wird daher teilweise die Ansicht vertreten, es sei nur das Recht der Geschäftsführung ohne Auftrag anzuwenden. Wenn der Helfer durch seine Hilfeleistung am Betroffenen zu Schaden komme, seien Deliktsansprüche gegen denjenigen, der die Gefahrensituation herbeigeführt hat, ausgeschlossen, so etwa Schwarz, Die Grenzen deliktischer Verantwortlichkeit für Gesundheitsbeschädigungen in den Fällen freiwilliger Hilfeleistung, JZ 1966, 162 ff. Die Rechtsprechung zieht jedoch denjenigen, der die Hilfe durch die schuldhaft

Bei der Lebendspende stellt sich aber gerade nicht die Frage nach einer Rechtsgutverletzung des Geschäftsherrn, also des Arztes, sondern umgekehrt nach der des Spenders als Geschäftsführer. Bei der deliktsrechtlichen Prüfung geht es darum, ob der Arzt eine unerlaubte Handlung am Spender „begangen" hat, bei der Geschäftsführung ohne Auftrag darum, welche Folgen durch die Handlungen des Spenders (also die Organspende) ausgelöst werden. Betroffen sind also die Handlungen zwei verschiedener Personen zu unterschiedlichen Zeitpunkten, die Anwendung der einen Vorschrift kann die andere daher nicht ausschließen. Bei der Lebendspende sind die GoA-Regeln daher unabhängig von eventuell bestehenden deliktsrechtlichen Ansprüchen anwendbar.

bb) Interessenlage

Den Vorschriften der GoA liegen zwei gegenläufige Interessen zugrunde. Ausgehend davon, dass grundsätzlich jeder die zu seinem Geschäftskreis gehörenden Aufgaben selber wahrnehmen kann und muss, soll zum einen die eigenverantwortliche Initiative zugunsten des Nächsten als im Interesse der Rechtsgemeinschaft unentbehrlich gefördert werden (sog. Theorie der Menschenhilfe[211]), zum anderen soll aber der einzelne vor aufdringlichen unerwünschten Eingriffen in seinen Rechtskreis geschützt werden.[212]

Diesen beiden gegenläufigen Interessen sollen die GoA-Regeln dadurch Rechnung tragen, dass der Geschäftsführer, also der Hilfsbereite, insb. durch Aufwendungsersatz abgesichert ist (§§ 683-686 BGB), der Geschäftsherr auf der anderen Seite insb. durch Ansprüche auf Schadensersatz vor aufdringlichen oder eigennützigen Eingriffen geschützt wird (§§ 677-681 BGB).[213]

Innerhalb der GoA-Regeln wird dabei unterschieden zwischen der sog. berechtigten GoA, bei der die Wahrnehmung der Aufgaben dem Interesse und Willen des Geschäftsherrn entspricht (die „eigentliche GoA"),[214] der unberechtigten GoA, bei der die Wahrnehmung nicht willens- und interessengerecht ist und die daher gem. § 684 BGB nach den Vorschriften des Bereicherungs-

---

geschaffene Gefahrenlage herausgefordert hat, aufgrund der unterschiedlichen Voraussetzungen und Rechtsfolgen der beiden Anspruchsgrundlagen zu Recht, mit in die Delikts- oder Gefährdungshaftung mit ein, RGZ 50, 219, 223; 164, 125; BGH NJW 1981, 760; OLG Stuttgart NJW 1965, 112; ähnlich zur Haftung wegen Schaffung einer Gefahrenlage auch BGH NJW 1964, 1565 f. Damit besteht Anspruchskonkurrenz zwischen dem deliktsrechtlichen Anspruch und der Geschäftsführung ohne Auftrag. Wegen der unterschiedlichen Voraussetzungen ist die Geschäftsführung ohne Auftrag auch bei Anspruchskonkurrenz mit den deliktsrechtlichen Vorschriften in der praktischen Anwendung nicht unerheblich, so aber Erman/Ehmann Vor § 677 Rn. 24 f.

1[211] Wollenschläger, Die Geschäftsführung ohne Auftrag, S. 24 ff m.w.N.

[212] Erman/Ehmann Vor § 677 Rn. 1.

[213] Vgl. Palandt/Sprau Einf v § 677 Rn. 3; MüKo/Seiler Vor § 687 Rn. 8.

[214] Vgl. Wittmann, Begriff und Funktionen der Geschäftsführung ohne Auftrag, S. 162; Erman/Ehmann Vor § 677 Rn. 6, 29 ff.

rechts abzuwickeln ist, und schließlich der sog. Geschäftsanmaßung (oder angemaßten Geschäftsführung). Bei dieser weiß der Geschäftsführer von der Fremdheit des Geschäfts, führt es aber als sein eigenes. Entspr. § 687 Abs. 2 BGB hat der Geschäftsherr hier dann die Wahl, ob die allgemeinen Regeln oder die der GoA angewendet werden sollen. Dem Geschäftsherrn fehlt bei der angemaßten Geschäftsführung (und auch bei der irrtümlichen) der Wille, ein objektiv fremdes Geschäft zu führen.[215] Er führt das fremde Geschäft als sein eigenes, obwohl er weiß, dass er dazu nicht berechtigt ist.[216]

Um eine Geschäftsanmaßung bejahen zu können, müßte der Spender also die Organspende als seine eigene Geschäftsbesorgung veranlassen, ohne dazu berechtigt zu sein. Dies ist schon allein aufgrund der tatsächlichen Konstruktion nicht möglich. In dem Veranlassen bzw. Zustimmen zu einer Organspende ist der Wille, für einen anderen in Form von Hilfeleistung tätig zu werden, impliziert.

Für die unberechtigte GoA müsste die Übernahme dem wirklichen, also äußerlich erkennbaren, oder mutmaßlichen Willen des ursprünglich behandelnden Arztes. Dies erscheint aber bei einer medizinisch indizierten Transplantation, die durch Verschulden des Arztes erforderlich wurde, äußerst fernliegend. Der Arzt wird vielmehr ein großes Interesse daran haben, die Folgen des durch ihn verursachten Schadens des Patienten mit Hilfe des Spenders zu beheben oder zu lindern. Für den Fall der Lebendspende kann daher tatsächlich wohl nur die sog. berechtigte Geschäftsführung ohne Auftrag in Betracht kommen.

cc) Voraussetzungen des § 677 BGB

Zunächst muss es sich um eine Geschäftsbesorgung im Sinne von § 662 BGB handeln, wobei der Begriff, ebenso wie bei § 662 BGB, weit auszulegen ist.[217] Er umfasst qualitativ alle Arten von Tätigkeiten, also nicht nur Rechtsgeschäfte oder Rechtshandlungen, sondern auch alle tatsächlichen Handlungen.

Die früher teilweise vertretene Ansicht,[218] das bloße „Geben" oder auch die Tätigkeit „an" einer Person (also klassischerweise die Krankenbehandlung) könne keine Tätigkeit im Sinne von § 677 BGB sein, wird heute allgemein abgelehnt.[219] Die Hilfeleistung in Notfällen, die Krankenbehandlung und ähnliche Tätigkeiten werden heute vielmehr als ein ganz typischer Bereich der Geschäftsbesorgung im Sinne von § 677 angesehen.[220]

[215] Palandt/Sprau Einl v § 677 Rn. 4.

[216] Soergel/Beuthien Vor § 677 Rn. 4.

[217] Vgl. MüKo/Seiler § 677 Rn. 2.

[218] So Medicus, Bürgerliches Recht, Rn. 403.

[219] BGHZ 33, 251; MüKo/Seiler § 607 Rn. 2; Palandt/Sprau § 677 Rn. 2; Jauernig/Vollkommer § 677 Rn. 2; Wittmann, Begriff und Funktionen der Geschäftsführung ohne Auftrag, S. 65 ff.

[220] Staudinger/Wittmann Vorbem zu § 677 Rn. 24; Palandt/Sprau § 683 Rn. 9 f; BGHZ 33, 251.

Diese Geschäftsbesorgung muss „für einen anderen" unternommen werden, d.h. es muss sich um ein für den Geschäftsführer fremdes Geschäft handeln. Ein fremdes Geschäft liegt bei jeder Angelegenheit vor, die nicht ausschließlich eine solche des Geschäftsführers ist, sondern zumindest auch in den Sorgebereich eines anderen fällt, also einem fremden Rechts- oder Interessenkreis angehört.[221] Nach der h.M. gibt es dabei verschiedene Möglichkeiten, diese Fremdheit zu definieren. Die Zugehörigkeit zu einem fremden Rechtskreis kann sich zunächst bereits aus dem Inhalt des Rechtsgeschäftes ergeben (Reparatur, Verwahrung fremder Sachen, Tilgung fremder Schulden etc.), sog. objektiv fremdes Geschäft. Hierunter fallen aber insbesondere auch Fälle von Hilfeleistungen oder Rettungshandlungen,[222] denen es immanent ist, dass sie „für einen anderen" vorgenommen werden.[223]

Fehlt es an der objektiven Fremdbezogenheit, so muss eine erkennbare Fremdbestimmung durch den Geschäftsherrn erfolgen, der Geschäftsführungswille muss nach außen hin erkennbar geworden sein (sog. subjektiv fremdes Geschäft).[224]

Der Fremdheit des Geschäfts steht dabei grds. nicht entgegen, dass der Geschäftsführer bei der Geschäftsbesorgung auch gleichzeitig in eigenen Angelegenheiten tätig wird bzw. eigene Interessen verfolgt. Man spricht dann vom sog. auch-fremden Geschäft.[225]

Des weiteren ist bei allen Möglichkeiten das sog. Fremdgeschäftsführungsbewusstsein erforderlich, was sich aus § 687 BGB ergibt. Der Geschäftsführer muss in dem Bewusstsein und mit dem Willen handeln, in einen fremden Rechtskreis einzugreifen. Die Erfordernisse des fremden Geschäfts und des Fremdgeschäftsführungswillens werden teilweise als getrennte, teilweise aber auch als einheitliche Voraussetzung behandelt, da sie ineinander greifen.[226] Im Ergebnis wirkt sich die Unterscheidung in der Regel allerdings nicht oder kaum

---

221 Jauernig/Vollkommer § 677 Rn. 3; auch schon RGZ 97, 61, 65.

222 Vgl. RGZ 167, 85, 88; BGHZ 67, 368, 371.

223 Staudinger/Wittmann Vorbem. zu § 677 Rn. 24.

224 BGHZ 82, 323, 331;

225 BGHZ 63, 167; Staudinger/Wittmann Vorbem zu § 677 Rn. 23; Palandt/Sprau § 677 Rn. 6.

226 Kritisch zur Prüfungsart des fremden Geschäfts bzw. des Fremdgeschäftsführungswillens aufgrund der extensiven Tendenz MüKo/Seiler § 677 Rn. 10 ff; zur dogmatischen Begründung der Fremdheit des Geschäfts siehe ausführlich Wollenschläger, Die Geschäftsführung ohne Auftrag, S. 52 ff, der die Fremdheit des Geschäfts unter Beachtung der subjektiven Begrenzung des § 687 Abs. 1 BGB hauptsächlich objektiv bestimmen will (höherrangige Zuständigkeit) und Wittmann, Begriff und Funktionen der Geschäftsführung ohne Auftrag, S. 21 ff, der den Geschäftsführungsbegriff subjektiv bestimmen will und daher die Fremdgeschäftsführungsabsicht als das maßgebende Kriterium ansieht. Die Absicht soll sich dabei aber aus dem „sozialen Sinn" der Tätigkeit ergeben, was wiederum das Heranziehen objektiver Kriterien nicht völlig ausschließt. Siehe dazu auch Staudinger/Wittmann Vorbem. zu § 677 Rn. 21 und 35 ff.

aus, die Trennung der Voraussetzungen dient meist nur der einfacheren Prüfung.[227]

Bei einem objektiv fremden Geschäft wird die Kenntnis des fremden Geschäfts regelmäßig bereits aufgrund des Fremdgeschäftscharakters vermutet, was ebenso für die objektiv auch-fremden Geschäfte gilt.[228] Es handelt sich also um eine widerlegbare Vermutung. Bei den subjektiv fremden Geschäften hingegen erhält das eigentlich neutrale oder eigene Geschäft seinen Fremdcharakter erst durch den (äußerlich erkennbaren) Fremdgeschäftsführungswillen des Geschäftsführers, der diesen nachzuweisen hat.[229]

Über die Person des Geschäftsherrn muss der Geschäftsführer sich dabei nicht zwingend im Klaren sein. Irrt er sich darüber oder handelt er in ungenauer Vorstellung für einen anderen, so wird gem. § 686 BGB der wirklich betroffene Geschäftsherr berechtigt und verpflichtet, also derjenige, für den die Geschäftsübernahme gem. § 683 S. 1 BGB sinnvoll als interessen- und willensgemäß erscheint. Gerade daraus wird gefolgert, dass der Geschäftsführer, wie in den Eingangsüberlegungen bereits angesprochen, auch für mehrere Geschäftsherrn tätig werden kann.[230]

Der Geschäftsführer muss schließlich ohne Auftrag oder sonstiges Geschäftsführungsrecht handeln. Dies beinhaltet das negative Erfordernis, dass der Geschäftsführer nicht anderweitig zur Geschäftsbesorgung dem Geschäftsherrn gegenüber legitimiert oder sogar verpflichtet ist.[231] Die Berechtigung, die die Regeln über die Geschäftsführung ohne Auftrag unanwendbar macht, kann sich dabei aus Rechtsgeschäft, aus einem Benutzungsverhältnis, aus familienrechtlichen Beziehungen, sowie aus einer Amts- oder Organstellung ergeben.[232] Keine Berechtigung zur Geschäftsführung ergibt sich nach h.M. allerdings aus der Pflicht zur Hilfeleistung gem. § 323c StGB.

Die Geschäftsführung ohne Auftrag wird zur berechtigten nach § 677 BGB, wenn sie dem Interesse und dem mutmaßlichen Willen des Geschäftsherrn entspricht; dann kann der Geschäftsführer seine Aufwendungen nach § 683 S. 1 BGB ersetzt verlangen. Liegen die Voraussetzungen des § 683 S. 1 BGB vor,

---

227 Vgl. MüKo/Seiler § 677 Rn. 5 und 18; Medicus, Bürgerliches Recht, Rn. 408 ff m.w.N.; gegen eine getrennt objektive und subjektive Deutung der Fremdheit des Geschäfts nach § 677 BGB, insbesondere wegen der sog. Hilfeleistungsfälle Staudinger/Wittmann Vorbem zu § 677 Rn. 35 ff.

228 BGHZ 40, 28, 31; 70, 389, 396; 98, 235, 240; kritisch Beuthien, Leistung und Aufwendung im Dreiecksverhältnis – Grenzen des Handelns im Doppelinteresse, JuS 1987, 841, 842 f.

229 BGHZ 40, 28, 31; 82, 323, 331; Staudinger/Wittmann Vorbem zu § 677 Rn. 23.

230 Jauernig/Vollkommer § 677 Rn. 3 m.w.N.

231 MüKo/Seiler § 677 Rn. 36; Soergel/Beuthien § 677 Rn. 15 f; Palandt/Sprau § 677 Rn. 11.

232 Palandt/Sprau § 677 Rn. 11; Pesch, Probleme der Geschäftsführung ohne Auftrag, Jura 1995, 361, 367.

besteht der Aufwendungsersatzanspruch auch dann, wenn die Geschäftsführung Misserfolg hatte oder sogar Schaden gebracht hat.[233]

Dem Schutzzweck des § 683 S. 1 BGBentsprechend, muss zunächst der wirkliche Wille des Geschäftsherrn erforscht werden. Zunächst ist daher zu fragen, ob der wirkliche Wille für den Geschäftsführer erkennbar war. Nur wenn dieser nicht feststellbar oder wegen Gesetzes- oder Sittenwidrigkeit unbeachtlich ist, ist auf den mutmaßlichen Willen abzustellen.

§ 683 S. 1 BGB fordert weiterhin, dass es im Interesse des Geschäftsherrn liegen muss, dass der Geschäftsführer die Geschäftsbesorgung übernimmt, wobei es diesbezüglich auf die objektiv zu bestimmenden besonderen Verhältnisse des Geschäftsherrn ankommt. Bei Rettungshandlungen ist daher zu fragen, ob das vom Geschäftsführer eingegangene Risiko dem Zweck der Handlung angemessen war. Die Bedeutung der Geschäftsbesorgung bestimmt dabei, ob der Einsatz gerechtfertigt war.[234]

b) Anwendbarkeit auf die Lebendspende

Zunächst müsste es sich bei der Organspende, genaugenommen also bei dem Einwilligen und Zulassen der Organentnahme, um eine Geschäftsbesorgung im Sinne von § 662 BGB handeln. Legt man dabei den von der h.M. vertretenen weiten Geschäftsbesorgungsbegriff zugrunde, wonach Hilfeleistungen in Notfällen typische Fälle der Geschäftsbesorgung im Sinne auch von § 677 BGB darstellen, müsste dies bejaht werden.

Zwar handelt es sich bei der Organspende um einen ungewöhnlich liegenden Fall der Hilfeleistung, da der Spender nicht selbst aktiv am Patienten tätig wird, sondern eine Verletzung seines eigenen Körpers zulässt, die dem Empfänger zugute kommt.

Wie das „Hilfeleisten" – geht man davon aus, dass jedes tatsächliche Handeln unter § 677 BGB fallen kann – inhaltlich ausgestaltet ist, kann aber für die Frage, ob es eine Geschäftsbesorgung darstellen kann, keine Rolle spielen, denn die Hilfe kann im konkreten Fall eben nur durch eine Spende erfolgen. Vom Wortlaut her spricht daher nichts gegen eine Subsumtion der Spende unter den Geschäftsbesorgungsbegriff. Bedenkt man weiterhin den Normzweck der §§ 677 ff. BGB, die altruistische Menschenhilfe zu fördern, so erscheint das gefundene Ergebnis teleologisch abgesichert.

Des weiteren müsste die Organspende für den Spender entweder ein objektiv fremdes Geschäft darstellen, was dann auf seinen Fremdgeschäftsführungswillen deuten würde, oder der Spender müsste letzteren bei einem subjektiv eigenen oder neutralen Geschäft zum Ausdruck bringen.

---

[233] Erman/Ehmann § 683 Rn. 1.

[234] Erman/Ehmann § 683 Rn. 2.

Ein Organ zu spenden beinhaltet bereits die objektive Fremdheit. Selbst wenn der Spender damit auch seine eigenen Interessen verfolgt (etwa derart, weil er einen geliebten Menschen retten will), so gibt er sein Organ dennoch „für einen anderen" her.

Diese objektive Fremdheit bezieht sich jedoch nur auf den Organempfänger, zugunsten dessen die Transplantation durchgeführt wird. Dem Arzt gegenüber, der die Transplantation durch sein Fehlverhalten herausgefordert hat, ist die Spende zunächst ein neutrales Geschäft,[235] eine Unterscheidung, die rechtlich durchaus möglich ist. Die Geschäftsbesorgung kann einem Geschäftsherrn gegenüber objektiv fremd, einem anderen gegenüber aber neutral sein, denn zu wessen Rechtskreis die Geschäftsbesorgung gehört, kann immer nur im Verhältnis zum konkreten Geschäftsherrn beurteilt werden.[236] Die Organspende kann daher nur durch den nach außen kundgegebenen Willen des Spenders, auch für den Arzt tätig zu werden (also den Fremdgeschäftsführungswillen), zu einem Geschäft „für den Arzt" werden. *Wittmann*[237] etwa stellt bei solchen Hilfeleistungsfällen bzgl. der objektiven Fremdheit auf den „sozialen Sinn" der Tätigkeit ab, der nicht darin liegen könne, etwa der Krankenkasse zur Hilfe zu eilen, eine Besorgung eines fremden Geschäfts also grds. nur hinsichtlich des Geretteten vorliegen könne.

Um diese Frage beantworten zu können, muss zunächst geklärt werden, worauf sich der Fremdgeschäftsführungswille im Detail erstrecken muss, und ob ein generelles „auch im Interesse des Arztes" liegendes Handeln hierfür ausreicht.

Auch wenn man davon ausgeht, dass dieser Wille sich nicht exakt auf die Handlungen erstrecken muss, die der Geschäftsherr, wäre er selbst tätig geworden, vorgenommen hätte, muss der Geschäftsführer zumindest den Willen haben, die Angelegenheiten des anderen zu besorgen,[238] also Aufgaben wahrzunehmen, die eigentlich dem Geschäftsherrn obliegen würden. Es muss daher zuerst definiert werden, was genau der Aufgabenbereich des Arztes beinhaltet.

Die Rechtsprechung[239] unterscheidet bei Konstellationen mit zwei möglichen Geschäftsherrn häufig zwischen unmittelbar Begünstigtem und nur mittelbar interessiertem Beteiligten (z.B. Versicherer, Bank, Bürge). Hinsichtlich des Letzteren greift die Geschäftsführung ohne Auftrag nicht ein, da sein Aufgabenbereich bestimmungsgemäß nur darin besteht, Ersatz in Geld zu leisten (wie etwa eine Versicherung, die grds. nur Kostenschuldner ist). Damit sollen diejenigen als Geschäftsherren ausgeschlossen werden, bei denen die veranlassten Maßnah-

---

[235]Vgl. zu dieser Problematik ausführlich Wittmann, Begriff und Funktionen der Geschäftsführung ohne Auftrag, S. 74 ff.

[236]So auch BGH NJW 1974, 96, 97.

[237]Begriff und Funktionen der Geschäftsführung ohne Auftrag, S. 74.

[238]Jauernig/Vollkommer § 677 Rn. 4.

[239]BGHZ 54, 157, 161; siehe auch BGH NJW 1974, 96 f; 1978, 2030 f; 1982, 875, 877; 1992, 967, 969 f.

men (z.B. erste Hilfe, Krankentransport) als solche nicht zum Aufgabenkreis gehören.[240]

Zwar kann man den Arzt als Schadensverursacher nicht als nur mittelbar Beteiligten in diesem Sinne ansehen, dennoch sind seine Handlungen zur Wiedergutmachung des Schadens zu denen des Spenders von Grund auf verschieden, sie können sich nicht einmal überschneiden. Naturalrestitution könnte für den Arzt nur in der Transplantation des gespendeten Organs oder der sonstigen Behandlung des Patienten bestehen. Es dürfte, wie bereits dargestellt, praktisch aber nicht relevant sein, dass derselbe Arzt weiterhin am Patienten tätig wird, so dass schließlich nur Schadensersatz in Geld bleibt. Die einzige „Geschäftsbesorgung" des Spenders besteht hingegen in der Hergabe seines Organs. Dies führt aber nicht nur dazu, dass sich die Aufgabenbereiche des Spenders und des ursprünglichen Schädigers unterscheiden, die Organspende des Spenders ist in Bezug auf den Arzt (anders als etwa in Fällen „normaler" Hilfeleistung, die theoretisch von jedem Dritten vorgenommen werden kann) sogar eine unvertretbare Handlung. Zwar könnte ein anderer Angehöriger ebenfalls sein Organ zur Verfügung stellen, dem Arzt als Nichtangehörigen ist es aber durch § 8 Abs. 1 TPG verboten, sein Organ zu spenden, und für § 677 BGB kommt es nur auf die Beziehung zwischen Geschäftsherr und Geschäftsführer an. Dann erscheint es aber bedenklich, eine Geschäftsbesorgung „für den Geschäftsherrn" zu bejahen, wenn dieser sie überhaupt nicht hätte vornehmen können. Der Spender kann daher auch nicht mit dem Willen handeln, sein Organ anstelle des Arztes zu spenden.

Dazu kommt, dass der Arzt seiner Pflicht, dem geschädigten Patienten Ersatz zu leisten, durch die Spende nicht enthoben wird, er ist vielmehr weiterhin zum Schadensersatz gegenüber dem Empfänger verpflichtet, der sich allerdings inhaltlich entsprechend den unterschiedlichen medizinischen Maßnahmen verändert und sich durch die Organspende auch verringern kann.

Die Regeln der Geschäftsführung ohne Auftrag würden aus den genannten Argumenten daher unangemessen erweitert und es widerspräche dem Normzweck, wenn man eine Fremdgeschäftsführung bezüglich Aufgaben bejahen würde, die der vermeintliche Geschäftsherr auch theoretisch nicht selber hätte wahrnehmen können. Die Aufgabe der eigenen körperlichen Integrität und der rein finanzielle Schadensausgleich entsprechen sich dafür nicht ausreichend.

Aber selbst wenn man den Anwendungsbereich auf diese Art Fälle ausdehnen wollte, würde die Anwendbarkeit vom Fremdgeschäftsführungswillen des Spenders abhängen. Dieser müsste dann erkennbar zumindest noch dahin gehen, durch die Spende Aufgaben des Arztes zu übernehmen zu wollen und diesen dadurch zu entlasten.

---

[240] MüKo/Seiler § 677 Rn. 17.

Es kommt in solchen Fällen darauf an, dass die Rettungshandlung aus der Sicht des Retters eben auch für den Dritten (also Schädiger, Versicherer etc.) vorgenommen wird.[241]

Die Spende mag zwar im Interesse des Arztes liegen, von einem Wunsch des Spenders, Aufgaben zugunsten des Schädigers zu übernehmen, kann aber realistischerweise nicht ausgegangen werden. Der Wille des Spenders wird sich vielmehr darauf konzentrieren, seinem Angehörigen zu helfen. Die Fremdgeschäftsführung, also das Handeln des Spenders auch „für den Arzt" kann deshalb auch nicht mit dem subjektiven Merkmal des Fremdgeschäftsführungswillens begründet werden.

c) Ergebnis

Auch wenn der Spender durch die Organspende einen Schaden erleidet und Aufwendungen hat und die Spende sicherlich im Interesse des Arztes sein wird, kann er diese nicht über die Regeln der Geschäftsführung ohne Auftrag nach § 677 BGB i.V.m. § 683 S. 1 BGB gegenüber dem Arzt geltend machen.

Aufgrund der Unterschiedlichkeit der Aufgabenbereiche von Arzt und Spender und der Tatsache, dass der Arzt die Aufgabe des Spenders, also die Organspende, auch theoretisch nicht hätte wahrnehmen können, fehlt es an der Geschäftsbesorgung für einen anderen. Zudem lässt sich auch ein Fremdgeschäftsführungswille nicht nachvollziehbar begründen, da der Spender den Arzt nicht aus seiner Schadensersatzpflicht entlassen will.

5. Anspruch aus § 823 Abs. 1 BGB

Nachdem weder vertragliche noch vertragsähnliche Ansprüche aus Geschäftsführung ohne Auftrag zugunsten des Organspenders bestehen, bleibt schließlich die Frage, ob dieser seinen materiellen Schaden und evtl. Schmerzensgeld aus unerlaubter Handlung gegen den Arzt bzw. den Krankenhausträger geltend machen kann, der die Notwendigkeit der Transplantation verursacht hat. Der BGH hat dies im geschilderten Ausgangsfall, der Nierenspende einer Mutter für ihre Tochter, deren einzige Niere der Arzt schuldhaft entfernt hatte, bejaht.[242] Ebenso wurde in den beiden dargestellten Urteilen in den USA[243] entschieden, auch hier wurde jeweils ein deliktsrechtlicher Anspruch bejaht. Zu klären ist, ob bei ähnlich gelagerten Fällen von Organspenden generell oder (nur) unter welchen speziellen Voraussetzungen eine deliktsrechtliche Haftung anzunehmen ist, die dem Verletzten ohne jegliche schuldrechtliche Beziehung zum Schädiger einen Anspruch gewährt.

---

[241] Wittmann, Begriff und Funktionen der Geschäftsführung ohne Auftrag, S. 70.

[242] BGHZ 101, 215 = VersR 1987, 1040 ff.

[243] Vgl. Seite 44 f.

Daher unterscheiden sich die Voraussetzungen für eine vertragliche oder vertragsähnliche Haftung stark von jenen aus unerlaubter Handlung.[244]

a) Haftung des Krankenhausträgers

Auch im Bereich der deliktischen Haftung kommt neben der Verantwortlichkeit des Arztes auch die des Krankenhausträgers in Betracht.[245]

Abgesehen von der eigenen deliktsrechtlichen Haftung des Krankenhausträgers, haftet dieser als Geschäftsherr grundsätzlich für die schuldhafte rechtswidrige Schädigung durch eine seiner ärztlichen oder nichtärztlichen Hilfspersonen.[246]

Je nachdem, wer bei seiner Tätigkeit die unerlaubte Handlung begangen hat, bestimmt sich die Haftungsgrundlage. So haftet der Krankenhausträger gem. § 831 Abs. 1 S. 1 BGB für alle Schäden, die seine Verrichtungsgehilfen in Ausführung einer ihnen übertragenen Verrichtung rechtswidrig verursachen. Ein eigenes Verschulden des Krankenhausträgers muss dann nicht mehr gesondert festgestellt werden, sondern wird qua lege vermutet. Er haftet, es sei denn, er kann sich nach § 831 Abs. 1 S. 2 exkulpieren.[247] Verrichtungsgehilfen in diesem Sinne sind alle diejenigen, die weisungsgebunden tätig werden und in die Herrschafts- und Organisationssphäre des Geschäftsherrn mit eingebunden sind, denn nur dann kann diesem ein eigener Verschuldensvorwurf gemacht werden.[248]

Im Fall von Krankenhäusern sind damit grds. alle Angestellten, also Ärzte, Pflegepersonal etc. erfasst,[249] da sie weisungsgebunden handeln.

Dieses Merkmal trifft für Chefärzte jedoch nicht zu. Da sie, was den medizinischen Bereich anbelangt, keinen Weisungen unterliegen, können sie keine Ver-

---

[244]Letztere setzt den Verstoß gegen eine Pflicht voraus, die kraft Gesetzes jeder zu beachten hat, während sich im Vertragsrecht eine Haftung nur aus den Rechten und Pflichten herleiten kann, die zwischen den Parteien bestehen. Aufgrund der jedermann betreffenden Haftungsmöglichkeit ist daher andererseits der deliktsrechtliche Schutz gegenüber dem vertragsrechtlichen dahingehend eingeschränkt, dass primäre Vermögensschäden grundsätzlich nicht ersetzt werden, sie sind im Katalog des § 823 Abs. 1 nicht enthalten, Staudinger/Hager Vor § 823 Rn. 37.

[245]Erst recht im deliktsrechtlichen Bereich spielt es keine Rolle, ob es sich um einen Kassen- oder einen Privatpatienten handelt, da die rechtlichen Beziehungen in beiden Fällen direkt zwischen Arzt bzw. Krankenhausträger und Patienten bestehen, die Krankenkasse ist nicht deliktsrechtlicher Anspruchsgegner, Emmerich, Aufklärungspflicht des Krankenhausträgers und des Arztes bei der Bluttransfusion, JuS 1992, 609 f.

[246]Drumm, Die Grundsätze der Produzentenhaftung nach § 823 Abs. 1 BGB..., S. 29

[247]Baur, Die Organhaftung des Krankenhausträgers für die Tätigkeit des Leitenden Krankenhausarztes in: Arzt- und Kassenarztrecht im Wandel, S. 150.

[248]Erman/Schiemann § 831 Rn. 1, 6 f.

[249]Drumm, Die Grundsätze der Produzentenhaftung nach § 823 Abs. 1 BGB, S. 28; BGH NJW 1978, 1681 f.

richtungsgehilfen im Sinne von § 831 Abs. 1 S. 1 BGB sein. Nach heute h.M. ist der Chefarzt bei deliktsrechtlicher Inanspruchnahme des Krankenhausträgers vielmehr wie ein verfassungsmäßig berufener Vertreter im Sinne von §§ 89, 31 BGB zu behandeln.[250] Der Krankenhausträger hat daher für eine unerlaubte Handlung des Chefarztes als Organ einzustehen, ohne sich nach § 831 Abs. 1 S. 2 BGB entlasten zu können.

b) Voraussetzungen von § 823 Abs. 1 BGB

§ 823 Abs. 1 BGB verlangt, dass eine Person das Leben, den Körper, die Gesundheit, die Freiheit, das Eigentum oder ein sonstiges Recht eines anderen verletzt. Geschieht dies zudem noch schuldhaft, also fahrlässig oder vorsätzlich und ist die Verletzung rechtswidrig, so ist er dem anderen zum Ersatz des daraus entstehenden Schadens verpflichtet.

aa) Rechtsgutverletzung

Der Spender müsste also zunächst in einem der genannten Rechtsgüter verletzt sein.

Bei dem Schutz des menschlichen Körpers steht im Vordergrund die Unantastbarkeit der persönlich-leiblichen Sphäre, während als Gesundheitsverletzung eher die Störung der körperlichen Funktionen anzusehen ist.[251] Da die Abgrenzung aber häufig schwierig vorzunehmen ist und zudem dieselben Rechtsfolgen ausgelöst werden, werden die beiden Begriffe in der Regel einheitlich verwendet.[252]

Eine Verletzung des Körpers oder der Gesundheit liegt nach h.M. dann vor, wenn jemand in seiner körperlichen Unversehrtheit beeinträchtigt ist oder seine körperlichen oder geistigen Lebensvorgänge derart gestört sind, dass eine medizinische Behandlung erforderlich ist.[253]

Hierunter fällt nach der ständigen Rechtsprechung des BGH und der h.M. auch der ärztliche Heileingriff. Er erfüllt danach unabhängig davon, ob er lege artis oder berufspflichtwidrig vorgenommen wurde, immer den Tatbestand der Kör-

---

[250] BGHZ 101, 215, 218 m.w.N.; Macke, Die deliktische Haftung des Krankenhausträgers bei Ungewissheit über den schädigenden Bediensteten, DRiZ 1991, 134; Erman/Schiemann § 831 Rn. 7; Zur Entwicklung der Rechtsprechung hinsichtlich der Ausdehnung des Organ-Begriffs auf Krankenhausärzte vgl. ausführlich Baur, Die Organhaftung des Krankenhausträgers... in: Kamps/Laufs (Hrsg.), Arzt- und Kassenarztrecht im Wandel, S. 150 f.

[251] Erman/Schiemann § 823 Rn. 17.

[252] Ausführlich Staudinger/Hager Rn. B 5 ff; Deutsch/Matthies, Arzthaftungsrecht, S. 32.

[253] RGZ 85, 335, 336 f; BGHZ 124, 52, 54; BGH NJW 1991, 2347 f; Staudinger/Hager § 823 Rn. B5; Kötz, Deliktsrecht, Rn. 50;

perverletzung[254] und die aufgrund dessen selbst bei einem lege artis vorgenommenen Heileingriff indizierte Rechtswidrigkeit entfällt nur, wenn der Patient wirksam eingewilligt hat.[255]

Ein Teil der Literatur sieht hierin eine unnötige und unerträgliche Diskriminierung des ärztlichen Berufsstandes, da das Verhältnis zwischen Arzt und Patient auf einem Vertrauensverhältnis aufbaue und der Eingriff gerade auf Verbesserung und nicht auf Verschlechterung des körperlichen Zustandes abziele. Dieses besondere Verhältnis sei gefährdet, wenn das Handeln des Arztes von vornherein im Verbotsbereich läge. Es könne daher nur der fehlerhafte Eingriff als Körperverletzung angesehen werden, der sachgerechte, aber ohne die erforderliche Einwilligung erfolgte Eingriff müsse vielmehr als Verletzung des Selbstbestimmungsrechts - als Teil des allgemeinen Persönlichkeitsrechts - gewertet werden.[256]

Es handelt sich hierbei um eine verständlicherweise stark emotional geprägte Diskussion,[257] bei der sich allerdings die Frage stellt, ob die juristische Einordnung in die verschiedenen Tatbestände des § 823 Abs. 1 in der Praxis wirklich das Verhältnis zwischen Arzt und Patient zu be- oder entlasten vermag, denn dem Patienten wird zum einen in der Regel zwar bewusst sein, dass der Arzt lege artis und nicht ohne seine Einwilligung handeln muss und darf, nicht aber, welche Alternative einer unerlaubten Handlung er ansonsten begehen würde oder ob der „erlaubte Eingriff“ eine gerechtfertigte Verletzung seines Rechtsgutes darstellt. Zum anderen verkennt die Einordnung als Persönlichkeitsverletzung m. E., dass die Entscheidungsfreiheit jedem Rechtsgut vorgeordnet ist[258] und die Dispositionsfreiheit des Patienten über seinen Körper eben auch zu den Objekten der ärztlichen Berufspflichten gehört.[259] Es ist daher fraglich, ob der körperliche Eingriff einfach auf eine Beeinträchtigung des Persönlichkeitsrechts „reduziert“ werden kann, denn der Arzt greift stets final und zielgerichtet in die körperliche Integrität des Patienten ein, was mit Rücksicht auf den Wortlaut des § 823 Abs. 1 BGB als grundsätzlich rechtswidrige Körperverletzung gewertet werden muss.[260]

---

[254]BGHZ 29, 46, 54; 29, 176 ff; BGH NJW 1980, 1905; Staudinger/Hager § 823 Rn. I1 m.w.N.; Palandt/Thomas § 823 Rn. 5 und 66.

[255]Erman/Schiemann § 823 Rn. 135; Jauernig/Teichmann § 823 Rn. 3; Stieglitz, Die wrongful birth und wrongful life Problematik im deutschen Deliktsrecht, S. 72 ff .

[256]Laufs, Arztrecht, Rn. 176 ff; Staudinger/Hager § 823 Rn. I 1 m.w.N.; siehe auch Mü-ko/Mertens, der versucht, dogmatisch zu einer vermittelnden Lösung zu kommen, die aber im Ergebnis mit der H.M. übereinstimmt.

[257]Siehe Weber-Steinhaus, Ärztliche Berufshaftung als Sonderdeliktsrecht, S. 41 f m.w.N.

[258]So ist etwa auch bei einer Eigentumsverletzung die Entscheidungsfreiheit des Eigentümers über das Eigentum beeinträchtigt, siehe Staudinger/Hager § 823 Rn. I 3; Deutsch/Matthies, Arzthaftungsrecht, S. 33.

[259]Erman/Schiemann § 823 Rn. 136.

[260]Zudem stellt sich die Frage nach der praktischen Relevanz der Unterscheidung (denn geklagt wird in der Regel nur, wenn der Eingriff fehlgeschlagen ist) und ob die wegen des Schutz-

Trotz verschiedener dogmatischer Ansätze[261] kommen jedoch die meisten Stimmen in der Literatur aber schließlich zu Ergebnissen, die mit denen der Rechtsprechung weitgehend übereinstimmen.[262]

In Bezug auf den Lebendspender kann der Streit jedoch dahingestellt bleiben. Er bezieht sich auf das besondere Arzt-Patienten-Verhältnis, das immer den ärztlichen Heileingriff betrifft, also die Situation, in welcher der Arzt etwas Positives für den Patienten tut. Dies ist beim Organspender gerade nicht der Fall. Der Eingriff in seinen Körper ist für den Spender medizinisch in keiner Weise indiziert, so dass er wie jeder andere Eingriff in die körperliche Integrität grundsätzlich eine Verletzung des Körpers bzw. Beschädigung der Gesundheit darstellt.[263] Diese kann dann im Rahmen des § 823 Abs. 1 BGB nur durch Einwilligung gerechtfertigt sein.

---

zweckzusammenhangs je nach verletztem Rechtsgut unterschiedlich zu bestimmenden spezifischen Schäden aufgrund der ärztlichen Eigenmacht (so etwa Weyers/Mirtsching, Zum Stand des Arzthaftungsrechts, JuS 1980, 317, 320) sich im konkreten Fall wirklich unterscheiden. Vgl. hierzu die zutreffenden Ausführungen von Staudinger/Hager § 823 Rn. I 77, denn bei einem erfolgten Eingriff steht die Verletzung des Körpers im Vordergrund, während bei dem nicht erfolgten Eingriff (weil der Patient etwa trotz mangelnder Aufklärung den Eingriff abgelehnt hat) sich das Risiko in keiner Weise verwirklicht hat, was bei der Theorie der Verletzung des Persönlichkeitsrechts dazu führen würde, dass dieser Patient ebenso zu entschädigen ist wie einer, der einen dauerhaften Schaden davongetragen hat. Dies kann nicht sachgerecht sein.

Folgt man der genannten Literaturmeinung, so wird dies zumindest zulasten des Patienten gehen, wenn seine Entschädigung an die strengeren Voraussetzungen der Verletzung des Persönlichkeitsrechts, nämlich erheblicher Beeinträchtigung des Verletzten und schwerer Schuld des Verletzers geknüpft wären (vgl. Staudinger/Hager § 823 Rn. I 3; Weyers/Mirtsching, Zum Stand des Arzthaftungsrechts, JuS 1980, 320; BGHZ 26, 349^, 354 ff; 39, 124, 129 ff.). Dies ist aber gerade nicht beabsichtigt.

[261]Siehe z.B. MüKo/Mertens § 823 Rn. 359 ff, der mit seinem vermittelnden dogmatischen Ansatz die Diskussion zu entschärfen versucht; Weber-Steinhaus, Ärztliche Berufshaftung als Sonderdeliktsrecht, S. 57 f. sucht einen Kompromiß über §§ 831 ff, 839 und die Nichtbeachtung spezifischer Verhaltenspflichten des Arztes vor Aufnahme der Behandlung, die je nach Lage der Dinge zum Ersatz von Körper-, Gesundheits- oder Persönlichkeitsschäden führen kann.

[262]Vgl. Erman/Schiemann § 823 Rn. 135 ff; MüKo/Mertens § 823 Rn. 359 ff m.w.N.; Staudinger/Hager § 823 Rn. I 2 ff und I 77; Eine ausführliche Darstellung zu dem dogmatischen Streit und seinen Ergebnissen findet sich bei Weber-Steinhaus, Ärztliche Berufshaftung als Sonderdeliktsrecht, S. 41 ff; kritische Stellungnahme zum Ausgangspunkt der Rechtsprechung bei Weyers/Mirtsching, Zum Stand des Arzthaftungsrechts, JuS 1980, 320.

[263]Vgl. auch BSGE 35, 102, die Lebendspende ist vielmehr ein Teil der Krankenhilfe für den Organempfänger und belastet daher auch dessen Krankenkasse mit den Kosten für die ambulante oder stationäre Behandlung des Spenders; Kohlhaas, Rechtsfragen zur Transplantation von Körperorganen, NJW 1967, 1490; Edelmann, Ausgewählte Probleme bei der Organspende unter Lebenden, VersR 1999, 1067 f.

bb) Kausalität

Diese Körperverletzung müsste durch ein Handeln (Tun oder Unterlassen[264]) des Arztes verursacht worden sein, d.h. es müsste ein haftungsrechtlich relevanter Ursachenzusammenhang zwischen dem – als deliktsrechtlich einzig relevanten Anknüpfungspunkt in Betracht kommende - Verhalten des Arztes am Patienten (z.B. der schuldhaften Entfernung der einzigen Niere) und der Organspende des oder der Angehörigen bestehen, sog. haftungsbegründende Kausalität.

Die Rspr. und h.M.[265] wenden zur Beantwortung dieser Frage zunächst die sog. conditio-sine-qua-non Formel (oder Äquivalenztheorie) an, die jedoch in der Regel durch Überlegungen zur Adäquanz oder zum Rechtswidrigkeitszusammenhang ergänzt oder abgewandelt wird.[266]

Die conditio-sine-qua-non Formel besagt, dass ursächlich für ein bestimmtes Ereignis nur eine Bedingung ist, die nicht hinweggedacht werden kann, ohne dass der (im Falle von § 823 Abs. 1 BGB schädigende) Erfolg entfällt oder jedenfalls in signifikant anderer Weise eintritt.[267]

Nach dieser Formel wäre der Behandlungsfehler am Patienten auf jeden Fall kausal für die Organspende des Angehörigen, denn hätte der Arzt keinen Fehler begangen, wäre die Spende nicht notwendig geworden.

Problematisch bei der Formel ist jedoch, dass eine Eingrenzung der Haftung praktisch kaum möglich ist, es können endlose Kausalketten entstehen, die sich etwa auch durch zufällige unglückliche Umstände fortsetzen können.[268] Um dies zu verhindern, wurde die sog. Adäquanztheorie (oder Lehre vom adäquaten Kausalzusammenhang) entwickelt, die darauf abzielt, aus der Schadenszurechnung völlig unwahrscheinliche Kausalverläufe auszuscheiden, einen auch juristisch relevanten Kausal- oder Haftungszusammenhang herzustellen. Die von RG und BGH ständig angewandte Adäquanztheorie bejaht einen Ursachenzusammenhang nur dann, wenn ein Verhalten oder ein Ereignis im allgemeinen, nicht

---

[264]Wobei Unterlassen nur bei bestehender Erfolgsabwendungspflicht relevant wird, siehe Erman/Schiemann § 823 Rn. 13.

[265]BGHZ 2, 138, 141; 25, 86, 88; Larenz, Schuldrecht I § 27 III a.

[266]Erman/Schiemann § 823 Rn. 14.

[267]Da grds. alle Bedingungen gleichwertig sind, wird von der sog. Äquivalenztheorie gesprochen, Erman/Kuckuk Vor § 249 Rn. 30.

[268]Palandt/Heinrichs Vor § 249 Rn. 58; Jauernig/Teichmann Vor § 249 Rn. 27; insbesondere im Arzthaftungsrecht ergibt sich aber noch eine weitere Problematik, wenn dem Arzt vorgeworfen wird, er habe eine falsche Diagnose gestellt oder eine falsche Therapie angewandt und dadurch eine Körperverletzung oder Gesundheitsbeschädigung des Patienten verursacht: Hat der Arzt schuldhaft einen groben Behandlungsfehler begangen, der den äußeren Umständen nach geeignet war, gerade den eingetretenen Schaden auch herbeizuführen, so hat die Rspr. (BGHZ 85, 212; auch BGHZ 72, 132) die Beweislast dahingehend umgedreht, dass der Arzt beweisen muss, dass sein Fehler für den schädigenden Erfolg nicht ursächlich gewesen ist, vgl. Kötz, Deliktsrecht, Rn. 149, 258. Der Arzt hätte danach kaum die Möglichkeit, jemals einer Haftung zu entgehen.

aber unter besonders eigenartigen, ganz unwahrscheinlichen und nach dem regelmäßigen Verlauf der Dinge ganz außer Betracht zu lassenden Umständen zur Herbeiführung des Erfolges geeignet war.[269] Nach dieser Theorie sind also gänzlich ungewöhnliche Kausalverläufe, Verkettungen von Umständen und unwahrscheinliche Folgen dem Schädiger nicht zuzurechnen, der Betroffene muss sie vielmehr als Zufallsschäden selbst tragen.[270] Festzustellen ist das Vorliegen der Adäquanz dabei ex post, also anhand einer nachträglichen objektiven Prognose, wobei es auf die Bildung eines Wahrscheinlichkeitsurteils durch einen optimalen Beobachter ankommt.[271]

Unter anderem an diesem Merkmal, also am ungewöhnlichen Kausalverlauf, ließ 1967 noch der New York Supreme Court[272] die Schadensersatzklage des Spenders gegen den Arzt scheitern. Das Gericht entschied, dass eine Organspende eine noch so ungewöhnliche Heilungsmethode sei, dass dies zur Unterbrechung des Kausalverlaufs führen müsse.

Dieses Argument kann heute jedoch nicht mehr herangezogen werden, die Organspende vom Lebenden gehört seit vielen Jahren zu einer verbreiteten und anerkannten Heil- oder Behandlungsmethode, die zudem seit 1997 im TPG gesetzlich festgehalten ist.[273] Eine Organspende, die durch einen Behandlungsfehler herausgefordert wird, muss daher heute als gewöhnlicher, möglicher Kausalverlauf bei der Behandlung der durch diesen entstandenen Körperverletzung angesehen werden, so dass eine Haftung des Arztes hierdurch nicht ausgeschlossen wird. In diesem Sinne entschied auch bereits 1987 der BGH[274] in dem erwähnten Ausgangsfall. Er sagt darin, die Nierenspende sei seinerzeit bereits bekannt gewesen und die Lebendspende durch einen Angehörigen „keine so entfernte Möglichkeit, dass sie schon deswegen rechtlich außer Betracht zu bleiben“ habe.

Es besteht jedoch erhebliche Kritik an der Adäquanztheorie, insbesondere seit der BGH diesbezüglich ausgeführt hat, bei der Adäquanzprüfung gehe es (anhand des „optimalen Beobachters“) aufgrund eines Wahrscheinlichkeitsurteils und einer wertenden Betrachtung um die Ermittlung der Grenze, bis zu der dem Schädiger die Haftung für den Schaden zugemutet werden könne.[275] Es wird in der Literatur verstärkt bemängelt, dass wegen der starken Ausweitung der Adäquanz und wegen dieser zumindest sprachlichen Verknüpfung mit dem Gesichtspunkt der Zumutbarkeit auch durch diese Theorie kaum eine Filterwirkung

[269] RGZ 81, 360; BGHZ 3, 267; 57, 141, st. Rspr.

[270] Erman/Kuckuk Vor § 249 Rn. 32.

[271] BGHZ 3, 261.

[272] Oirianni v. Anna 286 N.Y.S. 2 d 709; siehe auch Teil 2, A III 1.a).bb).

[273] Siehe hierzu Teil 2, A.II.

[274] BGHZ 101, 215; siehe auch Teil 2, A.III.a).

[275] BGHZ 3, 261, 267; 18, 286, 288; 72, 147, 151.

dahingehend, den Verantwortungsbereich des Ersatzpflichtigen zu begrenzen, zu bewirken sei.[276]

Es wird daher von einem Teil der Literatur[277] alternativ zur Adäquanztheorie die Lehre vom Schutzzweck der Norm herangezogen, nach der für die Zurechenbarkeit des Schadens auf den Schutzzweck der die Ersatzpflicht begründenden Norm abzustellen ist. Auch der BGH und ein großer Teil weiterer Literaturstimmen hat die Notwendigkeit dieser Lehre anerkannt, wenden sie aber als ergänzendes Korrektiv zur Adäquanztheorie an.[278]

Inhaltlich stellt die Lehre vom Schutzzweck der Norm die Frage, ob der geltend gemachte Schaden aus der Verletzung eines Rechtsgutes entstanden ist, zu dessen Schutz das Gesetz erlassen wurde. Sie wird heute auch im Bereich des § 823 Abs. 1 angewandt[279] (bei Verträgen ist dementsprechend der von den Parteien gewollte Schutzzweck des Vertrags zu ermitteln). Nur von diesem Zweck erfasste Schäden sind zu ersetzen. Der entstandene Nachteil muss also zu der vom Schädiger geschaffenen Gefahrenlage in einem inneren Zusammenhang stehen.[280] Er darf nicht nur „bei Gelegenheit" dieser Gefahrenlage entstanden sein.[281]

Nach der Rechtsprechung haftet daher z. B. bei Bestehen einer umfassenden Aufklärungspflicht der Aufklärungspflichtige bei Fehlen einer Grundaufklärung auch für die Verwirklichung eines Risikos, über das nicht aufgeklärt werden brauchte, so etwa im Falle der Arzthaftung.[282] Besteht eine Aufklärungspflicht hingegen nur für bestimmte Einzelpunkte, entfällt die Haftung, wenn sich ein nicht aufklärungspflichtiges Risiko verwirklicht.[283]

Auf den Fall der Lebendspende angewandt stellt sich demnach die Frage, ob der Schutzzweck des § 823 Abs. 1 BGB hinsichtlich der geschaffenen Gefahrenlage (die inhaltlich in der Körperverletzung am Patienten und späteren Organ-

---

[276]Zimmermann, Herausforderungsformel und Haftung für fremde Willensbetätigungen, JZ 1980, 12; Larenz, Schuldrecht I § 27 III b) 1., S. 437; MüKo/Grunsky Vor § 249 Rn. 42 m.w.N.

[277]Siehe etwa MüKo/Grunsky Vor § 249 Rn. 43 mit der Begründung, dass die Vermeidung ganz fernliegender Schäden in der Regel nicht in den Schutzbereich der verletzten Verhaltensnorm falle.

[278]BGHZ 27, 137, 140; 35, 315; MüKo/Grunsky Vor § 249 Rn. 43 m.w.N. Ausführlich zu dieser Problematik v. Caemmerer, Die Bedeutung des Schutzbereichs einer Rechtsnorm für die Geltendmachung von Schadensersatzansprüchen aus Verkehrsunfällen, Deutsches Autorecht 1970, S. 283 ff.

[279]BGHZ 27, 137; Kötz, Deliktsrecht, Rn. 156.

[280]Palandt/Heinrichs Vor § 249 Rn. 62; teilweise wird nicht vom Schutzzweck der Norm, sondern vom Rechtswidrigkeitszusammenhang gesprochen (Esser/Schmidt, SchuldR § 33 III), gemeint ist aber in der Sache dasselbe.

[281]BGHZ 25, 86, 90.

[282]BGHZ 106, 391;BGH NJW 1991, 2346.

[283]BGHZ 116, 212.

empfänger besteht,) auch eine Rechtsgutverletzung und die daraus resultierenden Schäden mit erfassen soll, die nicht bei dem Patienten selbst, sondern als Folge seiner Verletzung durch die so herausgeforderte Organspende beim Spender eintreten.

Auch hier darf aber nicht unberücksichtigt bleiben, dass die Organentnahme nicht nur einen wie auch immer gearteter Folgeschaden der ursprünglichen Verletzung darstellt, sondern gerade auch eine der möglichen Behandlungsarten zur Heilung der Verletzung des Patienten,[284] die zudem, wie bereits dargestellt, heute eine verbreitete und anerkannte Behandlungsmethode ist. Es wäre daher widersprüchlich, die Lebendspende zwar einerseits als Heilmethode für den Organempfänger und damit als gezielte Folge (Schadenswiedergutmachung) Folge der Körperverletzung des Empfängers anzuerkennen, andererseits einen Anspruch des Spenders aus § 823 Abs. 1 aus dem Grunde zu verneinen, weil solche Schäden an Dritten nicht mehr vom Schutzbereich der Norm, also des im Hinblick auf § 823 erforderlichen Sorgfaltserfordernisses des Arztes erfasst sind. Die in diesen Fällen vielversprechendste Form der Schadensbehebung würde nicht ersetzt werden und damit § 249 BGB widersprechen.

Somit wäre zunächst nach der Äquivalenztheorie, nach der Adäquanztheorie wie auch nach der Lehre vom Schutzzweck der Norm das Verhalten des Arztes, also der Behandlungsfehler, kausal für die Organspende des Angehörigen.[285]

cc) Freiwilliger Entschluß zur Organspende als Unterbrechung der Kausalkette

Die Organspende vom Lebenden beruht jedoch auf einem nach ärztlicher Aufklärung erfolgten eigenen Willensentschluß des Spenders, so dass die Frage gestellt werden muss, ob, etwa in Bezug auf die Adäquanztheorie oder die Lehre vom Schutzzweck der Norm, nicht doch eine Unterbrechung oder ein Abbruch des Zurechnungszusammenhangs vorliegt, oder ob er trotz dieses Zwischenaktes durchgehend ist, bis hin zu den Schäden des Spenders.

Geht man davon aus, dass die Voraussetzungen des TPG eingehalten wurden, dann erfolgt die Einwilligung des Spenders nach sorgfältiger Aufklärung eines Arztes über Folgen und Risiken des Eingriffs und ohne äußeren Zwang, so dass man sie tatsächlich als selbständigen Zwischenakt eines Dritten bezeichnen kann.

Dies führt zu mehreren Fragen. Zum einen der, ob der Entschluß zur Spende überhaupt noch auf die Kausalitätskette Einfluß haben kann und wenn ja, an welcher Stelle der Kausalitätsprüfung er eine Rolle spielt und damit zu der Frage nach der dogmatischen Einordnung eines solchen selbständigen Zwischenaktes des Dritten. In Literatur und Rechtsprechung wird dieser innerhalb der Kausalität

---

[284] Vgl. BSGE 35, 102.

[285] Siehe auch MüKo/Grunsky Vor § 249 Rn. 59.

unter unterschiedlichen Prüfungspunkten behandelt und als relevant angesehen.

In der Konsequenz erscheint fraglich, ob zwischen der ursprünglichen Schädigungshandlung und der Organspende des Angehörigen trotz der Einwilligung eine durchgehende Kausalkette hergestellt werden kann.

Zunächst zur dogmatischen Einordnung: Der BGH geht in dem eingangs erwähnten Fall der Nierenspende einer Mutter zugunsten ihre Tochter[286] unter mehreren Gesichtspunkten auf die Möglichkeiten der Unterbrechung der Zurechnungskette durch den Entschluß der Mutter zur Spende ein.

Er stellt zum einen darauf ab, dass auch eine psychisch vermittelte Kausalität zur Haftungsbegründung ausreichen kann und geht dann unter dem Stichwort der sog. „Herausforderungsfälle“ auf die Frage ein, inwieweit der Arzt als Schädiger eine Gefahrenlage geschaffen hat, die einen solchen Aufforderungscharakter an den Retter oder Nothelfer hat, „dass das von diesem auf sich genommene Risiko ebenso wie die für den Rettenden gesetzte Gefahr bei einer wertenden Betrachtung dem Schädiger zuzuordnen ist, weil er den zu Rettenden in eine Lage gebracht hat, die das Eingreifen des Retters wenn nicht gebietet, so doch mindestens verständlich oder billigenswert macht“.[287] Er geht hierbei weiter darauf ein, ob die Rettungshandlung und damit die Selbstgefährdung in einem angemessenen Verhältnis zum Schaden des Opfers steht und der Retter sich zur Rettung aufgefordert fühlen durfte. In solchen Fällen habe der Schädiger eine „gesteigerte Gefahrenlage“ geschaffen, die eine isolierte Betrachtung des Retters oder Nothelfers nicht mehr rechtfertige.[288]

Schließlich beschäftigt er sich mit der Frage, ob die zeitliche Verzögerung bis zum Entschluß zur Organspende dahingehend Einfluß haben kann, dass die Spende doch als isolierter Akt bezeichnet werden kann, und mit der Tatsache der vorhandenen Einwilligung als Rechtfertigungsinstrument.[289]

Der BGH ordnet die Frage der Unterbrechung der Kausalkette also keinem bestimmten Punkt, wie etwa der Adäquanztheorie zu, sondern prüft die Frage unter allen in Betracht kommenden Zurechnungsgesichtspunkten.[290]

In der Literatur werden die Problematik der Organspende und ähnlich gelagerte Fälle innerhalb der Kausalität zwar unter unterschiedlichen Aspekten behandelt, die sich aber gleichwohl in weiten Bereichen überschneiden.

So werden teilweise[291] unter dem Stichwort der mittelbaren Kausalität das Dazwischentreten Dritter und die sog. Rettungs- und Nothilfefälle behandelt, ohne die psychische Kausalität als gesonderten Punkt anzusprechen. Teilweise wer-

[286] BGHZ 101, 125 ff.

[287] BGHZ 101, 215, 220.

[288] So schon BGHZ 57, 26, 29.

[289] BGHZ 101, 215, 223 f.

[290] BGHZ 101, 215, 219 ff.

[291] So etwa MüKo/Grunsky Vor § 249 Rn. 52-64 a.

den die Herausforderungsfälle, bzw. allgemein die Schäden, die aus einem Willensentschluß des Verletzten resultieren, als Frage der psychischen Kausalität behandelt.[292] Innerhalb der psychischen Kausalität wiederum wird als maßgebliches Kriterium zum Teil auf den Schutzzweck der Norm abgestellt[293], unter dem dann die Herausforderungsfälle behandelt werden. Und schließlich wird die Problematik unter dem Gesichtspunkt der mittelbaren Kausalität und des Schutzzwecks der Norm abgehandelt, das Herausforderungskriterium aber als ungeeignete Voraussetzung angesehen, vielmehr wird nur die Frage behandelt, ob der Schädiger eine Gefahrenlage geschaffen hat, die den Verletzten zum Eingreifen veranlasst.[294]

Unabhängig von der dogmatischen Einordnung werden inhaltlich von Rechtsprechung und größtenteils in der Literatur das Vorliegen der gleichen Voraussetzungen als entscheidend angesehen.

Einheitlich ist nach Rechtsprechung und Literatur eine Haftung des Schädigers für Schäden des Dritten, die durch dessen selbständigen Willensakt entstanden sind, nicht grundsätzlich ausgeschlossen.[295] Wie oben dargestellt, wird als maßgebende Voraussetzung von der herrschenden Ansicht darauf abgestellt, ob der Schädiger durch sein schädigendes Verhalten eine besondere Gefahrenlage geschaffen hat, die das Eingreifen eines Dritten wahrscheinlich gemacht oder zumindest begünstigt hat.[296] Die Meinungen teilen sich zwar, ob das Schaffen einer solchen Gefahrenlage ausreicht, oder ob ein wirkliches „Herausfordern" des Eingreifens des Dritten für den Kausalzusammenhang notwendig ist. Dies ist jedoch nicht auf unterschiedliche dogmatische Einordnungen zurückzuführen.[297]

Die Behandlung der Problematik, bei der es inhaltlich nach allen Ansichten im wesentlichen um die gleichen Kriterien geht, unter verschiedenen dogmatischen Gesichtspunkten mag daran liegen, dass sie mehrere dieser Gesichtspunkte berührt.

---

[292] Siehe Staudinger/Medicus § 249 Rn. 62 ff; so auch Erman/Kuckuk Vor § 249 Rn. 62 ff.

[293] Palandt/Heinrichs Vorbem v § 249 Rn. 66, 67 ff.

[294] Siehe hierzu ausführlich Zimmermann, Herausforderungsformel und Haftung für fremde Willensbetätigungen nach § 823 I BGB, JZ 1980, 10 ff. m.w.N.

[295] BGHZ 57, 25, 29; 63, 189, 192; Palandt/Heinrichs Vorbem v § 249 Rn. 77; siehe auch Medicus, Bürgerliches Recht, Rn. 653 ff mit einer ausführlichen Darstellung der Rechtsprechung. Zur Entwicklung der Rechtsprechung vgl. Stoll, Handeln des Verletzten auf eigene Gefahr als Argument gegen die Haftung, FS 50 Jahre BGH, S. 223 ff

[296] BGHZ 57, 25, 29; 101, 215, 220 f; Esser-Schmidt AT § 33 II 2 c; Staudinger/Medicus § 249 Rn. 62; Soergel/Mertens Vor § 249 Rn. 138; Erman/Kuckuk Vor § 249 Rn. 68; MüKo/Grunsky Vor § 249 Rn. 57.

[297] Siehe einerseits etwa Staudinger/Medicus § 249 Rn. 62; andererseits Zimmermann, Herausforderungsformel und Haftung für fremde Willensbetätigungen nach § 823 I BGB, JZ 1980, 10 ff.

Liegt ein selbständiger Zwischenakt eines Dritten, wie hier etwa die Einwilligung vor, so befindet man sich im Bereich der mittelbaren Kausalität, da eine direkte Einwirkung des Schädigers auf die körperliche Unversehrtheit des Spenders nicht stattgefunden hat.[298] Die Frage aber, warum der Geschädigte oder Dritte den selbständigen Zwischenakt vorgenommen hat und wie er zu diesem Entschluß gekommen ist, betrifft den Bereich der psychischen Kausalität, so dass hier beide Bereiche betroffen sind.

Da also die dogmatische Einordnung des Problems schwerfällt und zudem nicht zur Prüfung unterschiedlicher Voraussetzungen und zu unterschiedlichen Ergebnissen führt, erscheint es sinnvoll, die Prüfung, wie vom BGH auch im genannten Urteil vorgenommen, im Hinblick auf das konkrete Vorliegen der Voraussetzungen unter allen in Betracht kommenden Kausalitätspunkten vorzunehmen.

Wie bereits dargestellt, wird nicht mehr in Frage gestellt, dass auch eine Haftung des Schädigers für Schäden möglich ist, die einem Dritten durch sein Eingreifen aufgrund eines selbständig gefassten Entschlusses entstehen; insbesondere wird dies für die sog. Nothilfefälle bejaht, bei denen der Dritte bei dem Versuch, einem Geschädigten aus der vom Schädiger herbeigeführten Notsituation herauszuhelfen, selbst einen Schaden erleidet.[299]

Ob der Helfer zur Hilfe verpflichtet war, ist dabei nicht entscheidend.[300]

Nicht dem Schädiger zuzurechnen sollen hingegen die Fälle sein, in denen der Verletzte (wie etwa ein Nothelfer etc.) kraft eigenen Willensentschlusses eine Unrechtshandlung begeht, seine evidente Selbstgefährdung auf spekulativen Beweggründen beruht[301] oder wenn das übernommene Risiko in keinem vernünftigen Verhältnis zur übernommenen Gefahr steht,[302] was bei letzterem für eine Ablehnung der Haftung allerdings voraussetzt, dass ein krasses Missverhältnis besteht.[303] Es soll damit eine Abgrenzung vorgenommen werden, um nicht im Sinne des Erstgeschädigten liegende oder gänzlich unvernünftige Handlungen des Dritten aus dem Haftungsbereich des Schädigers auszuklammern.

---

298 Palandt/Heinrichs Vorbem v § 249 Rn. 15, 72.

299 BGH NJW 1964, 1303; BGH VersR 1978, 183; siehe auch OLG Stuttgart NJW 1965, 112; BGHZ 101, 215; Erman/Kuckuk Vor § 249 Rn. 62; Sourlas, Adäquanztheorie und Normzwecklehre, S. 81; Medicus, Bürgerliches Recht Rn. 653 ff; ausführliche Darstellung der Rspr. Bei Staudinger/Medicus § 249 Rn. 62 ff.

300 Soergel/Mertens Vor § 249 Rn. 138.

301 Also bewußt Risiken im Hinblick auf entsprechende Erfolgschancen in Kauf nimmt, Soergel/Mertens Vor § 249 Rn. 138.

302 Erman/Kuckuk Vor § 249 Rn. 62.

303 So stehen etwa den Hinterbliebenen des Helfers keine Ansprüche aus § 844 II BGB zu, wenn dieser versuchte, aus einem brennenden Auto, das jeden Moment explodieren konnte, einen Koffer zu bergen und bei der Explosion ums Leben kam, siehe auch Lang, Normzweck und Duty of Care, S. 158.

Diese Abgrenzung, also die genannten oder ähnlich gelagerte Fälle, treffen aber auf den Spender nicht zu. Er begeht weder eine Unrechtshandlung, noch beruht sein Entschluß zur Spende auf spekulativen Beweggründen, sondern ist vielmehr altruistischer Natur. Zwar trifft er mit seiner Einwilligung gezielt die Vorbereitung zu einer Selbstschädigung, jedoch nimmt er damit eine vom Gesetz (TPG) vorgesehene Rettungshandlung vor, die zum einen nur auf diese Weise erfolgen kann und zum anderen hinsichtlich des Verhältnisses zwischen dem gefährdeten Leben des Empfängers und der eigenen Körperverletzung bereits durch die Voraussetzungen des TPG in angemessenen Grenzen gehalten wird.[304]

Ein Teil der Literatur[305] geht sogar soweit, anzunehmen, der Schaden eines Retters oder Nothelfers falle grundsätzlich in den Verantwortungsbereich des Schädigers und sei daher von diesem zu ersetzen.

Dies wiederum mag für die Fälle, in denen der Retter sofort in der Situation (z.B. des Unfalls) eingreift und handelt, sachgerecht sein, erscheint aber in Konstellationen wie bei der Organspende wiederum, wenn der Dritte also erst später hinzukommt und eine durchdachte Entscheidung – nach vorheriger Aufklärung trifft – zu undifferenziert. Der zeitliche und emotionale Abstand zum schädigenden Ereignis ist zu groß, als dass man die Entscheidung zur Hilfeleistung als selbständigen Zwischenakt des Dritten einfach übergehen könnte. Stichwort ist zunächst die sog psychisch vermittelte Kausalität, die grundsätzlich ausreichend ist für einen durchgehenden Kausalzusammenhang.[306]

Der schuldhaft handelnde Arzt wirkt zwar nicht direkt auf den Spender ein, er schafft aber durch seine Fehlbehandlung eine Schadens- oder Gefahrenlage, die eine Rettungshandlung erfordert und, wenn diese nur durch eine Organspende erfolgen kann, starken Aufforderungscharakter zum Eingreifen für den oder die Angehörigen hat. Zwar begründet nicht jede geschaffene Gefahrenlage eine Haftung des Schädigers für die daraus entstehenden Schäden. Vielmehr muss wenigstens ein Mindestmaß psychischer Einwirkung überschritten werden. Außerdem darf es sich nicht um solche Schäden handeln, die auf die eine oder andere Weise mit einem normalen Menschenleben typischerweise verbunden sind.[307]

Zudem besteht weder ein allgemeines Gebot, andere vor Selbstgefährdung zu schützen, noch ein allgemeines Verbot, sie zur Selbstgefährdung zu veranlas-

---

[304] Nach § 18 Abs. 1 S. 1 Nr. c TPG ist eine Organentnahme von lebenden Personen nur zulässig, wenn „die Person nach ärztlicher Beurteilung als Spender geeignet ist und voraussichtlich nicht über das Operationsrisiko hinaus gefährdet oder über die unmittelbaren Folgen der Entnahme hinaus gesundheitlich schwer beeinträchtigt wird".

[305] So etwa MüKo/Grunsky Vor § 249 Rn. 59.

[306] Soergel/Mertens Vor § 249 Rn. 137.

[307] Soergel/Mertens Vor § 249 Rn. 137.

sen,[308] denn im normalen Zusammenleben von Menschen ergeben sich so viele Einflüsse von außen, dass trotzdem grundsätzlich jeder selbst für seine Entscheidungen und Handlungen die Verantwortung tragen muss.[309]

Eine Lebendspende, die durch eine ärztliche Fehlbehandlung notwendig geworden ist, liegt jedoch weit außerhalb der durch das menschliche Zusammenleben typischerweise entstehenden Gefahrensituationen. Die von der h.M. (siehe oben) gezogene Grenze, dass der Schädiger dann haftbar ist, wenn er eine Gefahrenlage geschaffen hat, die das Eingreifen des Nothelfers gebietet oder zumindest verständlich macht, ist hier überschritten.

Der Arzt hat durch seine Fehlbehandlung den Gesundheitszustand des Patienten in eine Lage gebracht, die die Angehörigen in eine emotionale Zwangslage bringt. Der Angehörige, dessen Organ zur Transplantation geeignet ist, steht unter dem enormen Druck, seinen Angehörigen retten zu wollen, von dem Wissen geprägt, dass dies nur unter – der nicht ungefährlichen – Aufopferung seiner körperlichen Integrität möglich ist.

Ist eine Organspende notwendig geworden, so steht gerade keine Behandlungsalternative zur Verfügung. Stimmt der potentielle Spender trotzdem einer Transplantation nicht zu, so wird er sich i.d.R. für die weitere gesundheitliche Verschlechterung oder den Tod des Patienten mit verantwortlich fühlen, was den psychischen Druck verdeutlicht. Das Merkmal der „Herausforderung" ist bei der Lebendspende deshalb noch stärker als bei den „gewöhnlichen" Rettungsfällen, da dem Spender bewusst ist, dass ausschließlich er selbst die Rettung vornehmen kann.

Diese, schließlich im TPG auch gesetzlich vorgesehene Rettungsmöglichkeit muss daher auch zum Verantwortungsbereich des Schädigers gerechnet werden, so dass er für die Selbstschädigung, die der Spender aus höchst achtens- und billigenswerten Motiven begeht, einzustehen hat.[310]

Auch steht die Selbstschädigung des Spenders bei der Lebendspende grundsätzlich nicht in einem unvernünftigen Verhältnis zu dem medizinisch indizierten Versuch, das Leben des Patienten zu verlängern oder seinen Gesundheitszustand wesentlich zu verbessern, denn in der Regel wird der Spender zwar einen körperlichen Eingriff erleiden, aber keine gravierenden bleibenden Folgen zu tragen haben. Zudem engt das TPG durch seine in § 8 Abs. 1 Nr. 1 Buchstabe c) genannten Voraussetzungen den Kreis der potentiellen Spender auf solche

---

[308] BGH NJW 1986, 1865; siehe auch Stoll, Anm. Zu BGHZ 101, 215, JZ 1988, 153 f.

[309] BGHZ 101, 215, 220; Erman/Kuckuk Vor § 249 Rn. 77; so darf man sich etwa nicht zu rechtswidrigem Handeln herausgefordert fühlen. Fühlen sich z.B. Fußgänger von einem eiligen Passanten dazu angehalten, ebenfalls bei Rot die Ampel zu überqueren, so fällt dies grds. in ihren eigenen Verantwortungsbereich, vgl. Zimmermann, Herausforderungsformel und Haftung für fremde Willensbetätigungen, JZ 1980, 13.

[310] BGHZ 101, 220 f; Medicus, Bürgerliches Recht, Rn. 653 c; MüKo/Grunsky Vor § 249 Rn. 59; Palandt/Heinrichs Vorbem v § 249 Rn. 78; Lang, Normzweck und Duty of Care, S. 158.

ein, bei denen medizinisch kein großes Risiko zu erwarten ist. Eine Unverhältnismäßigkeit zwischen Selbstschädigung und angestrebtem Erfolg wir daher in der Regel zu verneinen sein.[311] Zudem wird man, wenn es um Fälle der Lebensrettung geht, demjenigen, der wegen schuldhafter Herausforderung der Hilfeleistung haftet, noch hohe Risiken zurechnen müssen, da er die Gefahrenlage geschaffen hat.[312]

Schließlich stellt sich noch die Frage, ob etwas anderes gelten muss, weil der Spender seine Entscheidung nicht unter dem Eindruck der akuten Notlage, sondern nach reiflicher Überlegung und medizinischer Beratung trifft, denn je mehr der Dritte Herr des Geschehens ist, um so weniger kann der Schaden dem Erstverursacher zugerechnet werden.[313]

Zwar ergibt sich für den Retter oder Nothelfer eine – dem Schädiger zurechenbare - erhöhte Gefahr häufig aus seinem eiligen Handeln, das ihm keine Zeit lässt, sein Risiko in Ruhe abzuwägen. Dies kann aber umgekehrt nicht zwingend zu dem Schluß führen, dass der Verursacher nicht mehr für Schäden des Helfers haftet, wenn dieser sein Risiko nach reiflicher Überlegung bewusst eingeht.[314] Denn stellt man weiterhin auf das Merkmal des Herausforderns oder des Schaffens einer Gefahrenlage, die den Helfer zum Eingreifen veranlasst, ab, so ändert sich daran nichts, denn der Ursachenzusammenhang zwischen der Verletzungshandlung des Schädigers und der Selbstschädigung des Retters bleibt genauso erhalten. Die zeitliche Verzögerung ändert zudem nichts an der seelischen Zwangslage des Spenders noch an seinen Motiven, vielmehr bedingt die Möglichkeit reiflicher Überlegung auch eine Zunahme des psychischen Drucks, da mit zunehmender Dauer der Abwägung auch die Konsequenzen einer Ablehnung der rettenden Spende immer deutlicher vor Augen treten, so dass alle Voraussetzungen für eine Haftung des Arztes auch bei der Lebendspende weiterhin vorliegen.[315]

Schließlich ist eine Organspende aufgrund der einzuhaltenden Voraussetzungen nur mit einer zeitlichen Verzögerung möglich und nicht in der akuten Verletzungssituation. Dieser gesetzlich vorgesehene Umstand kann aber nichts an der haftungsrechtlichen Situation ändern und erst recht nicht zu Lasten des sich opfernden Organspenders gehen.

Unter Berücksichtigung der zu ähnlich gelagerten Fällen entwickelten Recht-

---

[311] So auch schon vor Inkrafttreten der BGH in BGHZ 101, 215, 222.

[312] RGZ 29, 120 ff 123; 50, 219, 223; 164, 125 f; OLG Stuttgart NJW 1965, 112; BGHZ 50, 175; 101, 215, 219 f und dazu Anm. Giesen in: JR 1988, 199 und Anm. Stoll in: JZ 1988, 150.

[313] MüKo/Grunsky Vor § 249 Rn. 58.

[314] So verweist z.B. Zimmermann, Herausforderungsformel und Haftung für fremde Willenserklärungen, JZ 1980, 13, sehr anschaulich darauf, dass nicht einzusehen ist, warum ein spontaner Nothelfer etwa gegenüber der Bergwacht zu privilegieren sei, die nach Eingang des Notrufs erst einige Vorkehrungen und Überlegungen trifft, ehe sie mit der Rettungshandlung beginnen kann. Zur Abgrenzung siehe Staudinger/Medicus § 249 Rn. 66.

[315] So auch BGHZ 101, 215, 222 f; Giesen, Arzthaftungsrecht, Rn. 189.

sprechung und der starken psychischen Zwangslage des Spenders muss daher ein Abbruch des Zurechnungszusammenhangs trotz seines selbständigen und freiwilligen Handelns verneint werden.

dd) Rechtswidrigkeit und Verschulden

Nach § 823 I BGB ist der Schädiger nur dann zum Schadensersatz verpflichtet, wenn die Verletzungshandlung rechtswidrig bzw. widerrechtlich geschehen ist und vorsätzlich oder fahrlässig begangen wurde.

aaa) Rechtswidrigkeit

Zur Frage, wann Rechtswidrigkeit gegeben ist, bestehen unterschiedliche Auffassungen. Die früher im Schrifttum und bis heute von der Rechtsprechung vertretene Auffassung ist die sog. Lehre vom Erfolgsunrecht.[316] Diese bezeichnet ein Verhalten grundsätzlich dann als rechtswidrig, wenn es für die Verletzung der in § 823 I genannten Rechte oder Rechtsgüter ursächlich gewesen ist. Die Tatbestandsmäßigkeit indiziert also grundsätzlich die Rechtswidrigkeit,[317] es sei denn, dem Verletzer steht ein Rechtfertigungsgrund wie etwa Notwehr zur Seite.[318] Die Frage des pflicht- oder sorgfaltswidrigen Verhaltens stellt sich nach dieser Lehre erst im Rahmen der Schuld, für die Rechtswidrigkeit ist allein der Handlungserfolg maßgeblich.

Nach der Lehre vom Handlungsunrecht, die in den letzten Jahrzehnten in der Literatur einige Anerkennung gefunden hat,[319] kann eine Handlung nicht schon deshalb als rechtswidrig bezeichnet werden, weil durch sie eine Rechtsgutsverletzung verursacht worden ist. Vielmehr müsse der Handelnde außerdem die im Verkehr erforderliche Sorgfalt nicht eingehalten haben.[320] Eine Rolle spielt dies allerdings nur für fahrlässig begangene Rechtsgutsverletzungen, bei vorsätzlichem Handeln ist die erforderliche Sorgfalt nie eingehalten, so dass dort die Rechtswidrigkeit wieder allein durch den Handlungserfolg indiziert ist.[321] Die Vertreter der Lehre vom Handlungsunrecht verlegen also die Frage, ob der Schädi-

---

[316] Etwa BGHZ 43, 178 ff; Kötz, Deliktsrecht, Rn. 94 a; BGH NJW 1996, 3205 f; Deutsch, Allgemeines Haftungsrecht, Rn. 237 ff; anders noch, allerdings für den Bereich der "unvermeidbaren Schädigungen im Straßen- und Eisenbahnverkehr" BGHZ 24, 21 ff, 26.

[317] Palandt/Thomas § 823 Rn. 33.

[318] BGHZ 39, 103, 108; 95, 10, 19; 118, 201, 207; Jauernig/Teichmann § 823 Rn. 48; siehe auch Soergel/Wolf § 276 Rn. 22.

[319] Nipperdey, NJW 1957, 1777, 1779; Münzberg, Verhalten und Erfolg als Grundlagen der Rechtswidrigkeit und Haftung, S. 24 ff; Deutsch, Allgemeines Haftungsrecht, Rn. 231; Kupisch/Krüger, Grundfälle zum Recht der unerlaubten Handlungen, JuS 1980, 574, 575; Bodenburg, der ärztliche Kunstfehler als Funktionsbegriff zivilrechtlicher Dogmatik, S. 91 .

[320] Ausführlich zur Entwicklung Baur, Der Beseitigungsanspruch nach § 1004 BGB, AcP 160 (1961), 465, 468 ff m.w.N..

[321] Staudinger/Hager § 823 Rn. H 15.

ger im konkreten Fall die allgemein für jedermann geltenden Gebote zu sorgfältigem Verhalten verletzt hat, im Gegensatz zur Lehre vom Erfolgsunrecht in den Bereich der Rechtswidrigkeit.[322] Namentlich bei ärztlichen Fehlern sei auch bei einer unmittelbaren Verletzung des Körpers Rechtswidrigkeit nur zu bejahen, wenn dem Arzt ein Behandlungsfehler, also eine Pflichtwidrigkeit vorzuwerfen sei.[323]

Ausgehend von einem Behandlungsfehler, also von einer fahrlässig begangenen Verletzungshandlung sollte die auf diesem ausführlich diskutierten Meinungsstreit beruhende Unterscheidung daher für die vorliegende Problematik theoretisch relevant sein.[324]

Für den konkreten Fall der Organspende vom Lebenden ist dies trotzdem zweifelhaft. Um zu einer Haftung zu kommen, muss der Arzt nach allen Auffassungen rechtswidrig, also ohne Einwilligung des Geschädigten und zumindest fahrlässig gehandelt haben. Ob dieser Vorwurf eines Sorgfaltsverstoßes aber eher bei der Rechtswidrigkeit oder der Schuldfrage einzuordnen ist, ist für das praktische Ergebnis nicht entscheidend.[325] Wenn er nicht nachgewiesen werden kann, entfällt eine Haftung. Auf die als einziger Rechtfertigungsgrund in Betracht kommende Einwilligung, hat die dogmatische Einordnung des Sorgfaltsverstoßes aber keinen Einfluß. Diese kann deshalb im Rahmen von § 823 Abs. 1 BGB dahingestellt bleiben.

Eine Rolle spielt die dogmatische Einordnung auf den ersten Blick dagegen im Rahmen von § 831 BGB, also bei der Frage, ob und inwieweit der Krankenhausträger für das deliktische Handeln seiner Ärzte haftbar gemacht werden kann.

Nach dem Wortlaut von § 831 S. 1 BGB haftet der Geschäftsherr für eine unerlaubte Handlung des Verrichtungsgehilfen, also eine rechtswidrige Schadensherbeiführung. Auf das Verschulden des Verrichtungsgehilfen soll es zunächst nicht ankommen, so dass die Haftung des Krankenhausträgers davon abhängen könnte, ob man die Frage der objektiven Pflichtwidrigkeit innerhalb der Rechtswidrigkeit oder erst bei der Schuld prüft.

---

[322] Kötz, Deliktsrecht, Rn. 99.

[323] Staudinger/Hager § 823 Rn. H 15.

[324] Stellt sich die Frage bei einem anderen Erstverursacher, der vorsätzlich gehandelt hat, wäre die Rechtswidrigkeit nach beiden Auffassungen indiziert.

Eine vermittelnde – zunehmend vertretene - Ansicht unterscheidet schließlich zwischen unmittelbaren Eingriffen und mittelbaren Beeinträchtigungen. Bei ersteren treffe den Schädiger eine Erfolgsvermeidungspflicht, er habe das Handeln als solches zu unterlassen, weshalb Notwehr geübt werden dürfe, auch wenn den Schädiger kein Verschuldensvorwurf trifft. Bei mittelbaren Beeinträchtigungen hingegen gehe es um eine Gefahrvermeidungspflicht, weshalb den Handelnden nur dann ein Vorwurf treffe, wenn er seine Verkehrspflicht verletzt habe. Hierzu ausführlich (und befürwortend) Staudinger/Hager § 823 Rn. H 16 m.w.N.; ders. In FS für Wolf, S. 133 ff, 136; Stoll, Unrechtstypen bei Verletzung absoluter Rechte, AcP 162 (1963), S. 212 ff; vgl. inzwischen auch BGHZ 74, 9 ff.

[325] Siehe Kötz, Deliktsrecht, Rn. 99.

Nach Rechtsprechung und h.M. haftet der Geschäftsherr dem Geschädigten trotz rechtswidriger Schadensherbeiführung durch den Verrichtungsgehilfen unter dem Aspekt des Schutzzwecks der Norm allerdings nicht, wenn dieser objektiv fehlerfrei gehandelt hat, d.h., wenn er sich so verhalten hat, wie jede mit Sorgfalt ausgewählte und überwachte Person sich sachgerecht und vernünftig verhalten hätte.[326]

Über den Schutzzweck der Norm wird also auch hier wieder das Kriterium der objektiven Pflichtwidrigkeit herangezogen, so dass im Ergebnis durch die dogmatische Einordnung des Sorgfaltsverstoßes materiell kein Unterschied besteht.[327]

In der dargestellten "Nieren-Entscheidung" des BGH[328] hatte der Arzt fahrlässig nicht erkannt, dass das Mädchen nur eine Niere besaß und diese entfernt, obwohl sie noch hätte gerettet werden können. Der BGH nahm daher das außer Acht lassen der lege artis gebotenen Sorgfalt an und bejahte daher ein schuldhaftes, oder neutral formuliert, sorgfaltswidriges Handeln.

Wenn ein Arzt durch einen Behandlungsfehler eine Transplantation fahrlässig herausgefordert hat, so bleibt als einzige Möglichkeit, die Haftung für die Schäden des Organspenders abzulehnen, ein Rechtfertigungsgrund, der in dieser Konstellation grds. nur in der vom Spender gegebenen Einwilligung in die Organentnahme liegen kann.

Der Spender willigt, entsprechend den Vorschriften des TPG, ausdrücklich und schriftlich in die Organentnahme ein, nachdem er über mögliche Risiken und Folgen aufgeklärt und ihm im Idealfall Zeit gegeben wurde, darüber nachzudenken, ob er bereit ist, diese Risiken einzugehen. Er befindet sich zwar in einer emotionalen Zwangslage,[329] mit deren Bestehen an sich er nicht einverstanden ist, die Einwilligung in die Organentnahme gibt er aber bewußt, zielgerichtet, mit dem von ihm gewünschten Inhalt ab und ohne äußerlich erkennbaren Zwang.

Hinsichtlich der Behandlung seiner emotionalen Zwangslage besteht hier ein Unterschied zu den bei der Kausalität maßgebenden Kriterien. Dort ging es um die Frage der Verantwortlichkeit des Schädigers trotz nur mittelbarer Einwirkung auf den Spender in Form psychischen Zwangs.[330]

Bei der rechtfertigenden Einwilligung hingegen geht es um die Frage, ob der Spender trotz seiner Zwangslage fähig ist, eine rechtlich relevante Entscheidung zu treffen oder ob eine solche von vornherein als unwirksam anzusehen ist.

---

326 BGH VersR 1975, 447; BGH NJW-RR 1988, 38; Palandt/Thomas § 831 Rn. 11.

327 Kritisch zur von der h.M. vertretenen Konstruktion Larenz/Canaris, Lehrbuch des Schuldrechts, Band II/2 (Bes. Teil), S. 479.

328 BGHZ 101, 215, 2..

329 Vgl. hierzu die obigen Ausführungen zur Kausalität.

330 Siehe Teil 2, A.III.5.b).bb).

Trotz des ihn belastenden emotionalen Drucks hat der Spender aber noch die Entscheidungsmöglichkeit und ist im Moment der Einwilligung in der Lage, seinen wahren Willen zum Ausdruck zu bringen.[331]

Diesen verwirklicht er mit seiner Erklärung, denn er will ja wirksam in die Organentnahme einwilligen, da er nur so überhaupt Hilfe leisten kann. Würde man ihm also an dieser Stelle die Fähigkeit, eine wirksame Einwilligung abzugeben, aberkennen, würde man nicht zugunsten des Spenders als Opfer, sondern gegen seinen Willen und seine Zielsetzung entscheiden. Zudem würde dies dem Zweck des Transplantationsgesetzes widersprechen, das durch die strengen Anforderungen an die Einwilligungserklärung bereits versucht, der emotionalen Stresssituation, in der sich jeder Lebendspender befindet, durch sorgfältige Aufklärung etc. Rechnung zu tragen.[332] Die Entscheidung, ein Stück seiner körperlichen Integrität zugunsten einer sehr nahestehenden Person aufzugeben, bringt immer Unsicherheiten und Ängste mit sich, es ist aber für die Entscheidung zur Organspende gerade charakteristisch, dass sie mit dieser schwierigen Lage einhergeht, deshalb wäre es widersinnig, gerade mit dieser Situation die Unwirksamkeit der Einwilligung zu begründen, so dass grundsätzlich eine wirksame Einwilligung anzunehmen ist.

Ausgehend von einer solchen, stellt sich dann allerdings die Frage, welchen Inhalt und welche Reichweite die Einwilligung exakt hat und welchen Personen gegenüber sie Wirkung entfaltet.

Da die rechtfertigende Einwilligung einem Verletzungstatbestand die indizierte Rechtswidrigkeit nehmen soll, muss sie eindeutig und bestimmt sein.[333] Insbesondere muss in Fällen wie der Organspende definiert werden, was alles von der Einwilligung des Spenders umfasst sein soll.

Zur Beantwortung dieser Frage wird von der Rechtsprechung (und selbst von denjenigen, die die Einwilligung weder als Rechtsgeschäft, noch als geschäftsähnliche Handlung ansehen[334]) auf die direkte oder analoge Anwendung von §§ 133, 157 BGB zurückgegriffen mit der Folge, dass die Einwilligung nach dem Willen des Erklärenden auszulegen ist.[335] Legt man dies zugrunde, ist also auch bei dem Lebendspender nicht nur auf seine schriftliche, inhaltlich dem TPG entsprechende Einwilligungserklärung zu schauen, sondern auch danach zu fragen, was exakt sein Ziel ist und was er durch diesen erklärten Verzicht auf seine kör-

---

331 Zu diesem Thema auch schon Kohlhaas, Rechtsfragen zur Transplantation von Körperorganen, NJW 1967, 1490.

332 Vgl. § 8 Abs. 1 u. 2 TPG

333 Kohte, Die rechtfertigende Einwilligung, AcP 185 (1985), S. 124 f.

334 Vgl. Kohte, die rechtfertigende Einwilligung, AcP 185 (1985), S. 125.

335 So kann sich z.B. hinsichtlich des Rechts am eigenen Bild die Einwilligung nur auf eine Veröffentlichung im redaktionellen Teil, nicht aber im Werbeteil beschränken, vgl. BGHZ 20, 345, 348; OLG Stuttgart NJW 1982, 652; für den medizinrechtlichen Bereich vgl. BGH NJW 1980, 1903 f; OLG Karlsruhe VersR 1979, 58.

perliche Unversehrtheit gestatten möchte und wen er als Folge dessen aus dem rechtswidrigen Bereich „entläßt".

Der Spender willigt in die Organentnahme ein mit dem Hauptziel, dem Empfänger, also einer ihm nahestehenden Person, Hilfe zu leisten, was er ohne eine wirksame Einwilligung nicht tun kann, sie ist eine der Hauptvoraussetzungen für eine Organentnahme vom Lebenden.[336] Mit diesem Ziel einher geht der Wille, dass die Transplantation für alle Beteiligten, also den Spender selbst, den Organempfänger und das Transplantationsteam, ordnungsgemäß und rechtmäßig vonstatten geht, denn nur eine den gesetzlichen Vorschriften entsprechende Spende werden die transplantierenden Ärzte durchführen; der Spender will also gerade, dass diese Ärzte ihm sein Organ entnehmen. Die Spende ist die von ihm gewollte Maßnahme zur Begrenzung des Schadens des Angehörigen, die er in der besonderen Konstellation der Organspende nicht selbst vornehmen, sondern nur durch ein Ärzteteam verwirklichen kann.

Die Einwilligung macht daher die Entnahme jedenfalls den transplantierenden Ärzten gegenüber rechtmäßig.[337]

Es liegt jedoch nicht in der Absicht des Spenders, durch seine Einwilligung den verursachenden Arzt aus seiner Haftung zu entlassen. Zwar trifft er die für seine Hilfeleistung notwendige Entscheidung, es ist aber fernliegend, anzunehmen, dass er damit grundsätzlich in die durch die Körperverletzung des Organempfängers geschaffene Gefahrenlage und seelische Zwangslage einwilligt, in die ihn der den Angehörigen behandelnden Arzt gebracht hat und die haftungsrechtlicher Anknüpfungspunkt für diesen ist.

Zwar besteht bei der Lebendspende ein Unterschied zu den typischen Rettungs- und Nothilfefällen, bei denen der Retter spontan handelt, ohne vorher besondere Risikoabwägungen anzustellen. Dort lässt sich einleuchtend begründen, dass in dem spontanen Entschluß zum Eingreifen keine rechtfertigende Einwilligung zugunsten des Schädigers liegt. Das Bestreben des Retters liegt einzig in der Hilfeleistung, nicht aber darin, den Schädiger in irgend einer Weise zu entlasten. Zudem würde man die Bejahung der Kausalität ad absurdum führen, wenn man jeden aufgrund psychischer Kausalität getroffenen Handlungsentschluß als rechtfertigende Einwilligung ansehen würde.[338]

Der Organspender hat demgegenüber Zeit, über seinen Entschluß zur Hilfeleistung nachzudenken, wird sogar über sämtliche Risiken aufgeklärt, so dass man sagen könnte, er müsse sich der Konsequenzen seiner Einwilligung deutlicher bewußt sein.

---

336 Vgl. § 8 Abs. 1 Nr. 1 b) TPG.

337 Vgl. auch Edelmann, Ausgewählte Probleme bei der Organspende unter Lebenden, VersR 1999, 1068.

338 Daher wird in den meisten Fällen die Frage einer in dem Entschluß liegenden Einwilligung des Retters überhaupt nicht mehr angesprochen, vgl. etwa BGH NJW 1965, 112 ff.

Diese zeitliche Verzögerung ändert aber weder am Bestreben oder der Zielsetzung des Spenders, nämlich einzig und alleine den Empfänger zu retten, noch an seiner seelischen Zwangslage etwas und rechtfertigt daher keine abweichende Behandlung. Er gibt seine Einwilligung nicht, um den Behandlungsfehler des den Angehörigen behandelnden Arztes und seine Folgen zu rechtfertigen oder erlauben, sondern um überhaupt und in rechtmäßiger Weise spenden zu können, was bei einer Organspende nur durch einen ärztlichen Eingriff in seinen Körper möglich ist.

Die Auslegung der nach dem TPG erforderlichen Einwilligung in die Organentnahme führt also nicht zu einer Enthaftung des Arztes, der den Behandlungsfehler begangen hat, sein Verhalten bleibt rechtswidrig.[339]

bbb) Verschulden

Das für die deliktsrechtliche Haftung schließlich noch erforderliche Verschulden umfaßt Vorsatz und Fahrlässigkeit, wobei im medizinischen Bereich allerdings praktisch nur die Fahrlässigkeit relevant wird.[340]

§ 276 Abs. 1 S. 2 BGB definiert Fahrlässigkeit als das außer Acht lassen der im Verkehr erforderlichen Sorgfalt, ohne diese jedoch näher zu bestimmen, so dass der Begriff auslegungsbedürftig ist. Zu beachten ist dabei jedoch das Merkmal der "erforderlichen Sorgfalt", die Beachtung der üblichen oder gewöhnlichen Sorgfalt reicht für § 276 Abs. 1 BGB nicht aus, so dass eine Berufung auf übliche Verhaltensweisen oder Unsitten keinen die Fahrlässigkeit ausschließenden Entschuldigungsgrund darstellt.[341]

Nach der h.M. bestimmt sich der Maßstab, nach welchem sich die Bejahung des sorgfaltswidrigen Verhaltens richtet, im Grundsatz nach objektiv abstrakten, typisierenden Kriterien.[342] Danach ist aus Gründen des Vertrauensschutzes im Rechtsverkehr entscheidend, wie sich ein normaler, ordentlicher und gewissenhafter Mensch in der betreffenden Lage, also unter den gleichen Umständen, verhalten hätte.

Dieser objektive Fahrlässigkeitsbegriff ist allerdings, gerade weil die Objektivierung dem Verkehrsschutz dient, nicht dahingehend konsequent durchzuhalten, dass für jede Person in einer bestimmten Situation die gleichen Sorgfaltskriterien gelten. So können die Zugehörigkeit zu einem bestimmten Lebens- oder Ver-

---

[339] So auch BGHZ 101, 215, 224; Urbansky v. Patel, 1978, 84 D.L.R. 3 d, 650 (Manitoba Queens-Bench); Deutsch, Medizinrecht, Rn. 520.

[340] Zu den seltenen Ausnahmen siehe Deutsch, Medizinrecht, Rn. 179.

[341] Im medizinischen Bereich siehe etwa BGHZ 89, 263, 271; zur Abgrenzung zwischen der im Verkehr erforderlichen und der im Verkehr üblichen Sorgfalt siehe Hatzel, Die deliktsrechtliche Haftung für ärztliches Fehlverhalten im Diagnosebereich, S. 49 f.

[342] BGHZ 24, 21, 27; 80, 186, 193; 106, 323, 329 f; 113; 303; Palandt/Heinrichs § 276 Rn. 15; Soergel/Wolf § 276 Rn. 75 f; Erman/Battes § 276 Rn. 19.

kehrskreis oder etwa besondere Kenntnisse und Fähigkeiten unter Umständen eine besondere, über dem sonst als verkehrswesentlich angesehenen Maß liegende Sorgfaltspflicht begründen, weil dies von der bestreffenden Person zu erwarten ist. Insbesondere gilt dies auch für die Zugehörigkeit zu bestimmten Berufsgruppen.[343] Daher ist die ursprüngliche Auslegung dahingehend zu modifizieren, dass es darauf ankommt, was von einem, den durchschnittlichen Anforderungen des jeweiligen Verkehrskreises entsprechenden Angehörigen in der jeweiligen Situation erwartet werden kann. Nicht entscheidend ist im Zivilrecht, ob der Schädiger nach seinen individuellen Fähigkeiten und Kenntnissen in der Lage ist, den somit objektiv gebotenen Sorgfaltsmaßstab einzuhalten.[344]

So schuldet auch der Arzt nicht nur die für den Laien erforderliche, sondern die berufsfachlich gebotene Sorgfalt, also das, was „im medizinischen Verkehr" erwartet wird. Mangelnde fachliche Kenntnis oder eine üblicherweise weniger sorgfältige Behandlungsweise entschuldigen ihn nicht,[345] bei nicht ausreichender fachlicher Kenntnis muss der Arzt einen erfahreneren Kollegen hinzuziehen.[346] Bestehen unterschiedliche Ansichten über Nutzen und Gefahren der medizinischen Maßnahmen, so muss sich der Arzt, um seiner Sorgfaltspflicht zu genügen, grds. für die vorsichtigere entscheiden.[347] Auf der anderen Seite führt die Einhaltung der für eine jeweilige Berufsgruppe geltenden Vorschriften, also etwa der geltende medizinische Standard, regelmäßig zu einer Ablehnung des Fahrlässigkeitsvorwurfs.[348]

Verwirrend in diesem Zusammenhang können einige Begriffe sein, da sie teilweise mit unterschiedlicher Bedeutung auftauchen, teilweise auch übergreifend verwendet werden. Zum einen der des Behandlungsfehlers, der praktisch häufig gleichbedeutend ist mit einem ärztlichen Sorgfaltsverstoß, wie das Merkmal der Fahrlässigkeit ihn erfordert, denn als Behandlungsfehler ist nach h.M. ein Verstoß gegen den medizinischen Standard, also gegen die nach Stand der ärztlichen Wissenschaft einzuhaltenden Pflichten anzusehen. Auch das Nichteinhalten der erforderlichen Sorgfalt ist ein Verstoß gegen die vom Arzt zu erwartenden Pflichten, was dazu führt, dass das Vorliegen eines Behandlungsfehlers und eines Sorgfaltsverstoßes teilweise einheitlich behandelt wird.[349]

Dennoch kann der Behandlungsfehler nicht generell mit dem im Rahmen des Verschuldens zu prüfenden Sorgfaltsverstoßes gleichgesetzt werden, weshalb

---

[343] Palandt/Heinrichs § 276 Rn. 16 ff; Soergel/Wolf § 276 Rn. 77 f.

[344] Bodenburg, Der ärztliche Kunstfehler, S. 116.

[345] Laufs, Arztrecht, Rn. 470, 473 bezeichnet dies als sog. Prinzip der Gruppenfahrlässigkeit; Soergel/Wolf § 276 Rn. 81.

[346] BGH NJW 1984, 655 ff; OLG Hamm, VersR 1983, 883.

[347] OLG Köln, VersR 1990, 856. Dies hindert ihn aber nicht grundsätzlich daran, in ungewöhnlichen Situationen neue, noch nicht erprobte Wege zu gehen, Erman/Battes § 276 Rn. 35.

[348] Soergel/Wolf § 276 Rn. 84.

[349] Siehe etwa Giesen, Arzthaftungsrecht, Rn. 104 ff.

es sinnvoll erscheint, an dieser Stelle genauer auf den Begriff des Behandlungsfehlers einzugehen.

(1) Die Abgrenzung von Behandlungsfehler und Sorgfaltsverstoß

Fraglich ist zum einen nun, wie ein solcher Behandlungsfehler zu definieren ist und warum er im arztrechtlichen Bereich unmittelbar im Zusammenhang mit der Fahrlässigkeit besprochen werden sollte,

Zur Erläuterung ist von Behandlungsverträgen auszugehen, bei welchen haftungsrechtlicher Anknüpfungspunkt, also die Vertragsverletzung, nicht schon allein der schlechte Ausgang der Behandlung ist, denn der Arzt schuldet nicht den Erfolg der Leistung, eine Heilung oder Besserung kann nicht stets erwartet werden.[350] Er schuldet vielmehr eine Behandlung lege artis, also nach den Regeln und dem Stand der medizinischen Wissenschaft. Anknüpfungspunkt ist beim Behandlungsvertrag also ein Sorgfaltsverstoß des Arztes, der normalerweise erst im Rahmen des Verschuldens eine Rolle spielt.

Ausschlaggebend für das Maß an Sorgfalt, das der Arzt an den Tag zu legen hat, ist dabei der Stand der medizinischen Erkenntnis zum Zeitpunkt der konkreten Behandlung.[351] Damit orientiert sich die Frage, ob die im Verkehr erforderliche Sorgfalt eingehalten wurde, inhaltlich an einem medizinischen, nicht juristischen Maßstab.[352] Das rechtlich Erforderliche wird also prinzipiell durch das medizinisch Erforderliche festgelegt.[353]

Was nun genau der medizinische Standard ist, ist allerdings nicht ganz einfach zu bestimmen. Eine im wesentlichen der medizinischen Literatur und den Stellungnahmen der ärztlichen Selbstverwaltungsorgane entsprechende Definition lautet daher etwa:

[350]Zum Begriff des Behandlungsfehlers siehe Deutsch, Medizinrecht, Rn. 172.

[351]BGHZ 114, 284, 293 ff; Giesen, Arzthaftungsrecht, Rn. 73; Laufs, Arztrecht, Rn. 470 ff; Stieglitz, Die wrongful birth und wrongful life Problematik im deutschen Deliktsrecht, S. 68 f, 88 ff.

[352]Deutsch, Medizinrecht Rn. 177; BGH MedR 1995, S. 276; dagegen Giesen, Arzthaftungsrecht Rn. 107 ff., der diese Aussage für bedenklich hält und ausführt, die Frage, ob der Arzt einen Behandlungsfehler begangen oder eine ärztliche Sorgfaltspflicht verletzt hat, sei nicht nur eine medizinische nach Art und Umfang ärztlicher Kunst, sondern eine Frage nach dem Maßstab, der für die Erfüllung der Pflichten aus dem Behandlungsvertrag einzuhalten ist, also auch und vor allem eine Rechtsfrage. M.E. liegt in den beiden Aussagen kein zwingender Widerspruch, sie müssen vielmehr nur miteinander verknüpft werden: Zwar kann die Beantwortung der Frage vertraglicher Haftung nur von dem juristischen Kriterium der schuldhaften Vertragsverletzung abhängen, wann jedoch eine solche vorliegt, kann sich nur nach dem Vertragsinhalt richten, der wiederum vom Stand der medizinischen Wissenschaft und Technik und damit von einem medizinischen Maßstab abhängt.

[353]Steffen/Dressler, Arzthaftungsrecht – Neue Entwicklungslinien der BGH-Rechtsprechung, 7. Aufl. 1997, Rn. 150 f.

Standardgemäß ist ein allgemein im Hinblick auf eine Erkrankung beschriebenes ärztliches Handeln, das nach medizinisch-wissenschaftlicher Erkenntnis und/oder ärztlicher Erfahrung innerhalb der Profession akzeptiert ist.[354]

Ein Behandlungsfehler liegt also erst vor, wenn der Arzt vom Standard der medizinischen Wissenschaft zu Lasten des Patienten abweicht. Nur ein solcher Behandlungsfehler oder ein sonstiger Verstoß gegen ärztliche Sorgfaltspflichten kann zum vertraglichen Haftungsgrund werden.[355]

Auch wenn sowohl der Behandlungsfehler als auch der Sorgfaltsverstoß im Rahmen der Fahrlässigkeit auf der selben Grundlage, nämlich dem Verstoß gegen die durch den Stand der medizinischen Wissenschaft festgelegten Sorgfaltskriterien, beruhen, so indiziert ein Behandlungsfehler nicht automatisch auch die schuldhafte Begehung. Zwar wird dies in der Regel der Fall sein, es sind jedoch durchaus Fälle möglich, bei denen es trotz Vorliegen eines Behandlungsfehlers an der persönlichen Vorwerfbarkeit fehlt, so dass die Frage der Fahrlässigkeit auch bei Bejahung eines Behandlungsfehlers gesondert betrachtet werden muss.[356]

Bei der Prüfung eines Anspruchs aus § 823 Abs. 1 BGB ist, im Rahmen der Verschuldensfrage, die Frage des Vorliegens eines Behandlungsfehlers nicht relevant, denn bei deliktsrechtlichen Ansprüchen spielt die Definition des Behandlungsfehlers grundsätzlich keine Rolle. Im Gegensatz zum Behandlungsvertrag ist hier nicht entscheidend, was der Arzt geschuldet hat, sondern nur, ob ein Rechtsgut des Patienten geschädigt wurde.

Bei der Prüfung der Fahrlässigkeit ist dann ausschließlich zu klären, ob diese Rechtsgutsverletzung auf einem durch den Arzt begangenen Sorgfaltsverstoß beruht. Dass dieser in der Regel mit dem Vorliegen eines Behandlungsfehlers unter arztvertragsrechtlichen Gesichtspunkten einher geht, hat keinen Einfluß auf die deliktsrechtliche Prüfung.

---

[354] Vgl. Qualitätssicherung und Qualitätsverbesserung in der Medizin – Grundlagen einer bedarfsgerechten Gesundheitsversorgung, Gemeinsame Bestandsaufnahme der Bundesärztekammer und der Kassenärztlichen Bundesvereinigung über die Aktivitäten der Spitzenorganisationen der ärztlichen Selbstverwaltung auf dem Gebiet der Qualitätssicherung in der Medizin, 1996; Hart, Grundlagen des Arzthaftungsrechts: Pflichtengefüge, Jura 2000, 64 m.w.N.; zu den verstärkt in Erscheinung tretenden ärztlichen Leitlinien und ihren Auswirkungen auf den maßgeblichen Behandlungsstandard und damit auf die ärztliche Haftung siehe Dressler, Ärztliche Leitlinien und Arzthaftung, FS für Karlmann Geiss, S. 380 ff. Für die Organtransplantation stellt das TPG in § 16 Abs. letzter Satz die Vermutung auf, dass diese eingehalten sind, wenn die Richtlinien der Bundesärztekammer beachtet wurden.

[355] OLG Stuttgart, VersR 1988, S. 1137; OLG Düsseldorf, VersR 1988, S. 1298; Laufs/Uhlenbruck, Handbuch des Arztrechts § 97 Rn. 4; früher schon zu diesem Thema Bodenburg, Der ärztliche Kunstfehler als Funktionsbegriff zivilrechtlicher Dogmatik, 1983.

[356] Ausführlich und mit Beispielen zur Nichtübereinstimmung von Behandlungsfehler und Sorgfaltsverstoß Laufs, Arztrecht, Rn. 469 und 497; Erman/Battes § 276 Rn. 30; Schramm, Der Schutzbereich der Norm im Arzthaftungsrecht, S. 93.

In Literatur und Rechtsprechung werden verschiedene Theorien zur Definition der Fahrlässigkeit vertreten,[357] die in unterschiedlicher Form auf subjektive oder objektiv typisierende Kriterien eingehen und damit häufig unterscheiden zwischen Verletzung der sog. inneren und äußeren Sorgfalt, deren Vorliegen teilweise kumulativ, teilweise alternativ verlangt wird.[358] Eine Unterscheidung, deren Berechtigung nicht grundsätzlich von der Hand zu weisen ist, da es bei der Verschuldensfrage einerseits um die individuelle Vorwerfbarkeit, also die Möglichkeit der Vorhersehbarkeit und Vermeidbarkeit geht, andererseits nach allg. Ansicht die Auslegung der in § 276 Abs. 1 S. 2 BGB geforderten „im Verkehr erforderlichen Sorgfalt" ergibt, dass der Sorgfaltsverstoß anhand objektivierter typisierender Kriterien zu beurteilen ist,[359] so dass die Fahrlässigkeit sowohl innere als auch „äußere" Komponenten beinhaltet.[360]

Die äußere Sorgfalt soll sich danach auf das sachgemäße Verhalten beziehen, wobei „sachgemäß" ein Verhalten dann sei, „wenn entweder das von der tatbestandlichen Verhaltensnorm verlangte Verhalten gesetzt wird oder der für das Rechtsgut erforderliche Umgang mit der Gefahr erfolgt"[361].

Diese Formulierung beschreibt zwar das gesetzlich geforderte Verhalten, die Bezeichnung als äußere Sorgfalt ist aber missverständlich und kann als einzige Voraussetzung nicht genügen, denn der Sorgfaltsbegriff im Zivilrecht beinhaltet immer auch ein inneres Verhalten. Äußere und innere Sorgfalt korrespondieren miteinander, denn eine Sorgfaltspflichtverletzung beinhaltet immer den Vorwurf der inneren Einstellung, die sich dann in dem äußeren Verhalten manifestiert.[362]

Andererseits wird, im Gegensatz zum Strafrecht, wo es ausschließlich auf die individuellen Fähigkeiten des Täters ankommt, dem Schädiger im Zivilrecht der „individuelle" Vorwurf gemacht, dass er nicht die gleiche Sorgfalt eingehalten habe, wie eine zu seiner Personengruppe gehörende Person mit für diese Gruppe typischen durchschnittlichen Fähigkeiten und Kenntnissen, für die die Schädigung vorhersehbar und vermeidbar war.[363]

Der zivilrechtliche Vorwurf des Sorgfaltsverstoßes beinhaltet also beide Komponenten, er ist nicht trennbar. Der objektive Teil ist ohne den inneren nicht möglich, andererseits wird der innere anhand objektivierter Kriterien gemessen.

Die terminologische Unterscheidung in innere und äußere Sorgfalt ergibt nur dann Sinn, wenn man von der im Rahmen der Rechtswidrigkeit oben[364] darge-

---

[357] Schramm, Der Schutzbereich der Norm im Arzthaftungsrecht, S. 85 ff.

[358] Vgl. ausführlich Deutsch, Allgemeines Haftungsrecht, Rn. 385 ff; Schramm, Der Schutzbereich der Norm im Arzthaftungsrecht, S. 86 ff.

[359] Kupisch, Deliktsrecht, S. 43 ff; RGZ 102, 50; BGH NJW 1961, 600.

[360] Larenz, Lehrbuch des Schuldrechts, Band I, § 20 IV.

[361] Deutsch, Allgemeines Haftungsrecht, Rn. 385.

[362] Larenz, Lehrbuch des Schuldrechts, Band I, § 20 IV.

[363] Kupisch, Deliktsrecht, S. 46 f.

[364] Siehe Teil 2, A.III.5.b).dd).aaa).

stellten Lehre vom Handlungsunrecht ausgeht, die als Voraussetzung für die Annahme einer rechtswidrigen Handlung die „Nichteinhaltung der äußerlich gebotenen Sorgfalt" verlangt, bringt aber gleichzeitig Abgrenzungsschwierigkeiten. Wenn die äußere Sorgfalt immer auch die innere beinhaltet, die äußere aber gleichzeitig ein Bestandteil der Rechtswidrigkeit ist, so verschwimmen die Grenzen zwischen Rechtswidrigkeit und Verschulden, das eine würde das andere bedingen.

Es erscheint der Verständlichkeit wegen daher sinnvoller, im Rahmen der Fahrlässigkeit nur von einem Sorgfaltsverstoß zu sprechen, der durch die oben genannten Kriterien subjektive und objektive Elemente enthält.[365]

Stellt sich die Frage der Fahrlässigkeit des behandelnden Arztes, ist also durch einen Vergleich mit einem vernünftigen und verständigen nach dem medizinischen Standard handelnden Arzt in der gleichen Situation zu prüfen, ob der Arzt vorwerfbar gegen den medizinischen Standard und damit oder in anderer Weise gegen seine ärztlichen Sorgfaltspflichten verstoßen hat. Ist dies der Fall, muss eine Haftung des Arztes gegenüber dem Spender aus unerlaubter Handlung bejaht werden. Da sich die Organspende inzwischen zu einer verbreiteten Behandlungsmethode entwickelt hat, kann der Schaden des Spenders auch nicht mehr wegen mangelnder Vorhersehbarkeit solcher Folgen aus der Haftung herausgenommen werden.

Ein bestimmter Grad von Fahrlässigkeit ist dabei nicht erforderlich, der Arzt haftet bereits bei leichter Fahrlässigkeit.[366]

Unter Berücksichtigung all dieser Ausführungen, muss man daher zu dem Ergebnis kommen, dass der Arzt bei einem eine Transplantation herausfordernden fahrlässig begangenem ärztlichen Fehler bei der Behandlung, also einer im Sinne von § 823 Abs. 1 BGB rechtswidrigen und schuldhaften Verletzungshandlung, auch den dem Lebendspender entstehenden Schaden zu ersetzen hat.[367] Inhalt und Umfang des Schadensersatzanspruches bemessen sich dabei nach den Grundsätzen der §§ 249 ff BGB.

c) Zusammenfassung

Begeht der Arzt bei der Behandlung des Patienten einen fahrlässigen, also schuldhaften Fehler, der eine Lebendspende zur Folge hat, so haftet er dem Spender für dessen Schaden aus § 823 Abs. 1 BGB.

---

[365] Larenz, Lehrbuch des Schuldrechts, Band I, § 20 IV; anders insoweit Kupisch, Deliktsrecht, S. 47 f.

[366] Vgl. Palandt/Thomas Rn. 66 ff; Laufs/Uhlenbruck, Handbuch des Arztrechts, § 99 Rn. 7.

[367] So im Ergebnis auch die h.M., siehe Deutsch, Medizinrecht, Rn. 520; Giesen, Arzthaftungsrecht, Rn. 189; Medicus, Bürgerliches Recht, Rn. 653 c; MüKo/Grunsky Vor § 249 Rn. 59; Erman/Kuckuk Vor § 249 Rn. 62; BGHZ 101, 215 ff; Urbansky v. Patel, 1978, 84 D.L.R. 3 d, 650 (Manitoba Queens Bench); siehe auch Schreiber/Wolfslast, Ein Entwurf für ein Transplantationsgesetz, MedR 1992, 149.

Die Organspende als Behandlungsmethode ist heutzutage eine gängige, allgemein anerkannte Heilungsmaßnahme, so dass sie keine inadäquate Folge eines solchen Fehlers darstellt. Auch der freiwillige Entschluß zur Spende unterbricht die Kausalkette nicht, da der Arzt den Spender in die psychische Zwangslage gebracht hat, seinem Angehörigen helfen zu müssen, der Arzt hat diesen Entschluß herausgefordert. Die schriftliche Einwilligung des Spenders stellt gegenüber dem verursachenden Arzt schließlich auch keinen Rechtfertigungsgrund dar. Die Einwilligung ist notwendige Voraussetzung zur Spende und kein Einverständnis in die Gefahrenlage, in die der Arzt den Spender gebracht hat.

6. Anspruch auf Schmerzensgeld wegen Körperverletzung

Für den im deutschen Recht geltenden Grundsatz, dass Nichtvermögensschäden nicht in Geld zu ersetzen sind, macht § 847 Abs. 1 BGB u. a. für den Fall der Körper- oder Gesundheitsverletzung durch eine unerlaubte Handlung eine Ausnahme.[368] Danach kann der Geschädigte für den Schaden, „der nicht Vermögensschaden ist", eine billige Entschädigung in Geld verlangen.

§ 847 BGB dient seinem Wesen nach zwei Funktionen[369], der sog. Ausgleichs- und der Genugtuungsfunktion. Vorrangig ist er auf den Ausgleich von Schäden des Verletzten gerichtet, der durch das Schmerzensgeld in die Lage versetzt werden soll, sich Erleichterungen und Annehmlichkeiten an Stelle derer zu verschaffen, deren Genuß ihm durch die Verletzung unmöglich gemacht wurde. Außerdem soll es dem Geschädigten in gewissen Fällen Genugtuung für das verschaffen, was ihm der Schädiger angetan hat, was insbesondere bei vorsätzlichen Handlungen eine Rolle spielt.[370]

a) Voraussetzungen von § 847 Abs. 1 BGB

Die Voraussetzungen für einen Anspruch aus § 847 Abs. 1 BGB beinhalten zunächst eine Verletzung des Körpers, der Gesundheit oder des Freiheitsrechts als Folge einer unerlaubten Handlung.[371] Diese muss einen Nichtvermögensschaden zur Folge haben, also nachteilige Folgen für die körperliche oder seelische Verfassung des Geschädigten, worunter auch der sog. Gefühlsschaden

---

[368] Palandt/Thomas § 847 Rn. 1.

[369] BGHZ 18, 149.

[370] Palandt/Thomas § 847 Rn. 4; Jauernig/Teichmann § 847 Rn. 1.

[371] Zudem wird in st. Rechtsprechung des BGH (seit BGHZ 26, 349, Herrenreiter-Fall) Schmerzensgeld in analoger Anwendung des § 847 BGB auch wegen Verletzung des allgemeinen Persönlichkeitsrechts gewährt, was nach BVerfGE 34, 269 als anerkanntes Richterrecht anzusehen ist, in der Literatur aber auf Kritik stößt, siehe etwa Bötticher, AcP 158, 358, 401; Canaris, Gewinnabschöpfung bei Verletzung des allgemeinen Persönlichkeitsrechts, FS für Deutsch, S. 102, 104.

fällt.[372] Hierzu zählen etwa Schmerzen, Kummer, Sorgen, die Schmälerung der Lebensfreude oder eine Wesensänderung. Die psychischen Schäden müssen sich allerdings als adäquate Folge einer Körperverletzung oder diagnostizierten Gesundheitsbeschädigung darstellen.[373]

Rechtsfolge ist eine billige Entschädigung in Geld, deren Höhe gem. § 287 ZPO nach richterlichem Ermessen zu bestimmen ist. Für die Bemessung kommt es in erster Linie auf das Maß der körperlichen Schmerzen und des psychischen Leids an, das dem Verletzten zugefügt wurde. Der Richter muss versuchen, eine angemessene Beziehung zwischen der Entschädigung und der Art der Dauer der Verletzung unter Berücksichtigung aller für die Höhe maßgeblichen Umstände – also auch der anspruchsmindernden - herzustellen. Es ist innerhalb objektivierender Kriterien zu fragen, wie sich die Verletzung individuell auswirkt.[374]

In der Praxis werden zur Entlastung des individuellen Abwägungsvorganges Schmerzensgeldtabellen herangezogen, die für den Richter einen Leitfaden darstellen sollen.[375]

Die engen Voraussetzungen des TPG, nach welchen ein Lebendspender nur paarige oder sich wiederbildende Organe spenden kann, die nicht zu einer dauerhaften Selbstschädigung führen (Vgl. § 8 Abs. 1 c TPG) können allerdings nicht schmerzensgeldmindernd berücksichtigt werden, denn diese sollen dem Mindestschutz des Spenders dienen und die Spendebereitschaft fördern. Sie schmälern nicht das von ihm erbrachte Opfer. Bezüglich etwaiger im Rahmen von § 847 Abs. 1 BGB zu berücksichtigender Langzeitwirkungen ist außerdem bedenkenswert: Selbst wenn der Spender mit nur einem paarigen Organ, etwa einer Niere, normal weiterleben kann, so dass ihm keine unmittelbaren Langzeitschäden entstehen, wird der Ausfall des zweiten Organs zu einer ständigen Bedrohung, deren er sich ständig bewusst sein muss. Er geht durch seine Spende unter Umständen ein dauerhaftes Gesundheitsrisiko ein.[376]

b) Ergebnis

Haftet der Arzt dem Spender also wegen Körperverletzung oder Gesundheitsbeschädigung aus § 823 Abs. 1 BGB, so kommt grundsätzlich auch ein Anspruch auf Schmerzensgeld nach § 847 Abs. 1 BGB in Betracht.

---

[372] Erman/Schiemann § 847 Rn. 7.

[373] BGH NJW 1989, 2317; Geigel/Kolb, Der Haftpflichtprozeß, S. 145.

[374] Erman/Schiemann § 847 Rn. 8; zu den Kriterien, die die Bemessung beeinflussen können, siehe die Aufzählung bei Palandt/Thomas § 847 Rn. 11.

[375] Eine Abweichung hiervon muss er mit den atypischen Merkmalen des Falles begründen, BGH VersR 1976, 967.

[376] So auch BGH NJW 1980, 2751, 2753; OLG Nürnberg VersR 1998, 594 ff, sollten sich dieses Risiko aber wirklich noch in bei der ersten Schmerzensgeldbemessung nicht berücksichtigten Spätschäden verwirklichen, können diese einen zusätzlichen Anspruch rechtfertigen.

7. Ansprüche wegen Verlust oder Beschädigung des entnom-menen Organs

Neben der schuldhaften Herausforderung der Organspende kommt, unabhängig von dieser und auch bei einer zunächst lege artis und den Vorschriften des TPG entsprechend vorgenommenen Organentnahme, ein zweiter haftungsrechtlicher Anknüpfungspunkt in Betracht, nämlich der Verlust oder die Beschädigung des entnommenen Organs, bevor dieses beim bestimmungsgemäßen Empfänger implantiert werden kann.

Betrachtet man die durch ärztliches Fehlverhalten oder andere Umstände begründete Beschädigung oder den Verlust bzw. die nicht bestimmungsgemäße Verwendung[377] des entnommenen Organs oder Gewebes[378] aus der Sicht des Spenders,[379] so ist damit jeglicher Sinn des erbrachten Opfers entfallen, es wurde nutzlos aufgewendet. Daraus ergibt sich die Frage, ob dem Spender trotz wirksamer Einwilligung in die Explantation für den Verlust oder die Beschädigung des Organs Schadensersatzansprüche zustehen können, aber auch, ob er Ersatz des immateriellen Schadens für den "umsonst" vorgenommenen Eingriff in die körperliche Unversehrtheit verlangen kann.

Maßgeblich werden Ansprüche des Spenders, zumindest im deliktsrechtlichen Bereich, wohl davon abhängen wie man das abgetrennte Organ und seine Beziehung zum Spender rechtlich qualifiziert; nur dann kann geklärt werden, ob überhaupt und wenn ja, welches Rechtsgut des Spenders verletzt sein kann[380].

Zuvorderst drängt sich jedoch die Frage auf, ob dem Spender überhaupt noch ein weiterer Schaden entstehen kann, da das Organ ihm bereits entnommen wurde.

a) Materieller und immaterieller Schaden

Einen aus dem Verlust oder der Beschädigung resultierenden materiellen Schaden des Spenders zu bejahen, der seinen Ursprung nicht bereits in der Entnahme selbst findet, fällt schwer.

Die akuten Behandlungs- sowie die langfristigen sonstigen Kosten, die dem Spender durch aus der Organspende resultierende Beeinträchtigungen entstehen, haben ihren Ursprung bereits in der Organentnahme, also deliktsrechtlich

---

[377]Nixdorf, Zur ärztlichen Haftung hinsichtlich entnommener Körpersubstanzen, VersR 1995, 740 (741).

[378] Relevant wird die „Transportgefahr" vor allem bei durchbluteten Organen, die im Gegensatz zu nicht durchbluteten Gewebeteilen, wie etwa Hirnhaut oder Knochenmaterial, in möglichst kurzer Zeit auf den Empfänger übertragen werden müssen, vgl. Deutsch, Medizinrecht, Rn. 510.

[379] Etwa weil das Organ verwechselt oder nicht ordnungsgemäß aufbewahrt oder transportiert und dadurch beschädigt wird.

[380]Vgl. Nixdorf, VersR 1995, 740 (742 ff); Maier, der Verkauf von Körperorganen, S. 10 f.

gesprochen in der Körperverletzung des Spenders, sie ändern sich nicht durch das weitere Schicksal des Organs. Ob das Organ dem vorgesehenen Empfänger eingepflanzt wird oder ihn nicht erreicht, hat keinen Einfluß mehr auf die körperlichen Folgen beim Spender und die für ihn daraus resultierenden Kosten, damit aber auch keine Auswirkungen mehr auf seinen materiellen Schaden.

Für den immateriellen Schaden kann im Gegensatz dazu die nicht zweck- bzw. bestimmungsgemäße Behandlung des Organs eine erhebliche Rolle spielen. Das ohnehin große Opfer, das der Spender erbracht hat, um seinen Angehörigen zu retten, verliert auf drastische und dramatische Weise vollkommen seinen Sinn. Auf der einen Seite befindet sich der Organempfänger immer noch in derselben lebensbedrohenden gesundheitlichen Lage und auf der anderen Seite hat der Spender durch die Organentnahme einen Eingriff in seine körperliche Unversehrtheit auf sich genommen und trägt unter Umständen ebenfalls lebenslang ein gesundheitliches Risiko, verursacht durch den Verlust des gespendeten Organs. Der seelische Ausgleich für sein Opfer, der bei vorgesehenem Verlauf der Spende in dem Bewusstsein besteht, einem Angehörigen geholfen, in der Regel sogar dessen Leben gerettet zu haben, kann ihn nun nicht mehr entschädigen. Mit der nicht bestimmungsgemäßen Verwendung des Organs wird das daraus resultierende schutzwürdige Interesse des Spenders daran, dass die von ihm getroffene Bestimmung unter allen Umständen eingehalten wird, verletzt.[381] Das Wissen, dass diese nicht beachtet wurde, sondern er sein Opfer umsonst erbracht hat, kann durchaus zu einem rechtlich - etwa im Rahmen von § 847 Abs. 1 BGB - zu berücksichtigenden Leidensdruck führen.[382]

Kommt die nicht bestimmungsgemäße Verwendung des Organs durch ein schuldhaftes Handeln zustande, etwa durch unvorsichtiges und damit fahrlässiges Transportieren bei mangelnder Versorgung, Fallenlassen des Organs oder ähnlichem, so kommen einerseits Ansprüche gegen den Handelnden in Betracht. Gleichzeitig muss aber auch überlegt werden, ob dem die Organspende durch seinen ärztlichen Behandlungsfehler herausfordernden Arzt auch noch die Folgen einer solchen Zweckverfehlung der Organspende angelastet werden können.

b) Anspruch gegen den ursprünglich behandelnden Arzt

Da zum einen die rechtlichen Beziehungen zwischen Arzt und Organspender nicht anders beurteilt werden können als bei der Frage, ob für die Spende selbst Schadensersatz zu leisten ist, zum anderen bei der bestimmungswidrigen Behandlung des Organs nur die mögliche Vergrößerung des immateriellen Schadens relevant sein kann, der nach § 253 BGB nur in den gesetzlich vorgesehenen Fällen zu ersetzen ist, kann sich auch nichts daran ändern, dass der Arzt weder aus vertraglichen oder vertragsähnlichen Ansprüchen haftet. Es bleibt

---

[381] Forkel, Verfügungen über Teile des menschlichen Körpers, JZ 1974, 595 f.

[382] Vgl. Laufs/Uhlenbruck, Handbuch des Arztrechts, § 103 Rn. 1ff; BGH NJW 1994, 127 f.

daher auch hier nur die Möglichkeit einer Haftung aus unerlaubter Handlung, genauer gesagt aus § 847 Abs. 1 BGB.

aa) Voraussetzungen von § 847 Abs. 1 BGB

§ 847 Abs. 1 BGB erfordert zunächst die kausale rechtswidrige und schuldhafte Verletzung von Körper, Gesundheit oder Freiheit,[383] wie sie oben bei der Prüfung von § 823 Abs. 1 BGB hinsichtlich einer Körperverletzung des Spenders bejaht wurde.[384] Durch die Herausforderung der Organspende hat der Arzt eine zurechenbare Körperverletzung am Spender begangen und dessen daraus resultierenden Schaden zu ersetzen.

aaa) Haftungsausfüllende Kausalität

Wie der materielle Schaden, muss sich aber auch die das Schmerzensgeld auslösende Beeinträchtigung der Lebensführung als Folgeschaden der Rechtsgutsverletzung darstellen,[385] was bedeutet, dass gleich der Frage, ob die Rechtsgutsverletzung kausal auf eine Handlung des Schädigers zurückzuführen ist, der - materielle und immaterielle - Schaden eine adäquat kausale Folge der Rechtsgutsverletzung sein muss (sog. haftungsausfüllende Kausalität).

Die sog. äquivalente Kausalität zu bejahen, also die Verletzung als eine nicht hinwegzudenkende Ursache, ohne dass der Schadenserfolg entfiele, fällt hier nicht schwer, denn hätte nicht der Arzt eine die Transplantation herausfordernde Handlung begangen, dann wäre eine Beschädigung oder Zerstörung des Organs im Zuge der Übertragung nicht möglich.

Da aber auch bei der haftungsausfüllenden Kausalität die Gefahr endloser Kausalketten besteht, die durch ein zufälliges Zusammentreffen unglücklicher Umstände weitergeführt werden, ist auch hier die sog. Adäquanztheorie zu berücksichtigen,[386] die ein normatives Korrektiv zum Ausfiltern unbilliger Schadensersatzansprüche darstellt. Danach wird die Eingrenzung derart vorgenommen, dass das schädigende Ereignis nicht nur unter besonders eigenartigen, unwahrscheinlichen und nach dem gewöhnlichen Verlauf der Dinge außer Betracht zu lassenden Umständen geeignet sein muss, einen Folgeschaden der entstandenen Art herbeizuführen.[387] Auf die vorliegende Problematik übertragen ist demnach zu fragen, ob der Verlust oder die Beschädigung des dem Spender entnommenen Organs bei dem Transport oder der Übertragung auf den Spender

---

383 Oder auch des allgemeinen Persönlichkeitsrechts.

384 Siehe hierzu Teil 2, A.III.6.

385 Jauernig/Teichmann § 847 Rn. 3.

386 Zur Ausführlichen Darstellung der Kausalitätserfordernisse vgl schon Teil 2, A.III.5.b).bb).

387 RGZ 158, 34, 38; BGHZ 7, 198, 204.

eine nicht völlig unwahrscheinliche und ungewöhnliche Folge der Körperverletzung des Spenders darstellen und sie daher dem Schädiger noch zugerechnet werden kann.

Die Körperverletzung liegt hier in der Organentnahme beim Spender. Nachdem das Organ entnommen ist, wird es zum Empfänger transportiert und diesem implantiert. Dieser gesamte Vorgang ist sehr sensibel und risikoträchtig und bedarf höchster Sorgfalt der beteiligten Personen. Nun ist zwar bei einer Lebendspende der Transportweg des Organs, auf dem dieses beschädigt werden könnte, in der Regel nicht sehr lang, da Spender und Empfänger in dasselbe Transplantationszentrum gebracht werden können. Gleichwohl ist die Möglichkeit, dass dem Organ auf dem Weg zum Spender durch eine Unvorsichtigkeit oder auch ein unverschuldetes Geschehen aufgrund seiner Empfindlichkeit etwas zustößt, das seine Bestimmung beeinträchtigt, eine nicht absolut unwahrscheinliche Folge der Organentnahme. Die Risiken einer Transplantation sind generell so groß, dass immer damit gerechnet werden muss, dass das Organ nicht wirksam und bestimmungsgemäß seinen Zweck erfüllen kann.

Die Organentnahme ist so betrachtet daher grundsätzlich auch geeignet, einen immateriellen Schaden, wie den erhöhten Leidensdruck durch die Sinnlosigkeit der Spende, herbeizuführen. Die Adäquanztheorie ist daher kein Mittel, die Haftung des Arztes einzuschränken,[388] sie grenzt nach der genannten Definition auch generell nur wenige Folgen einer Verletzung aus und wird daher viel kritisiert.[389]

Dieses die Haftung des ursprünglich behandelnden Arztes begründende Ergebnis hinterlässt aber insbesondere dann, wenn die Zweckverfehlung der Organspende auf einer leichten oder groben Fahrlässigkeit[390] einer an der Transplantation im weitesten Sinne beteiligten Person und damit auf einem selbständigen schuldhaften Zwischenakt eines Dritten beruht, ein ungutes Gefühl. Man muss sich fragen, ob solche unvorhergesehenen Ereignisse tatsächlich noch vom Schutzzweck der Norm (also von dem bezweckten Ersatz der Folgen der nach § 823 Abs. 1 BGB relevanten Körperverletzung des Spenders) erfasst sein sollen, denn die Lehre vom Schutzzweck der Norm verlangt für eine Schadenszurechnung, dass es sich um Nachteile handelt, die aus dem Bereich derjenigen Gefahren stammen, zu deren Abwendung die verletzte Norm erlassen worden ist.[391]

---

[388] Allgemein BGHZ 43, 178, 181 f.

[389] Vgl. Teil 2, A.III.5.b).bb). mit Nachweisen; ausgenommen werden von der Rechtsprechung gelegentlich Einzelfälle, in denen ein helfender Dritter besonders leichtfertig handelt, vgl. BGH VersR 1977, 519. In besonders krassen Fällen des fahrlässigen Behandelns des Organs könnte also auch bei der Organtransplantation eine Enthaftung bereits an dieser Stelle eintreten.

[390] Vorsatz ist in diesem Bereich wohl auszuschließen, wäre bei Vorliegen dem Erstschädiger aber kaum noch mit einer überzeugenden Begründung zuzurechnen.

[391] Palandt/Heinrichs Vor § 249 Rn. 62.

bbb) Haftung für Fehler des Nachbehandelnden

Die Frage ist vergleichbar mit derjenigen, ob ein Arzt, der eine fehlerhafte Behandlung am Patienten vorgenommen hat, auch noch für die Fehler des nachbehandelnden Arztes einzustehen hat.[392]

In solchen Fällen verneinen Rechtsprechung und Literatur eine Haftung des erstbehandelnden Arztes dann, wenn sich der Fehler des Erstbehandelnden auf den weiteren Krankheitsverlauf nicht mehr ausgewirkt hat, insbesondere wenn das Verhalten des zweiten Arztes den Fehler neutralisiert hat.[393] Entscheidend soll dabei sein, ob sich das Risiko des Ersteingriffs noch im Zweiteingriff verwirklicht hat oder ob bei wertender Betrachtung nur ein äußerlicher und damit gleichsam zufälliger Zusammenhang besteht.[394]

Legt man zugrunde, dass die ärztliche Tätigkeit, insbesondere auf solch anspruchsvollen Gebieten wie der Transplantationsmedizin, risiko- und schadensgeneigt ist und das jeder Arzt grundsätzlich für seine eigenen Fehler verantwortlich ist, so ist es konsequent, dass der Schutzzweck der Norm auch eine Haftung für solche Schäden umfaßt, die durch einen fehlerhaft nachbehandelnden Arzt entstehen, wenn der erstbehandelnde mit seinem Fehlverhalten das Risiko für eine solche Schadensrealisierung gesetzt hat.[395]

Verwirklicht sich bei der Zweitbehandlung aber ein Risiko, das seinen Ursprung nicht in der fehlerhaften Erstbehandlung findet, also nicht Ausfluß des spezifischen Risikos ist, in das der Verletzer den Geschädigten pflichtwidrig gebracht hat sondern des allgemeinen Lebensrisikos,[396] so kann dies nicht mehr vom Schutzbereich der vom erstbehandelnden Arzt verletzten Norm erfasst sein.[397]

ccc) Anwendbarkeit auf die Organspende

[392] Siehe etwa BGH NJW 1986, 2376 ff; NJW 1989, 767 ff.

[393] BGH NJW 1986, 2367, 2368; Weber-Steinhaus, Ärztliche Berufshaftung als Sonderdeliktsrecht, S. 171; Laufs, Arztrecht, Rn. 538. Deutsch, Kausalität und Schutzbereich der Norm im Arzthaftungsrecht, FS für Karlmann Geiss, S. 367 f.

[394] BGH NJW 1989, 767, 768; zustimmend Deutsch, NJW 1989, 769; Auch hier kann von fehlender Kausalität nur gesprochen werden, wenn die fehlerhafte Erstbehandlung nicht Anlaß der Zweitbehandlung war, wenn bei Erst- und Zweitbehandlung verschiedene Krankheiten therapiert werden; der fehlerhaft handelnde Arzt setzt mit seiner fehlerhaften Behandlung auch das Risiko einer weiteren Fehlbehandlung, da der ärztlichen Tätigkeit eine Schadensneigung innewohnt, Schramm, Der Schutzbereich der Norm im Arzthaftungsrecht, S. 146 f. m.w.N; Deutsch, Medizinrecht, Rn. 271.

[395] BGH NJW 1986, 2367 ff; Deutsch, Kausalität und Schutzbereich der Norm im Arzthaftungsrecht, FS für Karlmann Geiss, S. 370.

[396] Weber-Steinhaus, Ärztliche Berufshaftung als Sonderdeliktsrecht, S. 171.

[397] Schramm, Der Schutzbereich der Norm im Arzthaftungsrecht, S. 147; Weber-Steinhaus, Ärztliche Berufshaftung als Sonderdeliktsrecht, S. 171; Laufs, Arztrecht, Rn. 538; BGH NJW 1986, 2367 f.; NJW 1989, 767 f.

Der Gedanke der Haftung des Erstbehandelnden ist ebenso auf den Fall der Organtransplantation anwendbar. Zwar ist die Konstellation komplizierter, da zum einen der sog. „erstbehandelnde Arzt" den Spender selbst überhaupt nicht behandelt hat, zum anderen die Beschädigung oder Zerstörung des Organs nach der Entnahme nicht zwingend durch den entnehmenden Arzt geschehen muss und schließlich der Transport sowie die Übertragung des Organs keine Behandlung des Spenders darstellen. Dies ändert aber nichts an den entscheidenden Kriterien: Zu fragen ist auch hier, ob die Beschädigung, Zerstörung oder schlicht die Zweckentfremdung des Organs die Realisierung einer von dem Arzt gesetzten spezifischen Gefahr darstellt, der dem Spender nach § 823 Abs. 1 BGB wegen Körperverletzung haftet.

Der Verantwortlichkeit des Arztes für die Körperverletzung des Spenders, für die er ja nur aufgrund der fehlerhaften Behandlung des Patienten und späteren Organempfängers haftet, wohnt aber nicht die Zweckentfremdung des entnommenen Organs inne, sei es durch Zufall oder verschuldetes Verhalten. Dieses Risiko besteht bei der Transplantation immer im gleichen Maße und wird nicht gerade durch die schuldhaft verursachte Erforderlichkeit der Transplantation gesetzt. Würde der Spender dem Empfänger sein Organ zur Verfügung stellen, weil dieser aufgrund einer Krankheit eines fremden Organs bedürfte, wären die Risiken dieselben wie bei einer schuldhaft herausgeforderten Organspende, sie sind keine spezifischen Folgen des Auslösers, also der Notwendigkeit der Organspende aufgrund eines schuldhaften Behandlungsfehlers, sondern nur der Transplantation selbst. Es besteht hier nur ein äußerer Zusammenhang im Sinne der adäquaten Kausalität, den Arzt aber für Folgen haften zu lassen, die nicht spezifisch auf sein fehlerhaftes Verhalten zurückzuführen sind, erscheint zu weitgehend.[398]

Es ist daher auch nicht entscheidend, ob die Zweckverfehlung auf natürlichen oder medizinischen Umständen oder auf einer Sorgfaltspflichtverletzung im Zuge der Übertragung beruht, denn beide Alternativen sind keine Folgen der spezifischen Gefahr der schuldhaft hervorgerufenen Organspende.

bb) Ergebnis

Da der Verlust, die Beschädigung oder sonst nicht bestimmungsgemäße Verwendung des Organs keine Folge der von dem ursprünglich behandelnden Arzt gesetzten spezifischen Gefahr, sondern ein allgemeines, von dem Auslöser für die Transplantation unabhängiges Transplantationsrisiko ist, ist eine Haftung des Arztes abzulehnen.[399]

---

[398] Siehe auch die Argumentation bei BGH NJW 1989, 767, 768; ausführlich auch Schramm, der Schutzbereich der Norm im Arzthaftungsrecht, S. 146 ff.

[399] Anders könnte nur der Fall zu beurteilen sein, bei dem durch den Behandlungsfehler nicht nur die Notwendigkeit einer Transplantation entstanden ist, sondern bei dem der Arzt mit dem Behandlungsfehler eine weitergehende spezifische Gefahr gesetzt hat, die die Transplantation

c) Anspruch gegen den Handelnden

Beruht die Verletzung oder Zerstörung des Organs auf einer fehlerhaften oder unvorsichtigen Behandlung durch einen transplantierenden Arzt oder eine andere beteiligte Person, so kommen Ansprüche des Spenders gegen diesen in Betracht.

Auch diesem gegenüber ändert sich aber nichts daran, dass der Spender keinen hierin begründeten weiteren materiellen Schaden hat, sondern es nur um die Frage des immateriellen Schadens gehen kann. Da nach § 253 BGB der Nichtvermögensschaden nur in den gesetzlich vorgesehenen Fällen ersetzbar ist und § 847 BGB nicht auf andere Tatbestände, insbesondere nicht auf vertragliche Ansprüche übertragbar ist,[400] bleibt auch hier nur die Prüfung eines Schmerzensgeldanspruchs aus unerlaubter Handlung.

aa) Voraussetzungen von § 847 Abs. 1 BGB

Zunächst müsste eines der in § 847 Abs. 1 BGB genannten Rechtsgüter des Spenders verletzt sein, also insbesondere Körper oder Gesundheit.[401]

Nach der Rechtsprechung kann ein Nichtvermögensschaden zudem bei Verletzung des von § 823 Abs. 1 geschützten allgemeinen Persönlichkeitsrechts gewährt werden[402], das den Schutz der Persönlichkeit in doppelter Hinsicht umfasst. Einmal in statischer Sicht, in ihrem Recht, in Ruhe gelassen zu werden, zum anderen in dynamischer Hinsicht, in ihrem Selbstbestimmungsrecht auf freie Entfaltungsmöglichkeit und aktive Entschließungs- und Handlungsfreiheit.[403]

Es findet seine Ausprägung in verschiedensten Bereichen, die generell auch die Möglichkeit zur freien Selbstbestimmung bzgl. den eigenen Körper betreffender Dinge einschließen.[404]

Um eine zu starke Ausweitung immaterieller Schadensersatzansprüche zu verhindern, soll ein Ersatz bei Verletzung des allgemeinen Persönlichkeitsrechts allerdings nur zugestanden werden, wenn es sich um eine schwere Verletzung

---

über das gewöhnliche Maß hinausgehend verkompliziert und das Organ aus diesem Grund unbrauchbar wird.

[400] Palandt/Thomas § 847 Rn. 3.

[401] Der Fall der Freiheitsentziehung beinhaltet den Entzug der körperlichen Bewegungsfreiheit oder Nötigung zu einer Handlung durch Drohung oder Zwang, nicht aber den der allgemeinen Handlungsfreiheit und ist daher für die vorliegende Konstellation nicht relevant, siehe Palandt/Thomas § 823 Rn. 6.

[402] Dies wurde trotz kritischer Literaturstimmen, siehe etwa Bötticher, AcP 158 (1959/1960), 385, 401, vom BVerfG als verfassungskonform angesehen, BVerfGE 34, 209.

[403] BGHZ 26, 349; 106, 229, 231; NJW 1996, 1128.

[404] Jauernig/Teichmann § 823 Rn. 71; siehe auch Taupitz, Wem gebührt der Schatz im menschlichen Körper?, S. 224 ff.

des Persönlichkeitsrechts handelt und Genugtuung nicht auf andere Weise zu erreichen ist.[405] Ob eine solche schwerwiegende Verletzung vorliegt, die einen Schmerzensgeldanspruch rechtfertigt, hängt insbesondere von Bedeutung und Tragweite des Eingriffs, von Anlaß und Beweggründen und vom Grad des Verschuldens des Handelnden ab, sowie davon, in welche geschützte Sphäre der Eingriff stattgefunden hat.[406]

Um entscheiden zu können, ob eines der für § 847 Abs. 1 BGB erforderlichen Rechtsgüter oder Rechte verletzt ist, genauer gesagt, ob die Verletzung des bereits entnommenen Organs immer noch eine Körperverletzung des Spenders oder eine Verletzung des allgemeinen Persönlichkeitsrechts darstellt, muss zuerst die rechtliche Qualität des entnommenen Organs geklärt werden.

aaa) Die Rechtsnatur des Organs

Betrachtet man das Organ noch als Körperteil - wenn auch vom Körper losgelöstes – so befindet man sich im Bereich der nach § 847 Abs. 1 BGB anspruchsbegründenden Körper- oder Gesundheitsverletzung, sieht man das Organ nach der Loslösung vom Körper dagegen als im Eigentum des Spenders liegende Sache an, dann kommt nur eine Eigentumsverletzung in Betracht, für die § 847 Abs. 1 BGB keinen Ersatz des immateriellen Schadens vorsieht. Anders sieht es dagegen aus, wenn durch die Verletzung des Organs, auch wenn dieses nicht mehr als Körperteil zu bewerten ist, das allgemeine Persönlichkeitsrecht des Spenders verletzt wird; dann kann wieder ein Anspruch auf Schmerzensgeld in Betracht kommen.

Abzugrenzen von der Organspende sind – was die rechtliche Qualität der entnommenen Substanz betrifft – zum einen die Fälle, in denen die Substanz nur kurzzeitig während der eigentlichen Behandlung entnommen und dann dem Körper wieder eingepflanzt oder von diesem aufgenommen wird, zum anderen die, welche zwar eine längerfristige Trennung vom Körper, aber dennoch dessen Wiederaufnahme der Substanz vorsehen.[407]

Unproblematisch erscheint der Fall der nur kurzfristig entnommenen Substanz. Die kurzzeitige Entfernung aus dem Körper innerhalb eines einheitlichen Eingriffs zum Zweck der sofortigen Wiedereinfügung, also eine durch die Heilmaßnahme situationsbedingte Entnahme in einem räumlich-zeitlich engen Zusammenhang, kann sinnvollerweise nicht dazu führen, dass das vorübergehend ausgegliederte Organ oder die Substanz in dieser kurzen Zeit eine neue rechtliche Qualität erlangt, die sich mit der Wiedereinfügung wieder zurückwandelt.[408]

---

[405] BGH NJW 1971, 698 ff.

[406] BGH NJW 1985, 1617, 1618; BGHZ 128, 1, 7, 15 f (Caroline von Monaco); Palandt/Thomas § 823 Rn. 200

[407] Vgl. Nixdorf, Zur Haftung hinsichtlich entnommener Körpersubstanzen, VersR 1995, 741 f.

[408] Nixdorf, Zur ärztlichen Haftung hinsichtlich entnommener Körpersubstanzen, VersR 1995, 741; a.A. Forkel, Verfügungen über Teile des menschlichen Körpers, JZ 1974, 595, der bei vom

Wird die Substanz im Zuge dessen beschädigt, so kann man dies ohne weiteres als Fehlgehen der Heilungsmaßnahme und damit als Körperverletzung bezeichnen.

Bei längerfristig entnommenen Substanzen macht der BGH die rechtliche Qualität abhängig von der Zweckbestimmung der Substanz.[409] Soll nach dem Willen des Patienten und des behandelnden Arztes die entnommene Substanz später wieder in den Ursprungskörper zurückgelangen[410], so liege noch eine funktionale Einheit von Körper und entnommenem Bestandteil vor, mit der Folge, dass bei Beschädigung der Substanz immer noch von einer Körperverletzung auszugehen ist. Ist die entnommene Substanz, wie etwa bei der Organspende, für andere Zwecke vorgesehen, dann werde die Substanz mit der Entnahme zur Sache im Sinne von § 90 BGB.[411]

Diese Auffassung ist zu Recht auf erhebliche Kritik gestoßen[412], denn nach der vom BGH vertretenen Auffassung würde die rechtliche Qualität allein von der getroffenen Zweckbestimmung abhängen, sich ebenso schnell und lautlos aber ändern, wenn die Zweckbestimmung nachträglich geändert würde.[413] Für den Rechtsverkehr wäre nach außen hin nicht erkennbar, ob die Substanz überhaupt sachenrechtliche Qualität besitzt. Da dies dem sachenrechtlichen Publizitätsgrundsatz widerspricht, erscheint es sachgerechter, vom Körper abgetrennte Bestandteile, bzw. deren Herrschaftsrechte daran, einheitlich zu behandeln, fraglich nur, ob nach eigentumsrechtlichen oder persönlichkeitsrechtlichen Maßstäben.[414]

Geht man bei dieser Überlegung von den schutzwürdigen Interessen des Spenders als Rechtsgutinhaber aus, so ist eine klare Entscheidung schwer zu treffen, denn die Interessen erstrecken sich zum einen darauf, Eingriffe Unbefugter abzuwehren, zum anderen darauf, dass die von ihm getroffene Zweckbestimmung unter allen Umständen eingehalten wird.

Zum einen kann die sachenrechtliche Komponente nicht übersehen werden.

Das entnommene Organ stellt einen räumlich abgrenzbaren körperlichen Gegenstand dar und entspricht damit der Definition einer Sache im Sinne von § 90

Körper losgelösten Bestandteilen nicht unterscheidet zwischen nur im Rahmen einer Operation oder längerfristig entnommenen Substanzen, ohne allerdings näher darauf einzugehen, wann eine Loslösung der Substanz rechtlich vorliegt.

409 BGHZ 124, 52 = NJW 1994, 127 f.

410 Wie etwa eine Eigenblutspende für eine anstehende Operation.

411 BGHZ 124, 52, 55; Palandt/Heinrichs § 90 Rn. 3.

412 Siehe etwa Taupitz, Zur Haftung hinsichtlich entnommener Körpersubstanzen, VersR 1995, 743; Deutsch, Medizinrecht, Rn. 490

413 Wenn etwa eine vorgesehene Eigenblutspende bei der Operation nicht benötigt und deshalb zu Spendezwecken freigegeben wird.

414 Hierzu auch Damm, Persönlichkeitsschutz und medizintechnische Entwicklung, JZ 1998, 933 f.

BGB.[415] Es lässt sich daher nur schwer begründen, dass vom Körper getrennte Bestandteile nicht mit der Trennung zu Sachen im Sinne von § 90 BGB werden[416] Selbst wenn man aber mit dem BGH zur Eigenspende gedachte Substanzen noch dem Herrschaftsbereich des Körpers zuordnet, so kann zumindest den hier relevanten, nicht zur Rückführung gedachten Organen die Sachqualität nicht abgesprochen werden.[417] Bejaht man die sachenrechtliche Qualität des getrennten Bestandteils, schließt sich unmittelbar die Frage an, in wessen Eigentum diese Sache dann steht. Teilweise wird hier nur ein Aneignungsrecht des Patienten bejaht,[418] was allerdings nicht überzeugend ist. In wessen Eigentum sollte der Bestandteil dann stehen, oder sollte er vorübergehend herrenlos sein?[419] Wesentlich überzeugender erscheint, den Rechtsgedanken des § 953 BGB heranzuziehen, nach dem Bestandteile einer Sache nach ihrer Trennung dem Eigentümer der Sache zufallen, so dass das Organ nach der Entnahme im Eigentum desjenigen steht, aus dessen Körper es entnommen wurde.[420] Dies entspricht auch den Interessen des Spenders, denn dieser möchte[421] seine Rechte an dem gespendeten Organ nicht bereits mit der Übergabe an den Arzt aufgeben, sondern vielmehr erst mit der Implantation beim bestimmungsgemäßen Empfänger. Bis zu diesem Zeitpunkt möchte er seine Interessen so umfangreich wie möglich geschützt wissen.

Andererseits existieren bei der rechtlichen Qualifizierung abgetrennter Körperteile gerade noch andere Aspekte als bei typisch sachenrechtlichen Fragen. Es besteht eine besondere, engere persönlichkeitsrechtlich geprägte Beziehung, die insbesondere die vom Spender getroffene Bestimmung beinhaltet.[422] Zudem gewähren allein die sachenrechtlichen Vorschriften dem vom Spender erbrachten Opfer keinen angemessenen Schutz, da sich dieser bei einer Zweckentfremdung des Organs häufig nur im immateriellen Bereich niederschlägt.[423]

---

[415] Erman/Michalski Vor § 90 Rn. 2.

[416] Taupitz, Wem gebührt der Schatz im menschlichen Körper?, AcP 191 (1991), S. 208; Deutsch, Medizinrecht, Rn. 490; Nixdorf, Zur ärztlichen Haftung hinsichtlich entnommener Körpersubstanzen, VersR 1995, 742; Soergel/Mühl § 90 Rn. 4; a.A. z.B. Jauernig/Jauernig Vor § 90 Rn. 9; Erman/Michalski § 90 Rn. 5, die sich der BGH-Entscheidung anschließen und getrennte Körperteile nur dann als Sachen im Sinne von § 90 BGB ansehen, wenn diese nicht zur Eigenspende vorgesehen sind.

[417] Palandt/Heinrichs § 90 Rn. 3.

[418] Vgl. Forkel, Verfügungen über Teile des menschlichen Körpers, JZ 1974, 595.

[419] Zu einem Vergleich mit den USA siehe Deutsch, Medizinrecht, Rn. 492.

[420] So auch Deutsch, Medizinrecht, Rn. 492; Taupitz, Wem gebührt der Schatz im menschlichen Körper, AcP 191 (1991), S. 208; MüKo/Holch § 90 Rn. 21; Palandt/Heinrichs § 90 Rn. 3; Soergel/Mühl § 90 Rn. 4; Tress, Die Organtransplantation aus zivilrechtlicher Sicht, S. 14.

[421] Im Gegensatz etwa zu einem stillschweigenden Verzicht auf das Eigentum bei unbrauchbaren und wertlosen weil kranken Substanzen.

[422] Forkel, Verfügungen über Teile des menschlichen Körpers, JZ 1974, 595.

[423] Nixdorf, Zur Haftung hinsichtlich entnommener Körpersubstanzen, VersR 1995, 742.

Um dem Spender einen umfassenden, der starken Bindung zu dem gespendeten Organ gerecht werdenden Schutz zu gewährleisten, muss daher neben dem sachenrechtlichen Aspekt auch der diesen überlagernde persönlichkeitsrechtliche beachtet werden.[424]

Es bestehen also zwei den Spender schützende Rechte hinsichtlich seines entnommenen Organs. Da § 847 Abs. 1 BGB Verletzungen des Eigentums aber nicht erfasst, ist für die Frage, ob dem Spender bei Beschädigung oder Zweckentfremdung des Organs Schmerzensgeldansprüche zustehen, nur relevant, ob eine Verletzung des Persönlichkeitsrechts gegeben ist.

bbb) Verletzung des Persönlichkeitsrechts

Um einen Schmerzensgeldanspruch zu bejahen, muss zunächst geklärt werden, ob in der nicht sach- und bestimmungsgemäßen Behandlung des Organs durch beteiligte Personen überhaupt eine Verletzung des allgemeinen Persönlichkeitsrechts des Spenders liegen kann. Daran anschließend ist zu fragen, ob diese bestimmte Art der Verletzung des allgemeinen Persönlichkeitsrechts auch zum Ersatz des immateriellen Schadens nach § 847 Abs. 1 BGB führen kann.

Ob eine Verletzung vorliegt, kann nur festgestellt werden, wenn der Schutzbereich des allgemeinen Persönlichkeitsrechts feststeht, so dass dieser in einem ersten Schritt zu definieren ist und dessen Grenzen festzulegen sind. Hierbei stößt man bereits auf die erste Schwierigkeit, denn es liegt gerade in der Natur des allgemeinen Persönlichkeitsrechts als generalklauselartiger Begriff und Auffangtatbestand,[425] dass sein genauer Schutzbereich sich nur schwer bestimmen lässt.

Rechtsprechung und Literatur sind sich inzwischen dennoch weitgehend über die grundsätzlichen Bereiche einig, die von dem allgemeinen Persönlichkeitsrecht geschützt werden sollen.[426]

So gewährt die Rechtsprechung Schutz insbesondere für drei verschiedene Sphären. Zunächst die Individualsphäre, sie schützt das Selbstbestimmungsrecht und die persönliche Eigenart des Menschen in seinen Beziehungen zur

---

[424] BGH NJW 1994, 128; Deutsch, Medizinrecht, Rn. 490 ff; Nixdorf, Zur ärztlichen Haftung hinsichtlich entnommener Körpersubstanzen, VersR 1995, 742 f; ausführlich auch Taupitz, Wem gebührt der Schatz im menschlichen Körper, AcP 191 (1991), S. 209 f; a.A. Forkel, Verfügungen über Teile des menschlichen Körpers, JZ 1974, 595, der das Eigentumsrecht für den Sachverhalt der Organspende als gänzlich ungeeignet ansieht und ausschließlich das Persönlichkeitsrecht des Spenders als maßgebliche Schutzbestimmung ansehen will.

[425] BGHZ 50, 133, 138 (sog. Mephisto-Urteil); Ehlers, Der Geldersatz für immaterielle Schäden bei deliktischer Verletzung des allgemeinen Persönlichkeitsrechts, S. 8; MüKo/Schwerdtner § 12 Rn. 188.

[426] Von Bar, Schmerzensgeld und gesellschaftsrechtliche Stellung des Opfers bei Verletzung des allg. PR, NJW 1980, 1724.

Umwelt, sowie sein öffentliches, wirtschaftliches und berufliches Wirken.[427] Die Privatsphäre umfasst das Leben im häuslichen oder familiären Bereich und das sonstige Privatleben.[428] Schließlich die Intimsphäre, die die innere Gedanken- und Gefühlswelt einschließlich ihrer äußeren Erscheinungsformen,[429] sowie Angelegenheiten, für die ihrer Natur nach ein Anspruch auf Geheimhaltung besteht, beinhaltet.[430]

Die Literatur geht zwar inhaltlich auf die gleichen Schutzbereiche ein, benennt diese Kategorien teilweise jedoch nicht in dieser Deutlichkeit,[431] mit der Begründung, dass sie nur begrenzt Hilfestellung zur Definition des allgemeinen Persönlichkeitsrechts geben und häufig „sphärenübergreifende" Eingriffe vorlägen.[432] Die Konkretisierung des tatbestandsmäßigen Schutzbereichs hänge vielmehr im Einzelfall von einer Güter- und Interessenabwägung ab.[433]Ausgehend vom Recht des einzelnen gegenüber jedermann auf Achtung seiner Menschenwürde und Entfaltung seiner individuellen Persönlichkeit,[434] das den Einzelnen vor ungerechtfertigten Beeinträchtigungen und Verletzungen seiner gesamten körperlichen und seelischen Integrität, seines privaten Lebensbereichs, seiner Möglichkeiten der Selbstdarstellung und Selbstverwirklichung schützen soll, wird dennoch auch hier versucht, typische Fallgruppen zu bilden, um eine uferlose Ausweitung des allgemeinen Persönlichkeitsrechts zu verhindern.[435]

Die nicht bestimmungsgemäße Verwendung eines für einen festgelegten Empfänger gespendeten Organs lässt sich zwar einerseits nur schwer einer bestimmten Sphäre oder Fallgruppe zuordnen - insbesondere kann das Selbstbestimmungsrecht des Spenders, aber auch seine emotionale Bindung zu seinem Angehörigen beeinträchtigt sein - eine fortbestehende persönlichkeitsrechtliche Beziehung zu dem abgetrennten Körperteil völlig abzulehnen, kann andererseits jedoch nur schwer verneint werden.

Solange sich das Organ noch im Körper des Spenders befindet, ist es zwar auch durch das Recht auf freie Selbstbestimmung, vorrangig aber durch das Recht auf körperliche Unversehrtheit geschützt, es bestehen an ihm also keine besonderen Rechte, das Schicksal ist dasselbe, wie das des Körpers insgesamt.[436]

---

[427] BAG NJW 1990, 2272.

[428] BGH NJW 1996, 1128 ff.

[429] Z. B. vertrauliche Briefe oder Tagebuchaufzeichnungen.

[430] Wie etwa Gesundheitszustand, Sexualleben etc., BGH NJW 1988, 1984 f; NJW 1999, 2893 ff; Palandt/Thomas § 823 Rn. 178.

[431] Siehe etwa Jauernig/Teichmann § 823 Rn. 65 ff.

[432] Jauernig/Teichmann § 823 Rn. 65; Erman/Ehmann Anh zu § 12 Rn. 30 ff.

[433] BGHZ 50, 133 ff; MüKo/Schwerdtner § 12 Rn. 188.

[434] BGHZ 24, 72, 76; 27, 284, 286.

[435] Siehe etwa Jauernig/Teichmann § 823 Rn. 70; MüKo/Schwerdtner § 12 Rn. 215 ff. Eine ausführliche Darstellung der Schutzbereiche findet sich bei Erman/Ehmann Anh § 12 Rn. 221 ff.

[436] Vgl. Forkel, Verfügungen über Teile des menschlichen Körpers, JZ 1974, 593.

Wird aber die endgültige Abtrennung vom Körper vorgenommen mit der Absicht, das Organ einem bestimmten Empfänger zukommen zu lassen und nicht nur einer Spenderbank zur Verfügung zu stellen, so bekommt das Organ, wie oben bereits dargestellt[437] eine eigene Rechtsqualität. Diese allein wird jedoch der besonderen Situation der Organspende nicht gerecht, bis zur Einpflanzung beim Empfänger bleibt eine weit über die sachenrechtliche Beziehung hinausgehende enge Bindung zwischen dem Spender und seinem Organ bestehen[438].

Die Entscheidung, das Organ für einen Angehörigen zu spenden und damit die Zweckbestimmung ist Ausdruck des durch das Persönlichkeitsrecht geschützten Selbstbestimmungsrechts des Spenders. Er verzichtet auf seine körperliche Integrität ausschließlich zugunsten einer bestimmten Person, für die er auch das durch eine Unverträglichkeit beim Empfänger oder ähnlichem immer bestehende Risiko eingeht, dass das Organ auf Dauer weder ihm selbst, noch dem Empfänger zunutze sein kann. Einen weitergehenden Verzicht soll seine Entscheidung zur Spende aber nicht darstellen, seine Einwilligung ist hierauf beschränkt. Die transplantierenden Ärzte erlangen lediglich das Recht, mit dem Organ bestimmungsgemäß zu verfahren, die Interessen des Spenders an dem Organ bestehen so lange fort, bis es beim vorgesehenen Empfänger implantiert ist.

Neben dem Ausdruck seines Selbstbestimmungsrechts ist die Zweckbestimmung des Organs deshalb für den Spender von immenser Wichtigkeit, da sie die ganze und einzige Hoffnung in sich birgt, den Angehörigen zu retten. Ihre Folgen, bzw. das Gelingen der Transplantation haben direkten Einfluß auf sein weiteres Privatleben und auf seine seelische Integrität.

Eine persönlichkeitsrechtliche Beziehung des Spenders zu dem entnommenen Organ muss daher bejaht werden.[439]

Stellt man bei der Frage einer Verletzung dieser persönlichkeitsrechtlich geprägten Beziehung auf eine allgemeine Güter- und Interessenabwägung ab,[440] bei der es auf Seiten des Verletzten auf Art und Schwere sowie Anlaß des Eingriffs und das vorhergehende Verhalten des Verletzten ankommt, auf Seiten des Schädigers Mittel und Zweck, Art und Dauer des Eing riffs maßgeblich sind, so lässt sich bei einer schuldhaften Vernichtung oder einer nicht genehmigten anderweitigen Verwendung des Organs kaum eine Abwägung finden, die gegen einen rechtswidrigen Eingriff in das allgemeine Persönlichkeitsrecht des Spenders spricht.

---

437 Siehe Teil 2, A.III.7.c).aa).aaa).

438 Deutsch, Das Persönlichkeitsrecht des Patienten, AcP 192 (1992), S. 173.

439 So auch BGH NJW 1994, 128; Deutsch, Das Persönlichkeitsrecht des Patienten, AcP 1912 (1992), S. 173; Taupitz, Wem gebührt der Schatz im menschlichen Körper?, AcP 191 (1991), S. 225 ff; Nixdorf, Zur ärztlichen Haftung hinsichtlich entnommener Körpersubstanzen, VersR 1995, 742; Forkel, Verfügungen über den menschlichen Körper, JZ 1974, 596.

440 BGHZ 24, 72, 80; BGH NJW 1994; Jauernig/Teichmann § 823 Rn. 67; MüKo/Schwerdtner § 12 Rn. 203.

Wird das Organ nicht beim bestimmungsgemäßen Empfänger implantiert, so stellt dies eine unmittelbare, dauerhafte und schwere Verletzung des allgemeinen Persönlichkeitsrechts des Spenders dar, deren in diesem besonderen Fall grundsätzlich rechtswidrigem Charakter sich der Handelnde nur bei Vorliegen eines konkreten Rechtfertigungsgrundes entziehen kann.

ccc) Schwerwiegende Verletzung im Sinne von § 847 BGB

Da die Gewährung von Schmerzensgeld wegen Verletzung des allgemeinen Persönlichkeitsrechts zwar vom BVerfG[441] als mit dem Grundgesetz vereinbar angesehen wird, jedoch der Gesetzessystematik des BGB, insbesondere § 253 BGB, widerspricht, wird es von der Rechtsprechung in diesen Fällen nur unter zwei einschränkenden Voraussetzungen gewährt. Es muss sich um eine schwerwiegende Verletzung des Persönlichkeitsrechts handeln[442] und Genugtuung – der vorrangige Aspekt bei Verletzungen des allgemeinen Persönlichkeitsrechts – durch Unterlassung, Widerruf oder Gegendarstellung darf nach Art der Verletzung auf andere Weise nicht zu erlangen sein.[443] Ob eine Schmerzensgeld rechtfertigende Verletzung vorliegt, hängt insbesondere von der geschützten Sphäre, von Bedeutung und Tragweite des Eingriffs, sowie von Anlaß und Beweggründen des Handelnden und schließlich dem Grad seines Verschuldens ab.[444]

Ein Ausschluß wegen der Möglichkeit anderweitiger Wiedergutmachung kommt bei der Organspende nicht in Betracht, ist das Organ vernichtet oder zweckentfremdet, so ist damit ein endgültiger Zustand geschaffen.

Blickt man auf die geschützte Sphäre des Spenders und die Bedeutung der Verletzung für ihn, so kann aus den bereits im letzten Kapitel genannten Gründen eine schwerwiegende Beeinträchtigung seines Persönlichkeitsrechts angenommen werden. Geht man aber im Hinblick auf die Genugtuungsfunktion von einer durch fahrlässiges Handeln verursachten Vernichtung oder Zweckentfremdung des Organs aus, so scheiden auf Seiten des Handelnden Anlaß und Beweggründe als Wertungskriterien aus, es bleibt nur der Verschuldensgrad. Zwar mag der Verlust des Organs für den Spender sehr schwer wiegen, davon isoliert zu betrachten ist aber die für § 847 BGB von der Rechtsprechung geforderte Abwägung. Bei einfacher Fahrlässigkeit, einem einfachen Fehler, wie er im medizinischen Alltag passieren kann, ist der Vorwurf an den Handelnden nicht stark

[441] BVerfGE 34, 269, aber auch BGHZ 35, 363; 39, 124 = NJW 1963, 902 („Fernsehansagerin").

[442] Erman/Schiemann § 847 Rn. 7.

[443] BGH NJW 1970, 1077; NJW 1971, 698

[444] BGHZ 128, 1, 12 f (Caroline von Monaco); BGH NJW 1985, 1617 ff; Palandt/Thomas § 823 Rn. 200.

genug, um eine Geldentschädigung nach § 847 Abs. 1 BGB durch diesen zu rechtfertigen.[445]

Anders hingegen, wenn der Handelnde eine grobe Fahrlässigkeit begangen hat, die ohne weiteres hätte vermieden werden können oder wenn sogar eine vorsätzliche Zweckentfremdung vorliegt. Dann bekommt die Genugtuungsfunktion eine Sinn, der Grund der Verletzung entfernt sich weiter vom Bereich des „allgemeinen Lebensrisikos“, sondern fokussiert sich vorwerfbar in einer Person.

Insgesamt lassen sich diese Fälle jedoch kaum abstrahieren, eine Abwägung der Kriterien kann nur im konkreten Einzelfall getroffen werden.

bb) Fazit

Bei Ansprüchen gegen den Handelnden kommt mangels weiteren materiellen Schadens nur ein Anspruch aus § 847 Abs. 1 BGB wegen Verletzung des allgemeinen Persönlichkeitsrechts des Spenders in Betracht.

Trotz der sachenrechtlichen Qualifizierung des Organs nach dessen Trennung vom Körper, bleibt eine persönlichkeitsrechtlich geprägte Beziehung zwischen dem Spender und seinem gespendeten Organ bis zum Zeitpunkt der Implantation beim Empfänger bestehen. Die Vernichtung oder nicht bestimmungsgemäße Verwendung des Organs stellt daher einen Eingriff in das allgemeine Persönlichkeitsrecht des Spenders dar. Ob dieser Eingriff allerdings als schwerwiegend im Sinne von § 847 BGB anzusehen ist, hängt unter anderem maßgeblich vom Verschulden des Handelnden ab. Bei nur leichter Fahrlässigkeit ist ein Anspruch nach § 847 Abs. 1 BGB wohl eher abzulehnen, da kein ausreichender Grund für eine Genugtuung in Form einer Geldentschädigung gegeben ist.[446]

IV. Ansprüche gegen den Organempfänger

Auch wenn es in der Praxis selten vorkommen mag, dass ein Spender, der sein Organ zugunsten eines ihm nahestehenden Angehörigen gespendet hat, von diesem hinterher seinen Schaden ersetzt haben oder sein Organ überhaupt nur gegen einen entgeltlichen Vertrag mit dem Empfänger spenden möchte, so stellt sich doch theoretisch die Frage, ob dies möglich wäre. Möchte der Empfänger dem Spender im nachhinein eine finanzielle Entschädigung für das erbrachte Opfer zukommen lassen, so stellt dies kein Problem des Handeltreibens im Sinne von §§ 17, 18 TPG dar, da das Organ nicht unter der Voraussetzung einer Zahlung gespendet wurde und der Empfänger eine Schenkung zugunsten des Spenders rechtlich nicht begründen muss. Fraglich ist aber, ob der Spender sein

---

[445] Ehlers, Der Geldersatz für immaterielle Schäden, S. 258; Erman/Ehmann Anh § 12 Rn. 806; MüKo/Schwerdtner § 12 Rn. 285, 288 m.w.N., kritisch zum Schuldvorwurf als Anspruchsvoraussetzung ders. bei Rn. 297.

[446] Vgl. hierzu Ehlers, Der Geldersatz für immaterielle Schäden, S. 182 ff.

Organ nur unter der „Bedingung" einer Zahlung spenden kann oder ob der Organbedürftige die Bereitschaft des potentiellen Spenders mit der Ankündigung einer Vorteilsgewährung fördern darf, d.h. ob ein solcher entgeltlicher Vertrag wirksam ist.[447]

1. Entgeltlicher Übertragungsvertrag zwischen Spender und Empfänger

§ 8 Abs. 3 Satz 2 TPG verlangt für die Zulässigkeit einer Organentnahme vom lebenden Spender neben jenen des Abs. 1 als weitere Voraussetzung, „dass die nach Landesrecht zuständige Kommission gutachtlich dazu Stellung genommen hat, ob begründete tatsächliche Anhaltspunkte dafür vorliegen, dass die Einwilligung in die Organspende nicht freiwillig erfolgt oder das Organ Gegenstand verbotenen Handeltreibens nach § 17 ist".

§ 17 Abs. 1 TPG verbietet das Handeltreiben mit Organen, die einer Heilbehandlung zu dienen bestimmt sind, Abs. 2 verbietet, die in Abs. 1 genannten Organe zu entnehmen, auf einen anderen Menschen zu übertragen oder sich übertragen zu lassen. Eine Ausnahme hiervon macht § 17 Abs. 1 Nr. 1 für „die Gewährung oder Annahme eines angemessenen Entgelts für die zur Erreichung des Ziels der Heilbehandlung gebotenen Maßnahmen, insbesondere für die Entnahme, die Konservierung, die weitere Aufbereitung einschließlich der Maßnahmen zum Infektionsschutz, die Aufbewahrung und die Beförderung der Organe", des weiteren Abs.1 Nr. 2 für aus Organen hergestellte Arzneimittel.

Das Handeltreiben wird in § 18 TPG mit Freiheits- oder Geldstrafe sanktioniert. § 18 Abs. 4 sieht eine Strafmilderungsmöglichkeit, bzw. die Möglichkeit, ganz von einer Strafe abzusehen, für Organspender vor, deren Organe Gegenstand verbotenen Handeltreibens waren und für Organempfänger. Grundsätzlich sind also Organspender und -empfänger von den Vorschriften der §§ 17 und 18 TPG mit umfasst.

Es drängt sich jedoch die Frage auf, ob dies auch für Spender und Empfänger einer nach § 8 TPG zulässigen und vorgesehenen Organübertragung gelten soll oder nur für solche Personen, die eine nicht von dieser Vorschrift erfasste Organtransplantation vornehmen und dies zu kommerziellen Zwecken tun.

Zieht man die Systematik und den Wortlaut („verbotenes Handeltreiben"[448]) des Transplantationsgesetzes heran, so scheint auf den ersten Blick einleuchtend, dass die Vorschriften über den Organhandel gerade nicht die Personen des im Gesetz einzig zugelassenen Falles der Lebendspende unter Angehörigen, mit umfassen sollen, insbesondere, wenn man die Begründung zum Gesetzesent-

---

[447] Zur Problematik vor Inkrafttreten des TPG vgl. Maier, Der Verkauf von Körperorganen, S. 9 ff.

[448] Z.B. § 18 Abs. 4, § 17 Abs. 2 TPG.

wurf liest,[449] bei der an einer Stelle als Schutzobjekt des § 17 Abs. 1 S. 1 TPG „neben der körperlichen Integrität des Lebenden auch die ... durch Art 1 Abs. 1 GG garantierte Menschenwürde, die über den Tod hinaus Schutzwirkung entfaltet, und das Pietätsgefühl der Allgemeinheit" genannt werden.

Die Bereitschaft eines als Spender in Betracht kommenden Angehörigen, seine körperliche Integrität nur gegen ein Entgelt aufzugeben, ist in erster Linie Ausdruck seines Selbstbestimmungsrechts, da ihn keine Verpflichtung zur Spende trifft. Allgemeininteressen werden zunächst nicht berührt und es fragt sich, ob die Menschenwürde des Empfängers dadurch verletzt werden kann, wenn der Spender ebenso ohne jeglichen Grund ablehnen kann.[450]

Unabhängig von dieser Überlegung steht diesem Gedanken allerdings § 8 Abs. Satz 2 TPG entgegen, nach dem die Kommission Stellung dazu genommen haben muss, dass das Organ nicht Gegenstand verbotenen Handeltreibens nach § 17 TPG ist. Die Vorschrift zeigt, dass trotz ansonsten zulässiger Organspende vom Lebenden nach § 8 TPG pönalisierter Organhandel nach § 17 TPG möglich sein muss.

Die Tatsache, dass Spender und Empfänger sich nahestehende Personen sind, soll demnach der Möglichkeit verbotenen Handeltreibens im Sinne von § 17 TPG nicht entgegenstehen. [451] Dafür spricht auch die Entwurfsbegründung, die zum einen die körperliche Integrität des Lebenden als Schutzgut ansieht (finanzielle Anreize an potentielle Lebendspender, ihre Gesundheit um wirtschaftlicher Vorteile willen zu beeinträchtigen, sollen unterbunden werden), an anderer Stelle - insoweit etwas widersprüchlich - das Wirken gegen „wucherische Ausbeutung gesundheitlicher Notlagen" als primären Schutzzweck der Norm bezeichnet.[452]

Anknüpfungspunkt für die Sanktionierung nach §§ 17, 18 TPG ist das „Handeltreiben". Daher stellt sich als nächstes die Frage, welche Handlungen unter den Begriff des Handeltreibens fallen und ob der angesprochene Vertrag davon erfaßt ist.

---

[449] BT-Drucks. 13/4355, S. 29 (nicht irritieren sollte, dass der Entwurf gegenüber der geltenden Fassung des TPG eine leicht veränderte Abfolge der Vorschriften aufweist).

[450] Die Menschenwürde wird nach der Entwurfsbegründung zu § 16 Abs, 1 Satz 1 TPG (heutiger § 17) verletzt, wenn der Mensch, bzw. seine sterblichen Überreste zum Objekt finanzieller Interessen werden. Sowohl der Verkauf von Organen als auch Organspenden gegen Entgelt sollen danach mit der Schutzgarantie des Art. 1 Abs. 1 GG nicht vereinbar sein, BT-Drucks. 13/4355, S. 29. Kritisch zu dieser Begründung Gutmann, Probleme einer gesetzlichen Regelung der Lebendspende von Organen, MedR 1997, 154.

[451] In der Begründung zum Gesetzesentwurf wird verdeutlicht, dass die Kommission neben der Freiwilligkeit des Spenders auch dessen Beweggründe hinsichtlich kommerzieller Zwecke untersuchen soll, die Organspende "eines lebenden Menschen darf nicht durch finanzielle Zuwendungen oder sonstige Vorteile gleich welcher Art erkauft werden". BT-Drucks. 13. 4355. S. 21. zu § 7 Abs. 3 TPG (heutiger § 8); § 17 Abs. 2 und § 18 Abs. 4 des TPG sind in dem Entwurf noch nicht in dieser Form vorgesehen, daher kann diesbezüglich nicht auf die Entwurfsbegründung zurückgegriffen werden.

[452] BT-Drucks. 13/4355, S. 29.

a) Handeltreiben im Sinne von § 17 Abs. 1 TPG

In der Begründung zum Gesetzesentwurf wird erläutert, zur Auslegung des Begriffs könne auf die umfangreiche Rechtsprechung des Reichsgerichtes und des BGH zurückgegriffen werden, die der Gesetzgeber im BTMG aufgegriffen und die seither eine weitere Differenzierung erfahren habe.[453] Unter Handeltreiben sei daher auch im TPG „jede eigennützige, auf Güterumsatz gerichtete Tätigkeit zu verstehen, selbst, wenn es sich nur um eine gelegentliche, einmalige oder vermittelnde Tätigkeit handele“[454].

Nach diesem Verständnis von § 17 Abs. 1 Satz 1 stellt sich zwar die Frage, ob auch der Spender davon erfasst sein kann, denn ein entgeltlicher Organspendevertrag ist zwar auf Güterumsatz gerichtet, bei dem Organspender selbst ist aber immer der altruistische, also die Spende enthalten. Verstünde man die Kriterien „eigennützig“ und „auf Güterumsatz gerichtet“ als kumulative Voraussetzungen, könnte der Spender nicht Handel treiben.[455] Liest man den sehr offen formulierten Begründungssatz jedoch im ganzen, so ist er bereits vom Wortlaut her eher dahingehend auszulegen, dass möglichst sämtliche auf Güterumsatz gerichtete Tätigkeiten darunter fallen sollen, so dass der Spender trotz seiner altruistischen Tat Handel treibt, wenn er dies entgeltlich tut.[456] Der Empfänger allerdings treibt dann ebenfalls Handel, denn er handelt jedenfalls eigennützig und die Begründung zum Gesetzesentwurf lässt nicht darauf schließen, dass der Güterumsatz zur eigenen finanziellen Bereicherung stattzufinden hat.[457]

Eine weitere sprachliche Hürde beinhaltet § 17 Abs. 1 Satz 1 TPG selbst, der das Handeltreiben mit Organen verbietet, die „einer Heilbehandlung zu dienen bestimmt sind“. Hielte man sich hier wieder streng an den Wortlaut, würde der Spender, der nur unter der Bedingung einer Zahlung spenden will, ausgeklammert, da er die Bestimmung zur Heilbehandlung (in Form der Entscheidung zur Spende) schließlich erst nach Zahlungszusage trifft. Im Zusammenhang mit § 17 Abs. 2 und § 18 Abs. 4 TPG sowie der Entwurfsbegründung scheint dies aber, nach dem noch möglichen Wortsinn, eher eine Abgrenzung zu Organen zu sein, die nicht zur Heilbehandlung, sondern zu Forschungs- oder anderen Zwecken

---

[453] BT-Drucks. 13/4355, S. 29 f.

[454] BT-Drucks. 13/4355, S. 30; Zu der Parallele zum BTMG hinsichtlich der Schutzgüter ablehnend Paul, Zur Auslegung des Begriffs „Handeltreiben“ nach dem TPG, MedR 1999, 214.

[455] Siehe hierzu auch Deutsch, Zum geplanten strafrechtlichen Verbot des Organhandels, ZRP 1994, 180 f.

[456] Darauf läßt auch die Entwurfsbegründung schließen, nach der Lebendspender gem. § 8 Abs. 3 TPG (geltende Fassung) von der Organspende ausgeschlossen werden sollen, deren Spendebereitschaft durch Vorteilsgewährung entstanden ist, BT-Drucks. 13/4355, S. 21.

[457] Für eine diesbezügliche Gleichstellung von Spender und Empfänger (wie sie im damaligen Entwurf noch nicht vorgesehen war) vgl. Gutmann, Probleme einer gesetzlichen Regelung der Lebendspende von Organen, MedR 1997, 154; Überlegungen bzgl. einer Straffreiheit von Spender und Empfänger bei Deutsch, Zum geplanten strafrechtlichen Verbot des Organhandels, ZRP 1994, 180.

verwendet werden sollen. Nach der Begründung zum Gesetzesentwurf sollen die Strafvorschriften für alle Organe gelten, die zur Heilbehandlung zu dienen bestimmt sind - "sei es unmittelbar durch eine Transplantation, sei es durch Aufbereitung oder Verarbeitung zu einem transplantierbaren oder nicht transplantierbaren Arzneimittel".[458]

Bei Zugrundelegen all dieser Ausführungen muss davon ausgegangen werden, dass ein entgeltlicher Organübertragungsvertrag zwischen Spender und Empfänger ein Handeltreiben nach § 17 Abs. 1 Satz 1 TPG darstellt, sofern er die Grenze der nach § 17 Abs. 1 Satz 2 erlaubten Entschädigung überschreitet.

Nach § 8 Abs. 3 Satz 2 TPG sollte eine Transplantation unter dieser Voraussetzung überhaupt nicht stattfinden, dafür muss die Kommission jedoch zum einen überhaupt Kenntnis von dem Vertrag erlangen.

Die Frage, ob ein solcher Vertrag wirksam ist und der Spender daraus Ansprüche herleiten kann, beurteilt sich zum anderen nach zivilrechtlichen Vorschriften.

b) Die Rechtsfolgen verbotenen Handeltreibens

§ 134 BGB besagt, dass ein Rechtsgeschäft, das gegen ein gesetzliches Verbot verstößt, nichtig ist, „sofern sich nicht aus dem Gesetz ein anderes ergibt".

Wäre das verbotene Handeltreiben durch den entgeltlichen Vertrag zwischen Spender und Empfänger ein Verstoß gegen ein gesetzliches Verbot im Sinne von § 134 BGB, so könnte dies unabhängig vom Willen der Beteiligten zur Nichtigkeit des Vertrags führen.[459]

Zunächst müsste ein solcher Vertrag ein Rechtsgeschäft nach § 134 BGB darstellen, was bejaht werden kann, da darunter neben Beschlüssen von Vereinen oder Gesellschaften insbesondere Verträge aller Art sowie einseitige Rechtsgeschäfte (etwa ein Testament) fallen.[460]

Nächste Frage ist dann, ob die Strafvorschriften des TPG über den Organhandel Verbotsgesetze im Sinne von § 134 BGB darstellen.

Verbotsgesetze in diesem Sinne sind Vorschriften, die eine nach unserer Rechtsordnung grundsätzlich mögliche rechtsgeschäftliche Regelung wegen ihres Inhalts oder wegen der Umstände ihres Zustandekommens untersagen,[461] wobei Verbotsgesetz jede Rechtsnorm,[462] selbst Rechtsverordnungen und öffentlich-rechtliche Satzungen, sein kann, mithin auch die Vorschriften des Transplantationsgesetzes.

---

[458] BT-Drucks. 13/4355, S. 15.

[459] RGZ 111, 28; 131, 364; BGHZ 58, 235; Erman/Palm § 134 Rn. 1

[460] Erman/Palm § 134 Rn. 7.

[461] BGHZ 46, 24, 25; OLG Hamburg NJW 1993, 1335, Palandt/Heinrichs § 134 Rn. 1; Soergel/Hefermehl § 134 Rn. 2.

[462] Art. 2 EGBGB.

Ob eine Rechtsnorm ein Verbot enthält, lässt sich nicht nach § 134 BGB beurteilen, sondern ist durch Auslegung der jeweiligen Rechtsnorm zu ermitteln, maßgebend für die Annahme des Verbotscharakters sind dabei Sinn und Zweck der Vorschrift.[463]

Die Strafvorschriften des TPG sind sowohl gegen die Umstände des Zustandekommens solcher Rechtsgeschäfte, nämlich das Ausnutzen einer Zwangslage von Spender oder Empfänger, gerichtet, als auch gegen den Vertragsinhalt; menschliche Organe, die zu Heilzwecken bestimmt sind, sollen grundsätzlich nicht Gegenstand kommerzieller Geschäfte sein.[464]

Außerdem verwenden §§ 17 und 18 TPG mit „es ist verboten zu..." eine so deutliche Formulierung, die es kaum zulässt, die Vorschriften nicht als Verbotsgesetz zu interpretieren.

Liegt ein Verbotsgesetz vor, so greifen die Rechtsfolgen des § 134 BGB ein. Dies bedeutet nach dem Wortlaut des § 134 BGB zwar nicht immer die Nichtigkeit des Rechtsgeschäfts, die Vorschrift beinhaltet jedoch eine Nichtigkeitsvermutung,[465] nach der st. Rechtsprechung mindestens in den Fällen, in welchen sich das Verbot gegen beide Teile richtet, insbesondere aber dann, wenn die Handlung für beide Parteien mit Strafe bedroht ist.[466] Gerade das ist bei §§ 17, 18 TPG der Fall, eine Strafbarkeit ist sowohl für Spender als auch Empfänger vorgesehen. Eine Nichtigkeit solcher Verträge ist auch notwendig, um dem Präventionsgedanken der Vorschriften über den Organhandel gerecht zu werden.[467] Nur wenn aus solchen Verträgen prinzipiell keine Ansprüche hergeleitet werden können, geht der die Strafandrohung ausgleichende bzw. überwiegende Anreiz, auf diese Art finanziellen Nutzen zu ziehen, verloren.

Ein entgeltlicher Organübertragungsvertrag zwischen Spender und Empfänger muss daher grundsätzlich nach § 134 BGB nichtig sein.[468]

---

[463] BGHZ 85, 39, 43; BGH NJW 1970, 609; Erman/Palm § 134 Rn. 9.

[464] BT-Drucks. 13/4355, S. 15.

[465] Vgl. ausführlich Canaris, Gesetzliches Verbot und Rechtsgeschäft, S. 15.

[466] RGZ 60, 276; BGHZ 37, 365; 53, 157; Palandt/Heinrichs § 134 Rn. 8.

[467] BT-Drucks. 13/4355, S. 29.

[468] Selbst wenn aber das TPG nicht existieren oder man trotz Heranziehen des TPG nicht zu einer Nichtigkeit des Rechtsgeschäfts nach § 134 BGB kommen würde, stünde einem Anspruch des Spenders §138 BGB entgegen. Zwar mag eine Nichtigkeit nach § 138 Abs. 2 BGB unter Umständen daran scheitern, dass kein auffälliges Missverhältnis zwischen den Leistungen besteht, denn der Spender bringt ein großes Opfer. Zumindest § 138 Abs. 1 BGB wird jedoch kaum zu umgehen sein, denn zum einen befindet sich der Empfänger immer in einer ausweglosen Lage, in der er sich gegen Forderungen des Spenders kaum zu wehren vermag, so dass bereits die Umstände des Zustandekommens des Rechtsgeschäfts auf eine Sittenwidrigkeit hindeuten. Zum anderen kann sich Sittenwidrigkeit auch aus dem Inhalt des Rechtsgeschäfts ergeben, wenn dieses etwa gegen die Menschenwürde verstößt (Palandt/Heinrichs § 138 Rn. 7), was bei der Kommerzialisierung von Organen lebender Menschen in den häufigsten Fällen gegeben sein wird und was etwa gerade durch das TPG verhindert werden soll (BT-Drucks. 13/4355, S. 29). Zur Sittenwidrigkeit von Übertragungsverträgen vor Inkrafttreten des

c) Ergebnis

Ein Vertrag zwischen Organspender und -empfänger, der dem Spender als Ausgleich für seine Spende finanzielle Vorteile zukommen lassen soll, ist nur im Rahmen des § 17 Abs. 1 Nr. 1 TPG zulässig. Alle darüber hinausgehenden Verträge fallen unter das Verbot des Handeltreibens mit Organen nach §§ 17 und 18 TPG. Folge davon ist zum einen die Strafbarkeit der Beteiligten, zum anderen die Nichtigkeit eines solchen Vertrags nach § 134 BGB. Aus dem TPG in Verbindung mit dem entscheidenden Gesetzesentwurf ergibt sich, dass eine strikte Trennung zwischen der Einwilligung in eine Organspende und – von den unmittelbaren Behandlungs- und sonstigen Folgekosten abgesehen - finanziellen Aspekten vollzogen werden soll, so dass auch anderweitige möglicherweise in Betracht kommende Aufopferungsansprüche daran scheitern müssen.[469]

B. Unfreiwillige Organentnahme und Organhandel

In den bisherigen Kapiteln wurden Ansprüche des lebenden Spenders gegen die verschiedenen, an der rechtmäßigen und den Vorschriften des TPG entsprechenden Transplantation beteiligten Personen geprüft.

Da die unfreiwillige Organentnahme bzw. der "echte" Organhandel hauptsächlich eine strafrechtliche, weniger eine zivilrechtliche Problematik darstellt, soll dieses Thema hier nur kurz angesprochen werden.

I. Unfreiwillige Organentnahme

Wer entgegen § 8 Abs. 1 Satz 1 Nr. 1 Buchstabe a, b, Nr. 4 oder Satz 2 TPG ein Organ entnimmt oder dies versucht, macht sich nach § 19 Abs. 2 und Abs. 4 TPG strafbar und wird mit Freiheitsstrafe bis zu fünf Jahren oder Geldstrafe bestraft. Gleichzeitig macht er sich bei Entnahme eines nicht lebenswichtigen Organs eines Körperverletzungsdelikts nach den §§ 223 ff. StGB strafbar,[470] bei der Entnahme lebenswichtiger Organe befindet er sich im Bereich der Tötungsdelikte.[471]

TPG allgemein - i.E. aber nicht überzeugend - Maier, Der Verkauf von Körperorganen, S. 1-33; zur Sittenwidrigkeit von Verpflichtungsgeschäften über abgetrennte Körperteile allgemein siehe schon Tress, Die Organtransplantation aus zivilrechtlicher Sicht, S. 23 ff.

[469] Zu Argumenten gegen ein unbedingtes Verbot kommerzieller Organspenden, da dann sog. „Kreuzspenden“ oder ein „Ringtausch“ zwischen Bedürftigen möglich wäre, siehe Kühne, Das neue deutsche Transplantationsgesetz, MedR 1998, 458.

[470] Siehe etwa Tröndle/Fischer (Tröndle), StGB § 228 Rn. 10; Lackner/Kühl, StGB § 228 Rn. 23.

[471] Tröndle/Fischer, StGB Vor § 211 Rn. 3 ff. Zu Schadens- und Schmerzensgeldansprüchen der Angehörigen nach § 823 Abs. 2 BGB i.V.m. §§ 211 ff. StGB bei Mord oder Totschlag siehe Palandt/Heinrichs Vor § 249 Rn. 71.

Liegt ein solcher Fall vor, kann der Spender, wenn der Täter rechtswidrig und schuldhaft gehandelt hat, nach § 823 Abs. 2, § 847 BGB in Verbindung mit dem StGB oder dem TPG seinen materiellen und immateriellen Schaden geltend machen.[472] § 19 Abs. 2 und 4 stellt ebenso wie die Strafvorschriften des StGB ein Schutzgesetz im Sinne von § 823 Abs. 2 BGB dar,[473] denn er bezweckt konkret und individuell den Schutz des Organspenders.[474]

II. Organhandel; § 823 Abs 2 BGB

Betreibt jemand die kommerzielle Vermittlung von Organen, so macht er sich nach den §§ 17, 18 TPG strafbar. Gleichzeitig kann er, je nach konkreter Tätigkeit, verschiedene Tatbestände des StGB erfüllen.

Fraglich ist, ob auch diese Vorschriften die Qualität eines Schutzgesetzes im Sinne von § 823 Abs. 2 BGB besitzen. Diese Qualität ist dann erfüllt, wenn der Schutz gerade auf bestimmte Rechtsgüter oder Interessen des Einzelnen zielt, also Individualschutz bezweckt und nicht nur die Allgemeinheit schützen soll.[475]

§§ 17, 18 TPG dienen, wie aus dem Gesetzeswortlaut in Verbindung mit der Entwurfsbegründung hervorgeht, einerseits dem Zweck, zu verhindern, dass der menschliche Körper zum Gegenstand kommerzieller Transaktionen gemacht wird.[476] Ausdrücklicher Schutzzweck ist jedoch ebenso die körperliche Integrität des Lebenden,[477] es ist also auch der Individualschutz des Spenders umfasst, so dass sie als Schutzgesetz im Sinne von § 823 Abs. 2 BGB zu betrachten sind.

Der Spender kann daher bei rechtswidrigem und schuldhaftem Handeln auch in diesem Fall seinen Schaden gem. §§ 823 Abs. 2 BGB i.V.m. §§ 17, 18 TPG geltend machen.

III. Ergebnis

Die Strafvorschriften des TPG (§§ 17-19) stellen Schutzgesetze im Sinne von § 823 Abs. 2 BGB dar, da sie neben Allgemeininteressen auch insbesondere den Schutz des Spenders, d.h. seiner körperlichen Integrität bezwecken, so

---

[472] Die Verletzung eines in § 823 Abs. 1 BGB genannten Rechtsguts ist bei der Verletzung eines Schutzgesetzes nicht zusätzlich erforderlich, die Frage der Rechtsgutverletzung wird erst wieder im Rahmen von § 847 BGB relevant, siehe Jauernig/Teichmann § 847 Rn. 3.

[473] Palandt/Thomas § 823 Rn. 140, 149; Erman/Schiemann § 823 Rn. 157 ff, 160.

[474] BT-Drucks. 13/4355, S. 31.

[475] BGHZ 100, 13, 14; 106, 204; Jauernig/Teichmann § 823 Rn. 44; siehe auch Deutsch, Haftungsrecht I § 16 II 1.

[476] BT-Drucks. 13/4355, S. 29.

[477] BT-Drucks. 13/4355, S. 29.

dass Ansprüche des Spenders aus unerlaubter Handlung in Betracht kommen können.

C. Zusammenfassung Teil 2

Die Organentnahme vom lebenden Spender hat sich zu einem wichtigen, nicht mehr hinwegzudenkenden Teil des Transplantationswesens entwickelt. Sie stellt für den Organempfänger eine Chance dar, schnell ein Organ zu bekommen, das eine hohe Verträglichkeit besitzt. Dem Spender können für dieses Opfer jedoch verschiedene Ersatzansprüche zustehen.

Findet eine unfreiwillige oder gegen die Verbotsvorschriften über Organhandel verstoßende Organentnahme statt, so machen sich die Beteiligten strafbar und der Spender kann seinen Schaden gem. § 823 Abs. 2 BGB in Verbindung mit den §§ 17, 18, 19 TPG bzw. den Straftatbeständen des StGB geltend machen.

Aber auch im Bereich der legalen, freiwilligen und den Vorschriften des TPG entsprechenden Organentnahme können dem Spender Ersatzansprüche gegen verschiedene Beteiligte zustehen.

Zunächst kann der Spender Ansprüche gegen den Arzt haben, der die Notwendigkeit einer Organspende durch sein schuldhaftes Handeln am späteren Empfänger ausgelöst hat. Dieser darf rechtlich zwar auch an der Transplantation selbst mitwirken, in der Praxis wird dies aber so gut wie nie vorkommen.

Vertragliche Ansprüche gegen den ursprünglich handelnden Arzt scheiden aus, da der Spender selbst zu diesem in keinerlei vertraglichen Beziehungen steht.

Ansprüche aus dem ursprünglichen Behandlungsvertrag zwischen Arzt und Patient mit Schutzwirkung zugunsten des Spenders scheitern an der sog. Leistungsnähe, da der Spender nicht bestimmungsgemäß wie der Patient in den Behandlungsvertrag miteinbezogen ist.

Eine Geltendmachung des Spenderschadens im Wege der Drittschadensliquidation scheitert am Erfordernis der zufälligen Schadensverlagerung, die Organspende stellt vielmehr eine Schadenserweiterung dar.

Auch ein Anspruch des Spenders gegen den Arzt aus Geschäftsführung ohne Auftrag greift nicht durch. Es fehlt einerseits an der Möglichkeit einer Geschäftsbesorgung für den Arzt, da dieser die Organspende auch theoretisch nicht selber hätte vornehmen können. Zum anderen mangelt es am sog. Fremdgeschäftsführungswillen, da der Spender den Arzt nicht aus seiner Schadensersatzpflicht entlassen möchte.

Ein deliktsrechtlicher Anspruch aus § 823 Abs. 1 BGB greift hingegen durch. Die entscheide Problematik liegt hier im Bereich der Zurechnung. Erstens stellt die Organspende als heutzutage gängige Behandlungsalternative jedoch keine inadäquate Folge eines solchen Fehlers mehr dar. Und zum anderen unterbricht auch der freiwillige Entschluß zur Organspende die Kausalitätskette und den

Zurechnungszusammenhang nicht, da der Arzt den Spender in die psychische Zwangslage gebracht hat, diese Entscheidung zu treffen. Die Einwilligungserklärung des Spenders schließlich ist nur Voraussetzung für die Transplantation, sie rechtfertigt nicht die Gefahrenlage, in die der Arzt den Spender gebracht hat.

Aus § 847 Abs. 1 BGB steht dem Spender außerdem ein Anspruch auf Ersatz seines immateriellen Schadens gegen den Arzt zu.

Ansprüche gegen den ursprünglich handelnden Arzt wegen Verlust oder Zweckentfremdung des entnommenen Organs im weiteren Verlauf der Transplantation bestehen nicht. Ein weitergehender materieller Schaden ist nicht ersichtlich und ein Anspruch auf Ersatz des immateriellen Schadens kann nicht durchgreifen, da sich keine vom Ersthandelnden gesetzte spezifische Gefahr verwirklicht. Verlust, Beschädigung oder Zweckentfremdung des Organs stellen vielmehr ein allgemeines, von dem die Transplantation auslösenden Faktor unabhängiges Transplantationsrisiko dar.

Ansprüche gegen den oder die transplantierenden Ärzte bei ordnungsgemäß und lege artis durchgeführter Transplantation greifen ebenfalls nicht, da im Rahmen des Entnahmevertrags keine Vertragsverletzung vorliegt und ein deliktsrechtlicher Anspruch an einer wirksamen Einwilligung des Spenders scheitert.

Als haftungsrechtlicher Anknüpfungspunkt kommt hier nur die schuldhafte nicht bestimmungsgemäße Verwendung des Organs in Betracht. Auch hier geht es mangels weitergehenden materiellen Schadens nur um einen Anspruch aus § 847 Abs. 1 BGB. Ein solcher kann bei Verletzung des allgemeinen Persönlichkeitsrechts bestehen, denn trotz sachenrechtlicher Qualifizierung des Organs bleibt eine persönlichkeitsrechtlich geprägte Beziehung zwischen dem Spender und dem Organ bis zur Implantation bestehen. Ein Anspruch aus § 847 Abs. 1 BGB kommt nach st. Rechtsprechung jedoch nur bei einer schwerwiegenden Verletzung in Betracht, was bei nur normaler Fahrlässigkeit des Handelnden wohl eher abzulehnen ist.

Vertragliche Ansprüche gegen den Organempfänger bestehen nicht, da derartige Vereinbarungen, soweit sie in der Höhe über § 17 Abs. 1 Satz 1 Nr. 1 TPG hinausgehen, gegen das Verbot des Organhandels nach §§ 17, 18 TPG verstoßen und damit nach § 134 BGB nichtig sind. Unbenommen davon bleibt die Möglichkeit des Empfängers, dem Spender im nachhinein eine freiwillige Entschädigung zukommen zu lassen.

Teil 3: Die Organentnahme vom toten Spender

A. Allgemeines

I. Aktuelle Situation

Die postmortale Organspende stellt auch nach Inkrafttreten des neuen TPG den zahlenmäßigen Hauptteil der Organtransplantationen dar.

Das TPG war insbesondere in Bezug auf die Voraussetzungen der postmortalen Organentnahme und die Kriterien zur Todesfeststellung ein wichtiger Meilenstein, um die herrschende Verunsicherung hinsichtlich der Voraussetzungen der postmortalen Organentnahme sowohl auf Seiten potentieller Spender als auch auf Seiten der Transplantationsmediziner auszuräumen. Es hat feste Regelungen geschaffen, die zwar inhaltlich weiterhin umstritten sein mögen, es besteht jedoch für den potentiellen Spender zumindest die Möglichkeit, sich mit diesen Bestimmungen auseinanderzusetzen und aufgrund dieser Informationen die Entscheidung zu treffen, ob er unter diesen Voraussetzungen zu einer Spende bereit ist. Für den Arzt auf der anderen Seite stellt das Gesetz hinsichtlich der postmortalen Organentnahme eine enorme Erleichterung dar, da er sich bei solch diffizilen Fragen wie der nach dem Todeszeitpunkt oder der nach dem Vorliegen der Einwilligung des Spenders oder der Angehörigen nicht mehr im (zumindest größtenteils) rechtsfreien Raum bewegen muss, sondern anhand konkreter Vorgaben entscheiden kann.

Wie der nachfolgende tabellarische Vergleich zwischen den Jahren 1996 und 1998 hinsichtlich postmortaler Organtransplantationen zeigt, hat sich die durch das Gesetz entstandene Rechtssicherheit noch nicht in einem deutlichen Anstieg postmortaler Transplantationen verifiziert. Dies muss aber nicht als ein Misserfolg des Gesetzes gewertet werden, sondern wird zum einen von mehreren Faktoren beeinflußt, wie etwa der im Vergleich zu anderen Ländern immer noch mangelnden Werbung und daher fehlenden Popularität von Organspenden,[478] insbesondere aber kann nicht erwartet werden, dass der Gewöhnungsfaktor der Organspende als „das Normale“ sofort durch Inkrafttreten des TPG eintritt, vielmehr wird ein statistisch deutlich sichtbarer Erfolg noch einige Zeit auf sich warten lassen.

---

[478] Erst in letzter Zeit wurden in diese Richtung gehende Bemühungen unternommen, wie etwa die Aufforderung, Organspender zu werden, wie sie die Angestellten des öffentlichen Dienstes gelegentlich mit ihren Gehaltsmitteilungen erhalten.

1. Organ	Niere	Leber	Pankreas + Niere	Herz	Lunge
Patienten auf der Warteliste	8112	209	106	536	119
Durchgeführte postmortale Transplantationen	1887	689	113	488	86

Abb. 3: Postmortale Transplantationen 1996[479]

2. Organ	Niere	Leber	Pankreas + Niere	Herz	Lunge
Patienten auf der Warteliste	9067	354	109	581	136
Durchgeführte postmortale Transplantationen	1997	699	175	528	117

Abb. 4: Postmortale Transplantationen 1998[480]

Wie die nachfolgende Darstellung der neuen Regelungen zeigen wird, hat das TPG größtenteils eine klare, praktikable Lösung für die Organentnahme vom Toten getroffen, es bestehen jedoch auch einige kritisch anzumerkende Unklarheiten oder Regelungen, die über das Ziel hinausgegangen sind und daher einen negativen Effekt haben.

II. Postmortale Spende nach dem neuen Transplantationsgesetz

Das Transplantationsgesetz hat eine umfassende Regelung auch über die Organentnahme von toten Spendern getroffen sowie über die Todesfeststellung; sie findet sich in den §§ 3-7 TPG. Um auch die inhaltlichen Neuheiten aufzuzeigen, sollen die Regeln anhand eines kurzen Vergleichs mit der vor Inkrafttreten des Gesetzes geübten Praxis dargestellt werden.

[479] Veröffentlicht von Eurotransplant und der Deutschen Stiftung Organtransplantation (DSO). Die Zahlen weichen geringfügig von den in Teil 1 dargestellten ab, was an unterschiedlichen statistischen Erhebungen liegt, der Deutlichkeit des Vergleichs über die Tendenzen der postmortalen Spende vor und nach Inkrafttreten des TPG tut dies jedoch keinen Abbruch.

[480] s.o.

1. Anwendungsbereich

Nach § 1 TPG hat das Gesetz einen umfassenden Anwendungsbereich. Zu den Organen im Sinne des TPG zählen danach menschliche Organe, Organteile und Gewebe (§ 1 Abs. 1 TPG), die zum Zwecke der Übertragung auf andere Menschen bestimmt sind. § 1 Abs. 2 TPG schließt hiervon Blut, Knochenmark sowie „embryonale und fetale Gewebe und Organe" aus, die in Abs. 2 verwendete Terminologie entspricht also bereits nicht mehr der Definition in Abs. 1, sondern ist offensichtlich ein beabsichtigt enger gefaßter Begriff.[481]

Die durch § 1 Abs. 1 TPG festgelegte Weite des Anwendungsbereich stellt zwar einerseits einen Schutz potentieller Spender dar, bedeutet aber andererseits hinsichtlich der Transplantation nicht durchbluteter Körperteile, wie etwa Hornhaut oder Dura, ein wesentlich komplizierteres Verfahren. Vor Inkrafttreten des TPG konnte man in diesem Bereich auch mit der mutmaßlichen Zustimmung, bei geringem Knochenmaterial sogar mit der Sozialadäquanz arbeiten, nach dem umfassenden Anwendungsbereich des TPG ist nun jedoch auch dafür die Zustimmung des Spenders bzw. seiner Angehörigen erforderlich,[482] was zu der Frage führt, ob das TPG mit seinem weiten Anwendungsbereich im Vergleich zur vorhergehenden Handhabung diesbezüglich wirklich eine Verbesserung darstellt.

a) Ausscheiden der Sozialadäquanz als Zulässigkeitskriterium

In Verbindung mit der Diskussion über die drei Lösungsmodelle tauchte in Theorie und Praxis die Frage der Sozialadäquanz des Leichnams auf, also danach, ob überhaupt in eine postmortale Organentnahme eingewilligt werden muss.[483]

Allgemein lässt sich sozialadäquates Verhalten mit einer "sich völlig im Rahmen der normalen, geschichtlich gewordenen sozialen Ordnung des Lebens bewegende und deshalb zulässige - wenn auch nicht notwendig sozial vorbildliche - Handlung" umschreiben.[484] Innerhalb der Grenzen dieser sozialen Handlungsfreiheit gehören zur Sozialadäquanz u.a. auch unerhebliche körperliche Verletzungen und Schädigungen, d.h. solche müssen im sozialen Leben hingenommen werden.[485] Bei Bejahung der sog. Sozialpflichtigkeit des Leichnams oder Sozialadäquanz postmortaler Organentnahmen bedurfte es vor Inkrafttreten des

---

[481] Deutsch, Medizinrecht, Rn. 501; zur uneinheitlichen Verwendung der Begriffe siehe oben schon Teil 2, II, 2.

[482] Deutsch, Medizinrecht, Rn. 502.

[483] ein Gedanke, der noch weit über den der Widerspruchslösung hinausreichte, Wolfslast, Transplantation ohne Gesetz?, MMW 1982, S. 108; Laufs, Rechtsfragen der Organtransplantation, S. 66; Pichlmayr/Honecker/Wolfslast, Lexikon Medizin, Ethik, Recht, Stichwort Organtransplantation, Spalte 769.

[484] Albrecht, Die rechtliche Zulässigkeit postmortaler Transplantatentnahmen, S. 71.

[485] Deutsch, Die rechtliche Seite der Transplantation, ZRP 1982, S.175.

TPG daher keiner weiteren Zulässigkeitsvoraussetzungen, wie der Einwilligung des Verstorbenen.[486]

Die Diskussion um die Sozialadäquanz beschränkte sich in der Literatur und der medizinischen Praxis allerdings von vornherein weitgehend auf geringfügige Eingriffe, wie die Entnahme von geringem Knochenmaterial (z.B. Gehörknöchelchen), das heißt auf Material, das derart entnommen wird, dass die Verletzung kaum zu sehen ist.[487] Eine grundsätzliche Verfügbarkeit des Leichnams zur Entnahme von Organen wurde als die Sozialadäquanz übersteigend angesehen und stand daher nie in Frage, da die durch die Organentnahme entstehenden Verletzungen der körperlichen Unversehrtheit oder der Integrität des Leichnams nicht mehr als völlig unerheblich bezeichnet werden können.[488]

---

[486] Denn die Entnahme befand sich in diesem Fall im sozialüblich hinnehmbaren Rahmen. Diskutiert wurde, ob die Sozialadäquanz in diesem Sinne tatsächlich schon tatbestandsausschließendes Merkmal oder nur einen Rechtfertigungsgrund für den Fall nicht eingehaltener Zulässigkeitsvoraussetzungen darstellt und somit nicht schon als vorweggenommener Gedanke geprüft werden dürfte. Da es jedoch bei der postmortalen Organentnahme in der Regel um die Verletzung des allgemeinen Persönlichkeitsrechts geht und es sich bei diesem um einen sog. offenen Tatbestand handelt, wurde diese Differenzierung als nicht entscheidend angesehen, da Tatbestands- und Rechtswidrigkeitsprüfung im Rahmen von § 823 Abs. 1 BGB zusammenfallen. Die Frage der Sozialadäquanz konnte daher im Rahmen der Zulässigkeitsvoraussetzungen der postmortalen Organentnahme behandelt werden, Deutsch, Die rechtliche Seite der Transplantation, ZRP 1982, S.175; zum offenen Tatbestand, d.h. der einheitlichen Prüfung der "rechtswidrigen Beeinträchtigung" BGHZ 13, 334, 338.

[487] Albrecht, Die rechtliche Zulässigkeit postmortaler Transplantatentnahmen, S. 72; Deutsch, Die rechtliche Seite der Transplantation, ZRP 1982, S. 175. Geringfügige Eingriffe werden in der Praxis jedes Jahr in großer Zahl vorgenommen, besonders die Entnahmen von Gehörknöchelchen und Augenhornhäuten wurden im Rahmen von Obduktionen vielfach ohne Einwilligung durchgeführt.[487]

[488] Die Grenzen der sozialen Handlungsfreiheit würden durch die Entnahme von Organen bei weitem überschritten, weshalb eine umfassende Sozialpflichtigkeit von der juristischen Literatur allgemein abgelehnt wurde, Pichlmayr/Honecker/Wolfslast, Lexikon Medizin, Ethik, Recht, Stichwort Organtransplantation, Spalte 769; Laufs, Rechtsfragen der Organtransplantation, S. 66; Kramer, Rechtsfragen der Organtransplantation, S.193 f; Deutsch, Brauchen wir das Transplantationsgesetz?, Der Chirurg 1980, S. 350; Schreiber, H.-L., Vorüberlegungen für ein künftiges Transplantationsgesetz, S. 349.

Zwar wurde die postmortale Explantation geringfügiger Substanzen im Umkehrschluß nicht automatisch als sozialadäquat angesehen, da die Entnahme auch nur kleinster Teile ein Eingriff in das Selbstbestimmungsrecht, das fortwirkende Persönlichkeitsrecht des Verstorbenen darstellt,[489] für den Fall, dass keine äußeren Verletzungen zurückbleiben, allerdings bejaht. [490]

Gerade weil bei solch geringfügigen Eingriffen mangels sichtbarer Verletzungen nach dem allgemeinen Pietätsempfinden, insbesondere dem der Angehörigen i.d.R ohnehin keine Entwürdigung des Leichnams stattfand, zeigte die Lösung über die Sozialadäquanz große Praktikabilität. Eine Entnahme verletzte in der Regel keine Rechte und Gefühle der Angehörigen und diese mussten sich mit dem Thema der Transplantation überhaupt nicht befassen. Diese Möglichkeit besteht nach § 1 Abs. 1 TPG nun nicht mehr, was juristisch gesehen durchaus konsequent ist, in der praktischen Anwendung aber mehr Nachteile als Vorteile besitzt.[491]

2. Zulässigkeitsvoraussetzungen der postmortalen Organentnahme

In den §§ 3 und 4 des TPG ist die sog. erweiterte Zustimmungslösung verwirklicht, also die Organentnahme bei Zustimmung des Spenders oder seiner Angehörigen zugelassen, womit im wesentlichen die bereits in den letzten Jahren geübte Praxis kodifiziert wurde.[492]

a) Die Regelung des § 3 TPG

§ 3 TPG regelt zunächst den Fall der postmortalen Organentnahme, bei dem

---

[489] Vgl. Albrecht, Die rechtliche Zulässigkeit postmortaler Transplantatentnahmen, S. 72; komplett ablehnend z.B. Pichlmayr/Honecker/Wolfslast, Lexikon Medizin, Ethik, Recht, Stichwort Organtransplantation, Spalte 769.

[490] Argumentiert wurde teilweise damit, dass körperliche Integrität und Persönlichkeitsrechte keine absolut geschützten und zu schützenden Rechtsgüter sind (wie Wolfslast, Transplantation ohne Gesetz? MMW 1982, S. 108, im Zusammenhang mit der Diskussion um die gesetzlichen Lösungsmodelle dies tut). Abgestellt wurde aber größtenteils nur auf die Verstümmelung oder Entstellung des Leichnams, so dass Eingriffe ohne bleibende Verletzungen jedenfalls sozialadäquat waren, Laufs, Arztrecht, Rn. 202; Deutsch, Brauchen wir das Transplantationsgesetz?, Der Chirurg 1980, S. 350; ablehnend zumindest bzgl. der Übertragung von Augenhornhäuten, da diese aufgrund der notwendigen Entfernung des Augapfels entstellend wirken würden, Deutsch, Die rechtliche Seite der Transplantation, ZRP 1982, S. 175; vgl. hierzu auch Pichlmayr/Honecker/Wolfslast, Lexikon Medizin, Ethik, Recht, Stichwort Organtransplantation, Spalte 769. Die Grenze zur Überschreitung der sozialadäquaten Handlung wurde dabei allerdings streng gezogen, um das durch das fortwirkende Persönlichkeitsrecht schützenswerte Gut der Integrität des Leichnams keiner bedeutenden Gefahr auszusetzen (Albrecht, Die rechtliche Zulässigkeit postmortaler Transplantatentnahmen, S. 73).

[491] Deutsch, Medizinrecht, Rn. 502.

[492] Zur Handhabung vor Inkrafttreten des TPG vgl. schon oben Teil 1, B und Teil 3, A.II.

eine eigene Willensentscheidung des Verstorbenen vorliegt und dessen konkrete Voraussetzungen. Wenig gelungen ist allerdings die Systematik und Terminologie der Absätze 1 und 2.[493]

Nach § 3 Abs. 1 TPG ist die Organentnahme (abgesehen von den Fällen des § 4 TPG) "zulässig", wenn der Organspender in die Entnahme eingewilligt hat, der Tod nach Regeln, die dem Stand der Erkenntnisse der medizinischen Wissenschaft entsprechen, festgestellt ist und der Eingriff durch einen Arzt vorgenommen wird.

§ 3 Abs. 2 TPG erklärt dann eine Organentnahme für "unzulässig", wenn der Verstorbene der Organentnahme widersprochen hatte (Nr. 1) oder wenn vor der Entnahme nicht der endgültige, nicht behebbare Ausfall der Gesamtfunktion des Großhirns, des Kleinhirns und des Hirnstamms nach Verfahrensregeln, die dem Stand der Erkenntnisse der medizinischen Wissenschaft entsprechen, festgestellt ist (Nr. 2).

Auf den ersten Blick liegt damit eine nicht ohne weiteres nachvollziehbare Doppelregelung, einmal als Voraussetzung und einmal als Einwendung vor.[494]

Liest man § 3 Abs. 2 Nr. 1 jedoch im Zusammenhang mit § 3 Abs. 1 S. 1 und § 4 TPG, dann wird die Zustimmungs-/Widerspruchslösung stimmig, denn letzterer schließt u. a. eine Zustimmung der Angehörigen aus bzw. macht diese irrelevant, wenn ein Widerspruch des Verstorbenen vorliegt. Eine mutmaßliche Zustimmung des Spenders ohne Beteiligung der Angehörigen ist im TPG nicht vorgesehen.

Schwer nachzuvollziehen bleibt unter gesetztessystematischen Gesichtspunkten jedoch weiterhin die in § 3 enthaltene Doppelregelung der Todesfeststellung, zumal die Berichte der Sitzungen des Bundestages über die Entwicklung der Regelung keinen Aufschluß geben.[495]

§ 3 Abs. 1 Nr. 2 TPG spricht zunächst nur vom Tod des Organspenders, der nach den Regeln die dem Stand der Erkenntnisse der medizinischen Wissenschaft entsprechen, festgestellt werden muss. Nicht daraus hervor geht, ob sich diese Regelung nur auf den Hirntod oder auf jede Todesart, also auch den sog. Herztod[496] bezieht. Für letztere Annahme spricht § 5 Abs. 1 Satz 2 TPG, der die Feststellung durch einen Arzt genügen lässt, wenn „der endgültige, nicht behebbare Stillstand von Herz und Kreislauf eingetreten ist und seitdem mehr als drei Stunden vergangen sind“. Der Herztod spielt also auch im Rahmen des TPG durchaus eine Rolle, eine Organentnahme danach ist sogar unter vereinfachten Voraussetzungen möglich.

---

[493] Kühn, Das neue deutsche Transplantationsgesetz, MedR 1998, 456.

[494] Deutsch, Medizinrecht Rn. 504.

[495] Siehe Beschlussempfehlung und Bericht des Gesundheitsausschusses, BT-Drucks. 13/8017, S. 9, der den Text des § 3 Abs. 1 Nr. 2 TPG immer noch offen lässt mit dem Hinweis, dass dieser während der Gesetzesberatung ausgefüllt wird.

[496] Zur Definition siehe nachfolgendes Kapitel.

Wenn dann in § 3 Abs. 2 Nr. 2 TPG davon die Rede ist, dass die Organentnahme unzulässig ist, wenn nicht zuvor „der endgültige, nicht behebbare Ausfall der Gesamtfunktion des Großhirns, des Kleinhirns und des Hirnstamms nach Verfahrensregeln, die dem Stand der Erkenntnisse der medizinischen Wissenschaft entsprechen, festgestellt ist", so ist dies wohl dahingehend zu deuten, dass für die Zulässigkeit einer Organentnahme auf jeden Fall der Hirntod festgestellt sein muss, andere möglicherweise zeitlich davor liegende Arten der Todesfeststellungen nicht ausreichen,[497] der Hirntod jedoch genügt.[498]

Umständlich und äußerst irreführend ist allerdings zum einen der Wechsel zwischen § 3 Abs. 1 Nr. 2 zu Abs. 2 Nr. 2 TPG von der Zulässigkeitsvoraussetzung zur Einwendung, zum anderen die teilweise Wiederholung des Wortlauts.[499]

Ebenfalls irreführend ist, dass die noch in den Entwürfen[500] vorhandene Regelung des § 3 Abs. 1 S. 3 TPG fehlt, nach der die Einwilligung nicht vor Vollendung des 16. Lebensjahres, der Widerspruch nicht vor Vollendung des 14. Lebensjahres erklärt werden konnte, denn diese Mindestaltersgrenze stellte bei der rechtlichen Entwicklung der postmortalen Organspende einen entscheidenden und umstrittenen Aspekt dar. Sie findet sich in der geltenden Gesetzesfassung in § 2 Abs. 2 TPG bei den Kriterien für die Erstellung eines Organspendeausweises. Diese Einordnung erscheint sehr missglückt, da es bei der Frage der Mindestaltersgrenze doch tatsächlich um die Einwilligungsfähigkeit geht, die maßgeblich für eine berechtigte Organentnahme ist und daher[501] bei deren Voraussetzungen, also in §§ 3, 4 TPG, stehen sollte. Durch die Einordnung unter dem Stichwort des Organspendeausweises könnte man auf den Gedanken kommen, die Altersgrenze gelte nur für die Erstellung des Organspendeausweises, nicht aber für eine Zustimmung in der aktuellen Situation, was unter Verweis auf die der Entwurfsbegründung zugrundegelegte Testierfähigkeit und Religionsfreiheit wohl nicht beabsichtigt ist.[502]

Schließlich gewährt § 3 Abs. 3 TPG dem nächsten Angehörigen ein umfassendes Informations- und Einsichtsrecht, dem der Arzt nachkommen muss.

Da das TPG den sog. Hirntod zwar als maßgeblichen Mindestzeitpunkt für eine Organentnahme aufgenommen hat, jedoch nicht als einzigen und die Frage der

---

[497] Zu dieser Problematik auch Graf Vitzthum/Kämmerer, Law and Medicine in Germany – Some Major Current Problems – Section Thirteen, S. 317 ff.

[498] Eine gegen die sog. „Hirntodlösung" angestrebte Verfassungsbeschwerde wurde nicht zur Entscheidung angenommen, da die Beschwerdeführer gem. § 3 Abs. 2 Nr. 1 TPG die Möglichkeit hätten, einer Organentnahme zu widersprechen und daher nicht selbst, gegenwärtig und unmittelbar in ihren Grundrechten betroffen seien, Beschluß des BVerfG v. 28.1.1999, EuGRZ 1999, 242.

[499] Dieser Auffassung wohl auch Deutsch, Medizinrecht, Rn. 504.

[500] Vgl. BT-Drucks. 13/4355, S. 4.

[501] Wie in den Gesetzesentwürfen noch vorgesehen, vgl. BT-Drucks. 13/4355, S. 4.

[502] BT-Drucks. 13/4355, S. 18.

Todesdefinition von Anfang an eine der umstrittensten im Bereich der Transplantationsmedizin war, soll zur Veranschaulichung an dieser Stelle ein kleiner Exkurs zur Entwicklung der Todesdefinition und den medizinischen Feststellungsmethoden vorgenommen werden.

aa) Die Entwicklung der Todesdefinition

Über eine lange Zeit, bis in die Mitte des 20. Jahrhunderts hinein, galt als klassischer Todesbegriff der sog. Herztod oder Gesamttod. Der letzte Herzschlag und der letzte Atemzug wurden als sicheres Zeichen für den Tod angesehen, der dieser Auffassung entsprechend folglich immer den ganzen Menschen betraf.[503]

Die Merkmale der Todesfeststellung, d.h. dass der Tod bei irrevesiblem Stillstand von Kreislauf und Atmung mit dem Enden der Tätigkeit des Zentralnervensystems und später dem Absterben von Zellen und Gewebe des gesamten Organismus eintritt,[504] haben auch heute noch Geltung. In den letzten Jahrzehnten entstand aber durch den medizinischen und technischen Fortschritt die Möglichkeit, die Herz- und Atemtätigkeit eines Menschen durch Apparate vorübergehend zu ersetzen oder aufrechtzuerhalten. Diese neuen Möglichkeiten der apparativen Medizin stellten eine große Bereicherung auf dem Gebiet der Intensivmedizin dar, spielten aber vor allem auch für die Transplantationschirurgie eine wesentliche Rolle, da die zur Entnahme bestimmten Organe nur „frisch", also durch den aufrechterhaltenen Blutkreislauf konserviert, übertragen werden können.[505] Eine postmortale Organtransplantation wurde durch diese Fortschritte erst ermöglicht.

Da damit ein nach dem klassischen Todesbegriff bereits toter Mensch reanimiert werden und künstlich am Leben erhalten werden konnte, also die bis dahin maßgeblichen Merkmale für die Todesfeststellung apparativ beeinflußt werden konnten, mussten auch neue Kriterien für die Todesfeststellung gelten; der alte Todesbegriff war nicht mehr praktikabel.[506]

Bereits in den 60er Jahren vollzog sich daher der Wandel vom Herztod zum sog. Hirntod als für die Transplantationsmedizin maßgeblicher Zeitpunkt. Der Tod wird nach letztgenanntem bei vollständigem und irrevesiblem Ausfall aller Funktionen des gesamten Gehirns bei künstlich aufrechterhaltener Kreislauffunktion im übrigen Körper angenommen.[507]

---

503 Humphry/Wickett, Das Recht auf den eigenen Tod.., S. 234; Matouschek, Gewandelte Auffassungen über Sterben und Tod, S. 35.

504 König, Todesbegriff, Todesdiagnostik und Strafrecht, S. 6.

505 Bade, Der Arzt an Grenzen von Leben und Recht, S. 124 f.

506 Funck, Der Todeszeitpunkt als Rechtsbegriff, MedR 1992, S. 183.

507 Schreiber/Wolfslast, Ein Entwurf für ein Transplantationsgesetz, MedR 1992, S. 193; Matouschek, Gewandelte Auffassungen über Sterben und Tod, S. 35. So jetzt auch das TPG, § 3 Abs. 2 Nr. 2 und ausführlich BT-Drucks. 13/4355, S. 12 f und BT-Drucks. 13/8017, S. 27 ff.

Die Argumentation für die Festlegung des Todeszeitpunktes auf den Hirntod lag und liegt darin, dass das Großhirn Sitz von sog. höheren Leistungen ist, also von Bewußtsein, Intelligenz, Lernfähigkeit, und im Hirnstamm wichtige Steuerungssysteme, wie Atmung und Blutkreislauf liegen, was zur Folge hat, dass auch die Herzkreislauffunktion nicht mehr zu retten ist, wenn ein Stillstand der Hirndurchblutung bereits zum irrevesiblen Erlöschen der Hirnfunktion geführt hat, da diese auch das Herzkreislaufsystem steuert. Außerdem entfällt - was insbesondere im juristischen Bereich eine Rolle spielt - auch die Individualität des Menschen, da auch diese an die Gehirnfunktion gebunden ist. Damit war der Mensch nach überwiegender Ansicht bei irreversiblem und vollständigem Ausfall der Gehirnfunktionen als tot zu diagnostizieren, selbst wenn noch nicht alle Organtätigkeiten erloschen sind,[508] da der Tod des Gehirns zwangsläufig zum Zerfall des gesamten Organismus führt.

Weitgehend Einigkeit herrscht darüber, dass der Tod nicht ein plötzliches Ereignis, sondern ein fortlaufender Prozeß ist.[509] Deshalb konnten sich vereinzelte Ansichten, die beim Hirntod nicht auf den Ausfall des gesamten Gehirns, sondern nur auf bestimmte Teile, etwa das Absterben der Hirnrinde (sog. Kortikaltodthese) abstellten, nicht durchsetzen.[510]

Obwohl sich nicht nur in der fachlichen, medizinischen und juristischen Literatur, sondern auch außerhalb dieser in der breiten Öffentlichkeit die Diskussion um die Frage der ethischen und theologischen Wertung des Hirntodes bei irrevesiblem und vollständigem Ausfall der gesamten Hirnfunktionen fortsetzte, konnte sich diese Todesdefinition soweit durchsetzen, dass sie in dieser Form in die Vorschläge und Anträge für ein Transplantationsgesetz mündete.[511]

bb) Todesfeststellung, medizinische Feststellungsmethoden

Doch nicht nur um den Hirntod als solchen, sondern intensiv auch um die Frage, wann der Hirntod wirklich eingetreten ist, wie dies sicher festgestellt werden kann und wer den Tod feststellen darf, wurden die von der Angst geprägten Diskussionen geführt, es könnte zum Zwecke der Organentnahme Mißbrauch getrieben werden, indem der Tod zu früh festgestellt und so Organe vom noch Lebenden entnommen werden.

---

[508] Bade, Der Arzt an den Grenzen von Leben und Recht, S. 125; Matouschek, Gewandelte Auffassungen über Sterben und Tod, S. 35; König, Todesbegriff, Todesdiagnostik und Strafrecht, S. 18 m.w.N.

[509] Humphry/Wickett, Das Recht auf den eigenen Tod, S. 244; Funck, Der Todeszeitpunkt als Rechtsbegriff, MedR 1992, S. 183; Grewel, Zwischen Lebensrettung und Euthanasie, ZRP 1995, S. 217.

[510] Vgl. ausführlich König, Todesbegriff, Todesdiagnostik und Strafrecht, S. 10 ff.

[511] Z.B. BT-Drucks. 12/8063, S. 3 f; BT-Drucks. 13/4355, S. 12 ff; BT-Drucks. 13/8017, S. 27 ff.

Für die Todesfeststellung wurden daher i.d.R. die allgemein anerkannten Richtlinien des wissenschaftlichen Beirats der Bundesärztekammer zu den Kriterien des Hirntodes[512] herangezogen.

Nach der klinischen Untersuchung zur grundsätzlichen Feststellung des Hirntodes[513] fordern die Richtlinien, wenn es sich bei dem Patienten um einen potentiellen Organspender handelt, den Todesbeweis durch eine EEG-Untersuchung, deren Ergebnis eine hirnelektrische Stille (0-Linien-EEG, isoelektrisches EEG) während einer kontinuierlichen Registrierung von 30 min sein muss. Die Untersuchung muss nach 24 Std. wiederholt werden, bevor der Hirntod festgestellt werden kann und darf, weil damit die erforderliche Sicherheitsspanne für ein medizinisch eindeutiges Ergebnis eingehalten ist.

Da die genaue Todeszeit aufgrund des Sterbens als Prozeß nicht genau festgelegt werden kann, wird nach den Richtlinien der Zeitpunkt, zu welchem die endgültigen diagnostischen Feststellungen getroffen werden, als Todeszeitpunkt dokumentiert.[514]

Eine weitere, den Tod sicher beweisende Untersuchung ist die beidseitige zerebrale Angiographie,[515] die allerdings nur bei einem unklaren EEG angewandt wird und auch dann nur in seltenen Fällen, da sie, sollte der Tod jemals noch nicht eingetreten sein, eine gefährliche Maßnahme für den Patienten darstellen könnte und eine Güterabwägung immer zugunsten des Patienten ausfällt, da die Feststellung des Hirntodes nie zum Wohle des Patienten geschieht, sondern immer fremdnützig ist.[516] In der Praxis wird auf eine Organentnahme verzichtet, wenn das EEG nicht völlig eindeutig ist.

Weitere Voraussetzung für die Todesfeststellung war bereits vor Inkrafttreten des TPG, dass der Tod von mindestens zwei unabhängigen, dem Transplantationsteam nicht angehörenden Ärzten festgestellt wird, um zu gewährleisten, dass das Interesse der Transplantationsärzte an der möglichen Organgewinnung aus der Todesfeststellung herausgehalten wird.[517]

Die genannten Kriterien schienen die Todesbestimmung weitestgehend gegen Mißbrauch zu schützen, der Bevölkerung diesbezüglich die Angst nehmen und geeignet, gleichzeitig die Bereitschaft zur Organspende zu steigern. Da die

---

[512] Abgedruckt in DÄBl 1979, S. 190 f; DÄBl 1982, Heft 14, S. 45 ff; bestätigt und ergänzt in DÄBl 1986, S. 2940 ff und DÄBl 1991, S. 2417 ff.

[513] Vgl. zu den Symptomen Punkt 2 der Richtlinien.

[514] Dagegen fordert z.B. Funck, Der Todeszeitpunkt als Rechtsbegriff, MedR 1992, S. 188, für die juristische Festlegung des Todeszeitpunktes die Formel "Klinischer Todeszeitpunkt + Sicherheitsspanne = juristischer Todeszeitpunkt.

[515] Zu Ablauf und Ergebnis der Angiographie vgl. Funck, Der Todeszeitpunkt als Rechtsbegriff, MedR 1992, S. 183 f.

[516] König, Todesbegriff, Todesdiagnostik und Strafrecht, S. 94 ff; Matouschek, Gewandelte Auffassungen über Sterben und Tod, S. 36.

[517] Schreiber/Wolfslast, Ein Entwurf für ein Transplantationsgesetz, MedR 1992, S. 193.

Richtlinien der Bundesärztekammer selbst jedoch keinen rechtsverbindlichen Charakter haben, waren die dort empfohlenen Kriterien nicht zwingend und unterlagen keiner Kontrolle,[518] so dass die Zweifel an der "ordnungsgemäßen" Feststellung des Hirntodes der Bevölkerung weiterhin bestanden. Eine verbindliche Regelung schien also auch in Bezug auf eine höhere Spendenbereitschaft angebracht und floß daher bereits in den ersten Anträgen für ein Transplantationsgesetz mit ein.[519]

b) Die Regelung vor Inkrafttreten des TPG

Vor Inkrafttreten des TPG konzentrierte sich die Diskussion bei der Frage der Zustimmung des Spenders zu Lebzeiten im wesentlichen auf drei rechtliche Aspekte, die Einwilligungsfähigkeit des Spenders, die Höchstpersönlichkeit der Einwilligung, d.h. die Frage der Stellvertretung in medizinischen Angelegenheiten, generell die Frage des Selbstbestimmungsrechts und schließlich die Form der Einwilligung und die damit verbundene Frage der Rechtsnatur der Entscheidung des Spenders.

Bei der Einwilligungsfähigkeit stellte sich vornehmlich die Frage nach der Mindestaltersgrenze für die Einwilligung in die Entnahme und damit die Frage nach der Rechtsnatur der Einwilligung.[520] Vergleichbar erschien diese Einwilligung zunächst mit der Einwilligung in den ärztlichen Heileingriff,[521] bei welchem i.d.R. von einer Einwilligungsfähigkeit mit Vollendung des 16. Lebensjahres ausgegangen wird.[522]

Gegen eine Parallele zur postmortalen Organentnahme sprach zunächst, dass es sich bei dieser zum einen nicht um einen Heileingriff handelt, die Einwilligung außerdem den postmortalen Zeitraum betrifft, wie bei der Einwilligung in den ärztlichen Heileingriff geht es aber andererseits auch bei der Organentnahme um die Beeinträchtigung höchstpersönlicher Rechte (fortwirkendes Persönlichkeitsrecht, Integrität des Leichnams), so dass man zumindest den rechtsge-

---

[518] Matouschek, Gewandelte Auffassungen über Sterben und Tod, S. 36.

[519] So etwa im Antrag der SPD-Fraktion, BT-Drucks. 12/8063 vom 21.06.1994.

[520] Die auf den ersten Blick in Betracht kommende allgemeine Grenze der Geschäftsfähigkeit, also gem. §§ 2, 106 BGB der Zeitpunkt der Volljährigkeit, beinhaltete das Problem, nur die Fähigkeit rechtsgeschäftliche Handlungen vorzunehmen, zu betreffen.

[521] Der nach allg. Ansicht auch bei Einwilligung Minderjähriger zulässig ist, sofern diese nach ihrer geistigen und sittlichen Reife die nötige Einsichts- und Urteilsfähigkeit besitzen, also Umfang und Tragweite des Eingriffs überschauen können. Argument hierfür ist, dass es sich bei dieser Erklärung nicht um die Vornahme einer rechtsgeschäftlichen Handlung, sondern (nur) um die Einwilligung zur Vornahme tatsächlicher Handlungen handelt.; Laufs, Rechtsfragen der Organtransplantation, S. 65; Palandt/Thomas, § 823, Rn. 42; MüKo/Mertens, § 823, Rn. 32; so auch schon BGHZ 29, 33 (36).

[522] Allerdings immer unter Berücksichtigung der persönlichen Entwicklung des Minderjährigen und der Tragweite des Eingriffs, Palandt/Thomas, § 823, Rn. 42; Kern, Fremdbestimmung bei der Einwilligung in ärztliche Eingriffe, NJW 1994, 755.

schäftlichen Charakter der Einwilligung ablehnen konnte.[523] Unterstützt von den genannten Indizien wurde die Einwilligungsfähigkeit daher auch bei der postmortalen Organentnahme allgemein ab Vollendung des 16. Lebensjahres angenommen und dementsprechend praktiziert.[524]

Wie lange bei schwerkranken, moribunden Patienten eine Einwilligung eingeholt werden kann, solange sie noch bei Bewußtsein und klarem Verstand sind, wurde rechtlich dem Problem der Stellvertretung zugeordnet.

c) Die Regelungen des § 4 TPG

Wie bereits angesprochen, ist nach § 4 Abs. 1 TPG eine Entnahme bei Zustimmung des nächsten Angehörigen erlaubt, vorausgesetzt, weder diesem noch dem Arzt ist eine Zustimmung oder ein Widerspruch des Verstorbenen bekannt.[525] Das TPG gewährt dem nächsten Angehörigen mit dieser Regelung ein eigenes Zustimmungsrecht, das über die Wahrnehmung des postmortalen Persönlichkeitsrechts des Verstorbenen[526] hinausgeht, er ist jedoch verpflichtet, den mutmaßlichen Willen des Spenders zu berücksichtigen. Schließlich kann er seine Erklärung innerhalb einer vereinbarten Frist widerrufen, sofern er dies mit dem Arzt vereinbart, § 4 Abs. 1 letzter Satz TPG).

§ 4 Abs. 2 TPG listet die Personen auf, die als nächste Angehörige in diesem Sinne gelten und regelt die weiteren Voraussetzungen für die Einholung der Zustimmung.[527]

---

523 Schreiber, H.-L., Rechtliche Aspekte der Organtransplantation bei Kindern, S. 228; Pichlmayr/Honecker/Wolfslast, Lexikon Medizin, Ethik, Recht, Stichwort Organtransplantation, Spalte 768; Möx, Zur Zulässigkeit von Organentnahmen, ArztR 1994, S. 40.

Unterlegt wurde die Festlegung dieses Zeitpunktes außerdem noch durch die Testierfähigkeit (§ 2229 Abs. 1 BGB), die ebenfalls mit der Vollendung des 16. Lebensjahres beginnt und, da diese Verfügung ebenso wie die Einwilligung in die postmortale Organentnahme ihre Wirkung erst nach dem Tode des Verfügenden entfalten soll, mit dieser verglichen wird. Und schließlich legt auch § 5 FeuerBG (RGBl I, S. 380 vom 15. Mai 1934) fest, dass Minderjährige ab dem 16. Lebensjahr ihre Bestattungsart festlegen können.

524 Reimann, Die postmortale Organentnahme als zivilrechtliches Problem, S. 342; Kramer, Rechtsfragen der Organtransplantation, S. 115; Strätz, Zivilrechtliche Aspekte der Rechtsstellung des Toten.., S. 58. Die Zustimmung des gesetzlichen Vertreters sollte ab diesem Zeitpunkt entspr. § 2229 Abs. 2 und abweichend von § 107 BGB nicht mehr notwendig sein.

525 Eine gegen § 4 TPG gerichtete Verfassungsbeschwerde, die mit der Begründung eingereicht wurde, durch die Regelung, nach der man eine Organentnahme endgültig nur verhindern könne, wenn man noch zu Lebzeiten eine Erklärung abgegeben habe, würden Würde und Selbstbestimmungsrecht des Menschen verletzt, wurde vom BVerfG nicht zur Entscheidung angenommen; § 2 Abs. 2 TPG wurde für verfassungskonform erklärt, Beschluß des BVerfG v. 18.2.1999, EuGRZ 1999, 241 f.

526 Vgl. dazu BGHZ 15, 149 (Cosima Wagner); BGHZ 50, 133 (Mephisto).

527 Ehegatte, volljährige Kinder, Eltern oder ein anderer Sorgeinhaber, volljährige Geschwister und Großeltern.

Dem nächsten Angehörigen ist nach § 4 Abs. 2 letzter Satz TPG eine volljährige Person gleichgestellt, die dem Spender bis zu seinem Tod offenkundig in besonderer persönlicher Verbundenheit nahegestanden hat. Es wird also an dieser Stelle die gleiche Formulierung gebraucht wie beim Empfängerkreis bei der Lebendspende. Es ist daher davon auszugehen, dass hinsichtlich der Auslegung dieses Begriffs dieselben Kriterien anzuwenden sind.[528]

Interessant und über die vor Inkrafttreten des TPG ausgeübte Praxis hinausgehend ist § 4 Abs. 3 TPG, nach dem der mögliche Organspender die Entscheidung über die Organentnahme einer bestimmten Person übertragen kann, die, ausgehend vom Wortlaut der Regelung wohl keine der in Abs. 2 genannten Personen sein muss.

Der Wortlaut von § 4 Abs. 3 TPG muss jedoch dahingehend verstanden werden, dass die dritte Person kein weitergehendes oder gar schon zu Lebzeiten des Spenders bestehendes Entscheidungsrecht innehat, dem Spender vielmehr einfach die Möglichkeit eröffnet werden soll, eine Person zur Entscheidung zu bestimmen, deren besondere persönliche Beziehung zu dem Organspender für den Arzt nicht offensichtlich ist. Auch der Dritte hat also den mutmaßlichen Willen des Spenders zu berücksichtigen und ist im Falle eines Widerspruchs desselben nicht entscheidungsbefugt.

d) Die Regelung vor Inkrafttreten des TPG

Vor Inkrafttreten des TPG stellten sich hinsichtlich einer ersatzweisen Einwilligung der Angehörigen zwei Fragen. Zum einen war praxisrelevant, ob bei einem noch lebenden Patienten, der im Vorfeld keine Erklärung abgegeben hatte und nicht mehr in der Lage war, seinen Willen zu äußern, eine Stellvertretung möglich war. Zum anderen war intensiver Diskussionsgegenstand die Frage, ob und inwieweit die Angehörigen nach dem Tod des potentiellen Organspenders zu einer Entscheidung über eine Organentnahme befugt waren.

Erstgenannte Frage wurde ausgehend von einem Vergleich mit der Einwilligung in den ärztlichen Heileingriff betrachtet, die als eine die höchstpersönlichen Rechtsgüter betreffende Willensäußerung grundsätzlich stellvertretungsfeindlich ist.[529]

Da ein Patient aber möglicherweise nicht selbst in der Lage ist, in den ärztlichen Heileingriff einzuwilligen, obwohl dieser geboten ist, ist das Prinzip der Stellvertretungsfeindlichkeit in der praktischen Anwendung nicht immer durchzuhalten ohne dem Wohle des Patienten entgegenzuwirken. Daher erfährt dieses Prinzip dahingehend eine Ausnahme, dass die Stellvertretung, wenn zum Wohle des Patienten erforderlich, zulässig ist. Allerdings wird diese Ausnahme sehr eng,

---

[528] Siehe Teil 2, A.II.2.

[529] Kern, Fremdbestimmung bei der Einwilligung in ärztliche Eingriffe, NJW 1994, S. 753; Palandt/Heinrichs, Einf. vor § 164, Rn. 4.

d.h. auf die Fälle eingegrenzt, in denen es sich um eine notwendige, indizierte, nicht aufschiebbare Maßnahme handelt und der Betroffene selbst nicht einwilligen kann.[530]

Hierunter konnte die Einwilligung in eine Organentnahme aber nicht gefaßt werden, da sie zur Einwilligung in den ärztlichen Heileingriff den entscheidenden Unterschied aufweist, dass eine Organentnahme nicht zum Wohle des Betroffenen notwendig, sondern vielmehr fremdnützig ist.

Dem Vorteil des Organempfängers gegenüber wurden daher die Persönlichkeitsrechte des Betroffenen, denn über seinen Körper soll ja verfügt werden, aber so hochwertig angesehen, dass die Vertretung bei der Einwilligung in eine Organentnahme abgelehnt wurde.[531]

Bezüglich der ersatzweisen Einwilligung der Angehörigen für den Fall, dass der verstorbene potentielle Organspender keine – eindeutige - Erklärung abgegeben hatte oder diese (etwa aufgrund mangelnder Einwilligungsfähigkeit), wurde bereits vor Inkrafttreten des TPG die sog. erweiterte Zustimmungslösung praktiziert, nach der die Angehörigen, wie auch jetzt nach dem TPG, nach dem Tode des Betroffenen ihre Zustimmung zu einer Organentnahme erteilen können.

Diskutiert wurde zunächst aber, wo die Befugnis der Angehörigen zu einer solchen Entscheidung herrühren, wer bei mehreren Angehörigen das Entscheidungsrecht haben und schließlich, unter welchen Voraussetzungen eine Zustimmung erfolgen könnte.

Die Befugnis zu Entscheidungen über den Leichnam wurde den Angehörigen allgemein als gewohnheitsrechtlich anerkanntes sog. Totensorgerecht zugestanden, über dessen Existenz überwiegend Einigkeit herrscht,[532] über das aber in Bezug auf Herleitung, Inhalt und Reichweite unterschiedliche Auffassungen bestanden.[533] Die Einwilligung in eine Organentnahme zumindest aber wurde von dem Totensorgerecht als gedeckt angesehen.[534]

Streitig, da nicht einheitlich definiert, war der Begriff der zur Wahrnehmung der Totensorge befugten "Angehörigen", deutlich wurde bei einer Gegenüberstellung

---

[530] Kern, Fremdbestimmung bei der Einwilligung in ärztliche Eingriffe, NJW 1994, S.754; zweite Angabe.

[531] Albrecht, die rechtliche Zulässigkeit postmortaler Transplantatentnahmen, S. 45; Reimann, Die postmortale Organentnahme als zivilrechtliches Problem, S. 343; Laufs, Rechtsfragen der Organtransplantation, S. 64.

[532] Albrecht, Die rechtliche Zulässigkeit postmortaler Transplantatentnahmen, S. 39; Staudinger/Dilcher, § 90, Rn. 20b; Schreiber, H.-L., Vorüberlegungen für ein künftiges Transplantationsgesetz, S. 351 f; Wolfslast, Transplantation ohne Gesetz, MMW 1982, S. 106; Möx. Zur Zulässigkeit von Organentnahmen, ArztR 2/1994, S. 40; vgl. auch Schreiber, Gutachten in: BT-Rechtsausschuß, Drucks. 8/167, S. 85 ff.

[533] Hierzu ausführlich Carstens, Das Recht der Organtransplantation, S. 100 m.w.N.

[534] Deutsch, Die rechtliche Seite der Transplantation, ZRP 1982, S. 176; Pichlmayr/Honeker/Wolfslast, Lexikon Medizin, Ethik, Recht, Stichwort Organtransplantation, Spalte 768.

mit dem Begriff des Verwandten nur, dass "Angehörige" einen weiteren Personenkreis erfaßten.[535]

In diesem Zusammenhang wurde mangels gesetzlicher Regelung[536] auch die Rangfolge der Angehörigen hinsichtlich der Entscheidungsbefugnis über den Leichnam des Verstorbenen diskutiert.[537]

Wie auch in § 4 Abs. 1 S. 3 TPG aufgenommen, sollten die Angehörigen dazu angehalten werden, dem mutmaßlichen Willen des Verstorbenen entsprechend, zu entscheiden.[538]

e) Formerfordernisse vor und nach Inkrafttreten des TPG

Aus den Vorschriften des TPG lässt sich nicht entnehmen, dass der Spender nur in einer bestimmten Form in die Organentnahme einwilligen kann. Vielmehr geht aus §§ 3 Abs. 1 Nr. 1 und 4 Abs. 1 Nr. 1 TPG[539] hervor, dass sie sowohl mündlich als auch schriftlich erfolgen kann. Entscheidend wird die Form nur, wenn der

---

535 Also auch solche Personen, die in einem anderen familienrechtlichen Verhältnis zueinander stehen. Da darüber hinaus der Begriff aber, obwohl im Gesetz vielfach verwendet, etwa in Art. 104 Abs. 4 GG, §§ 530, 569a, 1740d, § 22 KunstUrhG, §§ 52, 63 StPO, überhaupt nicht, oder wenn doch, unterschiedlich definiert war, wurde als Anhaltspunkt für die Eingrenzung sogar § 2 Abs. 2 FeuerBG herangezogen (so z.B. Strätz, Zivilrechtliche Aspekte der Rechtsstellung des Toten.., S. 59; Reimann, Die postmortale Organentnahme.., S. 347; kritisch H. P. Westermann, Zur Rechtsfindung im medizinisch-juristischen Grenzbereich, FamRZ 1973, S. 615), der für die ebenfalls die Totensorge betreffende Frage der Bestattung als Befugte den Ehegatten, die Verwandten und Verschwägerten in absteigender und aufsteigender Linie, die Geschwister und deren Kinder, sowie den Verlobten benennt. Teilweise wurde der Kreis auf die "nächsten" Angehörigen eingeengt (Deutsch, Die rechtliche Seite der Transplantation, ZRP 1982, S. 176), teilweise erheblich ausgeweitet auf sämtliche irgendwie mit dem Verstorbenen verwandte, verschwägerte, sowie durch Ehe oder Verlöbnis verbundene Personen, oder sogar auf nichtverwandte, dem Verstorbenen aber zu Lebzeiten sehr nahestehende Personen (Brugger/Kühn, Sektion der menschlichen Leiche, S. 25; Albrecht, Die rechtliche Zulässigkeit postmortaler Transplantatentnahmen, S. 42).

536 Albrecht, Die rechtliche Zulässigkeit postmortaler Transplantatentnahmen, S. 43; auch §§ 2 Abs. 2 S. 3 FeuerBG ließen sich aus den o.g. Gründen nicht auf das gesamte Totensorgerecht übertragen.

537 Grundsätzlich wurde die Rangfolge aber entsprechend der Nähe, der engsten persönlichen und seelischen Beziehung der Angehörigen zu dem Verstorbenen bestimmt, Möx, Zur Zulässigkeit von Organentnahmen, ArztR 2/1994, S. 41; Strätz, Zivilrechtliche Aspekte der Rechtsstellung des Toten.., S. 59.

538 Pichlmayr/Honecker/Wolfslast, Lexikon Medizin, Ethik, Recht, Stichwort Organtransplantation, Spalte 768; Schreiber, H.-L., Vorüberlegungen für ein künftiges Transplantationsgesetz, S. 350. Sich widersprechende Äußerungen der Angehörigen führten in der Praxis zu einem Verzicht auf die Organentnahme.

539 Und der Entwurfsbegründung, vgl. BT-Drucks. 13/4355, S. 18.

potentielle Spender weder direkt dem Arzt gegenüber eingewilligt hat, noch diesem eine schriftliche Einwilligung (oder ein schriftlicher Widerspruch)[540] vorliegt, denn erst dann dürfen die Angehörigen befragt werden.[541]

Die Form seiner Erklärung dem Organspender freizustellen, entsprach auch vor Inkrafttreten des TPG der allgemeinen Ansicht,[542] obwohl ein Formerfordernis unter Hinweis auf die Parallele zu Verfügungen von Todes wegen zunächst nicht abwegig erschien, da auch sie erst mit dem Tode wirksam wird[543] und Zweifel an ihrer Wirksamkeit mit dem Erlaß in testamentarischer Form beseitigt würden.[544]

Fraglich war nur, ob auch Sinn und Zweck der Formvorschriften bei Verfügungen von Todes wegen, also Warnfunktion, Rechtsklarheitsfunktion und Beweisfunktion[545] auf die Einwilligung zur Organentnahme übertragbar waren,[546] was aber abgelehnt wurde.

Die sog. Rechtsklarheitsfunktion schien nicht erforderlich, da zum einen die Einwilligung in eine Organentnahme nicht die gleichen Interpretationsschwierigkeiten aufwirft wie die Verfügung über vermögensrechtliche Dinge, zum anderen Rechte Dritter, etwa der Erben oder des Organempfängers, nicht unmittelbar berührt werden. Auch die Beweisfunktion schien bei der Organspende nicht im gleichen Maße erforderlich wie bei einer Vermögensverfügung, da der Beweis des Willens des Verstorbenen nach der praktizierten erweiterten Zustimmungslösung nur für die Frage notwendig war, ob der Verstorbene überhaupt eine Zustimmungserklärung abgegeben hatte.[547] Da damit nur die Gefahr bestand, der

---

540 Also in der Regel in Form eines Organspendeausweises.

541 Siehe auch Kühn, Das neue deutsche Transplantationsgesetz, MedR 1998, 456.

542 Kramer, Rechtsfragen der Organtransplantation, S. 115 ff; Strätz, Zivilrechtliche Aspekte der Rechtsstellung des Toten.., S. 57; Möx, zur Zulässigkeit von Organentnahmen, ArztR 2/1994, S. 40; Epple, Letztwillige Verfügungen.., BWNotZ 2/81, s. 32; a.A. Reimann, Die postmortale Organentnahme.., S. 344, der für die Einwilligung testamentarische Form verlangt.

543 Strätz, Zivilrechtliche Aspekte der Rechtsstellung des Toten.., S. 57.

544 Strätz, Zivilrechtliche Aspekte der Rechtsstellung des Toten.., S. 57, Fn. 186.

545 Reimann, Die postmortale Organentnahme als zivilrechtliches Problem, S. 344.

546 § 4 FeuerBG stellte kein überzeugendes Argument für eine solche Parallele dar, da er für die Wahl der Feuerbestattung zwar ebenfalls eine bestimmte Form vorschreibt, aber zum einen immerhin drei Möglichkeiten zur Wahl läßt, nämlich die Verfügung von Todes wegen, eine mündliche Erklärung des Verstorbenen, die von einer zur Führung eines öffentlichen Siegels berechtigten Person als in ihrer Gegenwart abzugeben ist und eine unter Angabe des Ortes und Tages eigenhändig geschriebene und unterschriebene Erklärung des Verstorbenen. Zum anderen handelt es sich bei dem FeuerBG um eine sich durch die geschichtliche Entwicklung der Möglichkeit, überhaupt Feuerbestattungen vornehmen zu dürfen, erklärende öffentlichrechtliche Ausnahmevorschrift, die sich nicht für eine entsprechende Anwendung auf die postmortale Organentnahme eignet, vgl. hierzu ausführlich Haas, Testamentsform oder polizeiliche Genehmigung.., FamRZ 1975, S. 74 f.

547 Würde ein solcher Wille aber nicht beachtet werden, so würden keine Rechte des Verstorbenen auf Integrität seines Leichnams, insbesondere aber keine unmittelbaren Rechte Dritter verletzt. Einzig die Spendebereitschaft des Verstorbenen könnte unbeachtet bleiben.

Bereitschaft des Spenders keine Beachtung zu schenken, erschien es sinnvoll, ihm auch die Wahl zu lassen, wie er seinen Willen kundtun möchte.

Die Warnfunktion schließlich, die wie die Beweisfunktion nicht nur bei Verfügungen von Todes wegen, sondern auch bei solchen unter Lebenden die Formbedürftigkeit begründet, ließ sich ebenso wenig überzeugend begründen.[548]

insbesondere aber bestand die Befürchtung, dass die Beachtung des Willens des Verfügenden an der Nichteinhaltung der Form scheitern könnte, so dass die Regelung des TPG der bereits davor geübten Praxis entsprach.[549]

3. Unberechtigte Organentnahme/Organhandel

Die in den §§ 17 ff. TPG enthaltenen Vorschriften betreffen auch und insbesondere die Organentnahme vom toten Spender.[550] Zunächst sind auch postmortal gespendete Organe vom Verbot des Handeltreibens erfaßt[551] und in § 18 TPG mit.Strafe bedroht.

Nach § 19 Abs. 1 TPG ist jedoch nicht nur das Handeltreiben strafbewehrt, vielmehr macht sich auch strafbar, wer „entgegen § 3 Abs. 1 oder 2 oder § 4 Abs. 1 S. 2 ein Organ entnimmt", wer also ohne eine wirksame Einwilligung des Spenders oder der Angehörigen oder ohne die fachgerechte Feststellung des Hirntodes ein Organ entnimmt, oder wer den Eingriff vornimmt, ohne Arzt zu sein.

Mit diesen Strafvorschriften soll der durch das Ungleichgewicht von zur Verfügung stehenden Spenderorganen und dem Organbedarf bestehenden Versuchung, aus eigensüchtigen wirtschaftlichen Motiven die gesundheitliche Lage

---

548 Der Spender erleidet zu Lebzeiten keinen kommerziellen Nachteil, noch besteht das gleiche Risiko einer Gesundheitsgefährdung oder -verletzung wie bei einem ärztlichen Heileingriff, da sich die Verfügung über seinen Körper erst auf die Zeit nach seinem Tode bezieht, Palandt/Thomas, § 823, Rn. 44. Außerdem wurde die Verfügung über den Körper nach dem Tod nicht als der Aufklärung zugänglich angesehen, da es nicht um sachliche Informationen gehe, sondern um ethische, gefühlsmäßige oder religiöse Fragen, die nur jeder selbst beantwortet könne, Kramer, Rechtsfragen der Organtransplantation, S. 119.

Weitere Anhaltspunkte für eine formlose Wirksamkeit der Verfügung über eine postmortale Organentnahme waren die Möglichkeit des Spenders zu Leibzeiten grds. Formlos über seinen Körper verfügen zu können und die Möglichkeit der Angehörigen, nach dem Tode des Spenders formlos in eine Organentnahme einzuwilligen.

549 Kramer, Rechtsfragen der Organtransplantation, S. 115 ff; Strätz, Zivilrechtliche Aspekte der Rechtsstellung des Toten.., S. 57; Möx, zur Zulässigkeit von Organentnahmen, ArztR 2/1994, S. 40; Epple, Letztwillige Verfügungen.., BWNotZ 2/81, S. 32.

550 Kritisch hierzu Deutsch, Zum geplanten strafrechtlichen Verbot des Organhandels, ZRP 1994, 180.

551 Zur Auslegung des Begriffs „Handeltreiben" siehe oben Teil 2, A.IV.1.a).

lebensgefährlich Erkrankter in besonders verwerflicher Weise auszunutzen, begegnet werden und ein ordnungsgemäßer Verfahrensablauf gewährleistet werden.[552]

Keine Regelung enthalten die Vorschriften dagegen über die möglichen zivilrechtlichen Rechtsfolgen von unberechtigter Organentnahme und Organhandel.

B. Die unberechtigte Organentnahme

Die Geltendmachung von Ansprüchen wegen unberechtigter Organentnahme setzt voraus, dass eine der in §§ 2 - 4 TPG genannten Zulässigkeitsvoraussetzungen nicht eingehalten wurde, etwa weil es an der Einwilligung in die Organentnahme fehlt oder diese mit Mängeln behaftet und daher unwirksam ist oder die Entnahme über die beschränkte Einwilligung des Spenders oder der Angehörigen hinausgeht.

I. Auf die Angehörigen übergegangene eigene Ansprüche des Spenders

1. Anspruchsgegner

Es bietet sich an, bei der Prüfung zunächst mit den unmittelbar Beteiligten, also dem Organspender, in dessen körperliche Unversehrtheit eingegriffen wird und dem Arzt/den Ärzten als Anspruchsgegner zu beginnen, der das Organ entnommen hat.

Daran anschließend stellt sich die Frage, ob noch andere potentielle Anspruchsgegner denkbar sind. Es könnte der Organempfänger als Anspruchsgegner in Betracht kommen, da dieser an dem Vorgang der Organtransplantation ebenfalls beteiligt ist. Vertraglich Beziehungen zwischen Organspender und –empfänger bestehen jedoch im Regelfall nicht und für einen Schadensersatzanspruch aus unerlaubter Handlung, müsste der Empfänger einen Verursachungsbeitrag zu Rechtsgutsverletzung des Empfängers erbracht haben.

Nach §§ 9 ff TPG erfolgt die Organvermittlung jedoch über Transplantationszentren, die verpflichtet sind, die Anonymität zwischen Spender und Empfänger zu wahren. Die explantierenden Ärzte melden vielmehr der Koordinierungsstelle, ein Spenderorgan zur Verfügung zu haben und diese ermittelt einen geeigneten Empfänger.

Damit aber kann ein potentieller Organempfänger grds. keinen Verursachungsbeitrag für eine unberechtigte Organentnahme leisten.

[552] BT-Drucks. 13/4355, S.15.

Einzig denkbare Konstellation, bei welcher der Organempfänger als Anspruchsgegner in Betracht kommen könnte, bleibt der Organhandel gemäß §§ 17, 18 TPG.[553] Rechtsfolgen des Organhandels sind die Nichtigkeit eines entsprechenden Vertrags und ein Schadensersatzanspruch nach § 823 Abs. 2 BGB, da die §§ 17, 18 TPG Schutzgesetze im Sinne von § 823 Abs. 2 darstellen.[554]

Abgesehen von Fällen des Organhandels bleiben als mögliche Anspruchsgegner jedoch nur die Personen, die die Organentnahme durchführen.

a) Anspruch aus § 823 Abs. 1 i.V.m. § 847 BGB wegen Verletzung von Gesundheit oder körperlicher Unversehrtheit

aa) Vorüberlegung

Ein deliktsrechtlicher Anspruch des Organspenders scheint auf den ersten Blick eine plausible Prüfungsmöglichkeit. Andererseits sollte bei einer zivilrechtlichen Betrachtung vor der Prüfung eines deliktsrechtlichen Anspruchs zuerst die Frage vertraglicher Ansprüche geklärt werden.

In Betracht könnte hier die Verletzung des Behandlungsvertrages zwischen Arzt und Patient kommen, in dem insbesondere auch das Grund-Vertrauensverhältnis zwischen Arzt und Patient festgelegt ist, u. a. dass der Arzt keinen Eingriff ohne Einwilligung des Patienten vornehmen darf. Der Arzt könnte also diesen Vertrag durch eine unberechtigte Organentnahme verletzt haben. Sinn und Zweck medizinischer Versorgung und des ärztlichen Behandlungsvertrags ist jedoch, die Gesundheit des Patienten zu verbessern oder wiederherzustellen, insbesondere aber, das Leben zu erhalten. Wenn nun eine unberechtigte, vom Hirntod ausgehend, postmortale Organentnahme vorgenommen wird, so hat sich mit dem vorhergehenden Tode des Spenders der Zweck, das Leben zu erhalten oder die Lebensqualität zu verbessern, erledigt. Der Arztvertrag erlischt daher mit sofortiger Wirkung, wenn der Patient verstirbt.[555] Es bleiben daher nur deliktsrechtliche Ansprüche zu prüfen.

bb) Die Voraussetzungen von § 823 Abs. 1 BGB

Als erste Voraussetzung verlangt § 823 Abs. 1 BGB die Rechtsgutsverletzung eines anderen. Zunächst ist daher der Begriff des "anderen" zu definieren.

Es ist zu fragen, ob die Verletzung des Körpers so wie die Tötung (Verletzung von Leben) eines Menschen erfordert, dass es sich bei dem anderen um einen lebenden Menschen handeln muss und somit der Körper eines Verstorbenen,

---

[553] Denn die Vorschriften über den Organhandel schließen auch den Organempfänger mit ein, vgl. oben Teil 2, A.IV.1. und § 18 Abs. 4 TPG.

[554] Vgl. auch hierzu schon oben unter Teil 2, B.II.

[555] Laufs/Uhlenbruck, Handbuch des Arztrechts, S. 297.

der nur noch an den Kreislauf aufrechterhaltende Apparate angeschlossen ist, nicht ausreicht.

Das Recht am eigenen Körper ist ein gesetzlich ausgeformter Teil des allgemeinen Persönlichkeitsrechts. Schutzgut dieses Rechts ist also nicht die Materie, sondern das Seins- und Bestimmungsfeld der Persönlichkeit, das in der körperlichen Befindlichkeit materialisiert ist.[556] Geschützt ist demnach der Körper als Basis der Persönlichkeit.[557] Daraus folgt aber wiederum, dass ein Eingriff jede Störung der körperlichen, geistigen oder seelischen Lebensvorgänge darstellt, was nach dem Tode nicht mehr möglich ist. Auch bei diesen Eingriffen muss der andere also ein lebender Mensch sein.[558]

aaa) Maßgeblichkeit von Herztod oder Hirntod für das Deliktsrecht

Nachdem gem. § 3 Abs. 2 Nr. 2 TPG im Rahmen der Transplantationsmedizin der Hirntod als Tod des Menschen gilt, müsste bei Zugrundelegen einer ordnungsgemäßen Feststellung des Hirntodes hinsichtlich einer zeitlich danach folgenden Organentnahme der genannte Anspruch aus § 823 Abs. 1 BGB verneint werden, da es am Merkmal des "anderen" fehlt. Entscheidende Frage ist daher, ob der Zeitpunkt des Hirntodes auch für die deliktsrechtliche Anspruchsprüfung Geltung hat.

Bis in die 60er Jahre des letzten Jahrhunderts hinein galt der sog. Herztod, nach dem ein Mensch erst mit Beendigung des letzten Atemzuges und des letzten Herzschlages tot war.[559] Das Bürgerliche Gesetzbuch wurde am 1. 1. 1900 in Kraft gesetzt, also zu einer Zeit, in der dieser Todesbegriff Gültigkeit hatte. Der Todeszeitpunkt und dessen Folgen, also das Ende der Rechtsfähigkeit[560] wurde zwar an keiner Stelle des BGB ausdrücklich geregelt, bei Entstehen des BGB konnte jedoch mangels anderer technischer Möglichkeiten nur von diesem Todesbegriff ausgegangen werden, der als naturwissenschaftlich feststehend angesehen wurde.[561] Man könnte daher zu der Annahme kommen, dass die im BGB durch den Tod herbeigeführten Rechtsfolgen erst zu dem Zeitpunkt des Herztodes entstehen, was zur Folge hätte, dass der Hirntote bei einer Organentnahme im deliktsrechtlichen Sinn noch nicht als tot anzusehen wäre und folglich in seiner Person Schadensersatz- und Schmerzensgeldansprüche entste-

---

556 Palandt/Thomas § 823, Rn. 4.

557 BGHZ 124, 52, 54 (sog. "Spermaentscheidung").

558 MüKo/Mertens § 823, Rn. 53, 54; im Gegensatz dazu kann jedoch der noch ungeborene Mensch deliktsrechtliche Ansprüche haben, da eine Verletzung die Gesundheit oder körperliche Unversehrtheit des (später) lebenden Menschen zur Folge haben kann, BGHZ 58, 48, 50.

559 Funck, Der Todeszeitpunkt als Rechtsbegriff, MedR 1992, S. 182 f.

560 Palandt/Heinrichs § 1, Rn. 3; dieser Punkt wurde in den Kommissionsprotokollen zur 2. Lesung (Band 1, S. 4 und Band 6, S. 106) als selbstverständlich, also überflüssig angesehen und daher gestrichen.

561 Palandt/Heinrichs § 1, Rn. 3.

hen könnten.

Andererseits spricht gerade die Tatsache, dass der Tod, seine Definition und der Zeitpunkt im BGB nicht geregelt sind, gegen ein definitives Festhalten an dem Begriff des Herztodes. Bei Entstehung des BGB hielt der Gesetzgeber den Todesbegriff und damit auch den Todeszeitpunkt zwar für einen feststehenden medizinisch-biologischen Begriff, der daher ohne weitere Modifikation aus der medizinischen Wissenschaft in die Jurisprudenz übernommen werden konnte.[562] Bei der Todesfeststellung und dem daraus entstehenden Todesbegriff handelt es sich jedoch um tatsächliche Geschehensabläufe und Erkenntnisse, die vom Fortschritt der naturwissenschaftlichen Forschung abhängig sind und aus diesem Grund nicht im Gesetz postuliert werden können.[563] Die Tatsache, dass bei Entstehung des BGB von einem bestimmten Todesbegriff ausgegangen wurde, kann daher nicht ausreichen, an dieser alten Definition festzuhalten.

Wenn demnach formale Aspekte nicht gegen einen auch im BGB zu berücksichtigenden Wandel vom Herztod zum Hirntod sprechen, stellt sich die Frage, ob inhaltliche Argumente dies unterstützen oder gegen eine Anwendung des Hirntodkriteriums auf das BGB und damit auf das Deliktsrecht sprechen.

Einfluß auf die Überlegungen könnte hierbei - bedingt durch die Auswirkung der Grundrechte auch auf das Privatrecht - der grundrechtliche Schutz des Lebens nach Art. 2 Abs. 2 S. 1 GG nehmen, der nach Auffassung des BVerfG[564] hinsichtlich der tatsächlichen zeitlichen Grenzen extensiv auszulegen ist. Es soll diejenige Auslegung gelten, die der Grundrechtsnorm die größte Geltung verleiht,[565] also der Lebensbegriff soweit wie möglich ausgedehnt werden, was für eine zeitlich späte Todesdefinition im Sinne des Herztodes sprechen würde.

Zur Konkretisierung der Frage, ob der Hirntod dieser Auslegung widersprechen könnte, muss zunächst gefragt werden, was "Leben" im Sinne von Art. 2 Abs. 2 S. 1 GG bedeutet und der Inhalt des Schutzgutes durch teleologische Auslegung präzisiert, also nach dem Zweck des Grundrechtlichen Lebensschutzes gefragt werden.

Das Recht auf Leben in Art. 2 Abs. 2 S. 1 GG schützt das körperliche Dasein, die biologisch-physische Existenz des Menschen,[566] was sich auch als Gewährung umfassenden Schutzes gegenüber aktuellen und potentiellen Gefährdungen der menschlichen Existenz bezeichnen lässt.[567] Darauf basierend und unter Berücksichtigung der extensiven Auslegung könnte man eine Organent-

---

[562] Erman/H.P. Westermann § 1, Rn. 5.

[563] Vgl. hierzu MüKo/Gitter § 1 Rn. 19, der die Todesfeststellung als ein immer den Fortschritt zu beachtendes Problem der Medizin bezeichnet.

[564] BVerfGE 39, 1 (38).

[565] BVerfGE 32, 54 (71).

[566] Jarass/Pieroth, GG-Kommentar, Art. 2, Rn. 44.

[567] So etwa Rixen, Todesbegriff, Lebensgrundrecht und Transplantationsgesetz, ZRP 1995, S. 462.

nahme nach eingetretenem Hirntod als Eingriff in das Sterbegeschehen ansehen,[568] da dieser Zustand noch von dem grundrechtlichen Lebensbegriff umfasst würde. Andererseits grenzt die biologisch-physische Existenz als Inhalt des Begriffs "Leben" aber gerade das Lebendigsein zur körperlichen Daseinsform des toten Menschen ab, denn der Satz, "jeder hat das Recht auf Leben" ist so zu lesen, dass jedes Leben besitzende menschliche Individuum dieses Recht besitzt.[569] Diese Auslegung klärt zwar, dass das körperliche Vorhandensein des Menschen allein nicht ausreicht, nicht aber, wann ein Lebendigsein des Menschen nicht mehr besteht. Dies wiederum kann sich nur nach naturwissenschaftlichen, also biologisch-physiologischen Gegebenheiten am Körper des Menschen richten.[570]

Damit aber beginnt sich die Argumentation im Kreis zu drehen, da nun auch der grundrechtliche Lebensbegriff wieder von der medizinischen Wissenschaft abhängig ist. Es stellt sich nur noch die Frage, ob der (naturwissenschaftliche) Begriff des Hirntodes der extensiven Auslegung des Lebensbegriffs in Art. 2 Abs. 2 S. 1 GG gerecht wird.

Der Hirntod, der die Funktionsunfähigkeit des Zentralorgans des Menschen voraussetzt, da dem Körper mit seinem Eintritt alle wesentlichen Eigenschaften eines selbständig lebenden Organismus fehlen, gilt in der medizinischen Wissenschaft als "point of no return" und damit als das Ende der menschlichen Existenz.[571] Da mit ihm nachweisbar der Verlust der Persönlichkeit eintritt, d.h. die Grundlagen menschlicher Personenhaftigkeit entfallen[572] und dem Organismus die Möglichkeit genommen ist, seine Funktionen selbständig aufrechtzuerhalten, war auch im juristischen Sinn der Inhalt des Begriffs "Leben" nicht mehr erfüllt[573] und er wurde daher in dieser Form in das TPG aufgenommen.[574]

Wenn aber somit auch keine aus dem grundrechtlich verankerten Recht auf Le-

---

[568] Wie dies der Theologe Hans Grewel (Zwischen Lebensrettung und Euthanasie, ZRP 1995, S. 218) darstellt.

[569] Hofmann, Die Pflicht des Staates zum Schutz des menschlichen Lebens in: FS für Krause, S. 118.

[570] Maunz/Dürig Art. 2 II, Rn. 9.

[571] Lang, Kultur des Lebens oder Kultur des Sterbens?, ZRP 1995, S. 457.

[572] Vgl. darstellend Rixen, Todesbegriff, Lebensgrundrecht und Transplantationsgesetz, ZRP 1995, S. 463, der diese Annahme allerdings für nicht argumentativ belegbar hält.

[573] Lang, Kultur des Lebens oder Kultur des Sterbens?, ZRP 1995, S. 459; Pieroth/Schlink, Grundrechte, Rn. 129; Palandt/Heinrichs § 1, Rn. 3; MüKo/Gitter § 1, Rn. 16; Hofmann, Die Pflicht des Staates zum Schutz des menschlichen Lebens in: FS für Krause, S. 119.

[574] Vgl. BT-Drucks. 13/4355, S. 12 f; BT-Drucks. 13/8017, S. 27 ff. Dass außerdem mit dem Eintritt des Hirntodes kein rechtsfreier Raum entsteht, neben dem Transplantationsgesetz das Totensorgerecht der Angehörigen und das fortwirkende postmortale Persönlichkeitsrecht des Verstorbenen dessen Menschenwürde schützen, unterstützt die genannten Argumente, Pieroth/Schlink, Grundrechte, Rn. 129 ff; Lang, Kultur des Lebens oder Kultur des Sterbens, ZRP 1995, S.460; BVerfGE 30, 173 (194) (sog. Mephistourteil).

ben hervorgehenden inhaltlichen Argumente gegen die Anerkennung des Hirntodes sprechen, kann man diesen uneingeschränkt auch dem BGB in dem Sinne zugrunde legen, dass dieser als Todeszeitpunkt gleichwertig neben dem Herztod steht und je nach konkreter Situation der eine oder andere Anwendung findet.[575]

Schließlich könnte man noch überlegen, ob überhaupt ein einheitlicher Todesbegriff erforderlich ist, oder ob nicht der Todeszeitpunkt für die rechtlichen Anwendungsbereiche des BGB, etwa den Erbfall oder die Rechtsfähigkeit, mit der herkömmlichen Feststellung des Herztodes bestimmt werden, also die zeitlich gesehen letztmögliche Festlegung des Lebensendes Anwendung finden kann.[576]

Würde man jedoch diese Aufspaltung durchführen, wäre der Hirntod ein unglaubwürdiges Kriterium, weil dieser Definition durch eine zweite "Todesmöglichkeit" immer der Vorwurf der verfrühten Todesfeststellung entgegenstehen sein könnte, wenn, etwa am Beispiel der Organtransplantation, einerseits die Angehörigen eine Organentnahme befürworten könnten, andere Rechtsfolgen wie der Erbfall andererseits aber noch nicht eintreten würden.[577]

Im Ergebnis bestehen damit keine Bedenken, den im TPG kodifizierten Hirntod als Todeskriterium auch auf das BGB und damit auf das Deliktsrecht anzuwenden, zur Gewährleistung der Rechtssicherheit ist eine einheitliche Todesdefinition sogar erforderlich.

bbb) Ergebnis

Da der Hirntod also auch für den Anspruch aus § 823 Abs. 1 BGB Geltung hat, fehlt es bereits an der ersten Tatbestandsvoraussetzung, nämlich an dem Merkmal des "anderen".

Ein hirntoter Organspender kann daher gegen den Entnehmenden keinen Anspruch aus § 823 Abs. 1 BGB (i.V.m. § 847 BGB) wegen Verletzung seiner körperlicher Unversehrtheit oder Gesundheit haben.

---

[575] Für eine auch außerhalb der Transplantationsmedizin Geltung findende Hirntoddefinition AK Organspende, Hirntod als Tod des Menschen, Marburger Bund, Ärztliche Nachrichten, Nr. 1, Jan. 1996, S. 12.

[576] Erman/H. P. Westermann § 1 Rn. 5. Eine Aufspaltung des Todesbegriffs würde bedeuten, dass für Tatbestände, bei denen es ausschließlich um die Feststellung des Todeszeitpunktes geht, der sog. Feststellungsbegriff gelten würde, der auf den Herzstillstand abstellt. Für Tatbestände, bei denen die Todesfeststellung rechtfertigende Voraussetzung von Handlungen oder Unterlassungen darstellt (wie z.B. bei der Organentnahme), würde der sog. Handlungsbegriff gelten, der auf den Hirntod abstellt.

[577] Für diese den ganzen Problemkreis nur noch komplizierter machende und daher unpraktikable Lösung besteht zudem auch kein Anlass, da die Frage der Todesfeststellung damit nicht beseitigt, sondern nur zeitlich verschoben und aufgeteilt wäre, vgl. auch MüKo/Gitter § 1 Rn. 17 ff.

b) Anspruch aus §§ 823 Abs. 1, 847 BGB wegen Verletzung des postmortalen Persönlichkeitsrechts

Auch hier erfordert ein Anspruch aus § 823 Abs. 1 BGB die Verletzung von Rechten oder Rechtsgütern eines anderen, also eines lebenden Menschen. Da aber, wie dargestellt, das Kriterium des Hirntodes auch auf das Deliktsrecht anwendbar ist, so dass es bei einer nach festgestelltem Hirntod erfolgenden Organentnahme am Merkmal des "anderen" fehlt, muss ein Anspruch aus § 823 Abs. 1 BGB daher generell entfallen, es sei denn, dass § 823 Abs. 1 BGB den Menschen auch nach dem Tod schützt.

aa) Das allgemeine Persönlichkeitsrecht

In § 823 Abs. 1 BGB ist neben den einzelnen Rechten und Rechtsgütern auch die Kategorie der "sonstigen Rechte" aufgeführt, wozu nach allg. Ansicht[578] unter anderem auch das in Art. 1, 2 GG verankerte allgemeine Persönlichkeitsrechts zählt.

Mit dem Tode des Menschen aber endet seine Rechtsfähigkeit,[579] womit alle daraus resultierenden Rechte und Pflichten grundsätzlich enden, also auch das allgemeine Persönlichkeitsrecht. Der Schutz des § 823 Abs. 1 BGB wäre also wieder mit dem Eintritt des Hirntodes erloschen.

bb) Die postmortale Wirkung des allgemeinen Persönlichkeitsrechts

Fraglich ist daher, ob das allgemeine Persönlichkeitsrecht nach dem Tode vollkommen erlischt, oder ob es aufgrund der auch nach dem Tode bestehenden Schutzbedürftigkeit des Menschen vor Verletzungen seiner Sphäre und Würde weiterwirkt.

Die Schutzbedürftigkeit wird nicht nur mit der auch noch nach dem Tode möglichen Verletzungsgefahr der Würde und Achtung des einzelnen, sondern unter anderem auch mit dem zutreffenden Hinweis begründet, dass es für das Handeln und die Empfindungswelt des Lebenden nicht ohne Einfluß sei, mit welchem Schutz seiner ideellen Belange er nach seinem Ableben rechnen könne, auch die Gestaltung des menschlichen Daseins also von der nach dem Tode gewährleisteten Rechtslage abhinge.[580]

---

[578] So grundlegend BGH (BGHZ 13, 334, sog "Schachtbriefurteil"), der seitdem in st. Rspr. daran festgehalten hat; BGHZ 26, 349 (sog. "Herrenreiter"-Fall) BGHZ 35, 363, 365; BGHZ 39, 124, 130; Erman/Schiemann § 823, Rn. 48; Palandt/Thomas § 823, Rn. 177.

[579] was zwar nicht gesetzlich festgelegt, aber allgemein anerkannt ist, da es dem historischen Gesetzgeber selbstverständlich war, dass mit dem Tode das "Menschsein" und damit auch die Rechtsfähigkeit erlischt, MüKo/Gitter § 1, Rn. 4 u. 15; Kommissionsprotokolle zur 2. Lesung, Band 1, S. 4 und Band 6, S. 106.

[580] Buschmann, Zur Fortwirkung des Persönlichkeitsrechts nach dem Tode, NJW 1970, S. 2082.

aaa) Grundlegende Urteile

Entgegen einer früheren allgemein ablehnenden Haltung gegenüber einem postmortal wirkenden Persönlichkeitsrecht[581] hat der BGH aufgrund der aufgezeigten Schutzbedürftigkeit grundlegend entschieden, dass das in Art. 2 Abs. 1 GG verankerte allgemeine Persönlichkeitsrecht in einzelnen Ausstrahlungen auch nach dem Tod des Menschen fortwirkt und dass nur diejenigen Ausstrahlungen enden, die eine aktiv handelnde Persönlichkeit voraussetzen, es also nicht vollständig erlischt, sondern nur eine inhaltliche Einschränkung erfährt.[582] Das erste diesbezügliche Urteil des BGH, das sog. "Cosima-Wagner-Urteil", betraf zwar nur das Urheberpersönlichkeitsrecht, der BGH betonte jedoch ausdrücklich, dass gleiches auch für das allgemeine Persönlichkeitsrecht gelte, da die schutzwürdigen Werte der Persönlichkeit die Rechtsfähigkeit ihres Subjekts überdauerten, die mit dem Tode der Person erlösche.[583] Das BVerfG[584] unterstützte diese Wertentscheidung mit der Aussage, dass das Grundrecht aus Art. 2 Abs. 1 GG und das darauf begründete Persönlichkeitsrecht zwar die Existenz einer aktiv handelnden Persönlichkeit voraussetzt und daher nicht über den Tod hinaus wirken kann, das postmortale zivilrechtliche Persönlichkeitsrecht aber über Art. 1 Abs. 1 GG durch das geschützte Andenken der Person getragen wird und somit bestehen kann. Die insoweit von der Rechtsprechung aufgestellten Kriterien lassen sich damit dahingehend zusammenfassen, dass das allgemeine Persönlichkeitsrecht nach dem Tode nicht vollständig erlischt, sondern es nur insoweit eine inhaltliche Änderung erfährt und fortbesteht, als durch einen Wert- und Achtungsanspruch das Andenken und insbesondere das fortwirkende Lebensbild des Verstorbenen weiterhin durch Art. 1 Abs. 1 GG wenigstens gegen grobe ehrverletzende Beeinträchtigungen geschützt werden muß.[585]

Diese vom BVerfG so geschaffene Grundlage für die Fortwirkung des allgemeinen Persönlichkeitsrechts erscheint überzeugender als ein starres Festhalten an dem Wortlaut von Art. 2 Abs. 1 GG, da Träger des Grundrechts aus Art. 2 Abs. 1 GG zwar nur die handlungsfähige, also lebende Person sein kann, die in Art 1 Abs. 1 GG garantierte Unantastbarkeit der Menschenwürde aufgrund ihrer Abstraktheit aber eine Beschränkung auf den lebenden Menschen nicht erkennen lässt. Vielmehr lässt Art. 1 Abs. 1 GG den Schluß zu, dass der Mensch schlechthin - und damit auch der Verstorbene - gemeint ist, da der allgemeine menschliche Eigenwert der Würde unabhängig von der Realisierung beim kon-

---

581 Vgl. Kallmann, Rechtsprobleme bei der Organtransplantation, FamRZ 1969, S. 576.

582 Vgl. das sog. Cosima-Wagner-Urteil", BGHZ 15, 249 und das sog. "Mephistourteil", BGHZ 50, 133 = NJW 1968, S. 1773; vgl. hierzu aber auch schon RGSt 64, 313, das bereits auf solche Ansätze hinweist.

583 BGHZ 15, 249, 259; zur Zustimmung des Schrifttums vgl. Buschmann, Zur Fortwirkung des Persönlichkeitsrechts nach dem Tode, NJW 1970, S. 2081, Fn. 8 m.w.N.

584 BVerfG NJW 1971, S. 1645, 1647.

585 Palandt/Thomas § 823, Rn. 180 und Palandt/Edenhofer § 1922, Rn. 43; Erman/Ehmann Anhang zu § 12, Rn. 93; BGH GRUR 1984, S. 908; BGHZ 107, 385 (391).

kret existierenden Menschen besteht und daher ein Angriff die Menschenwürde als solche auch beim noch nicht geborenen oder schon verstorbenen Menschen verletzen kann.[586] Auch auf den menschlichen Leichnam hat demnach die Würde des Menschen Auswirkungen.[587] Die dogmatische Begründung liegt folglich darin, dass die Rechtsordnung Gebote und Verbote für das Verhalten verletzungsfähiger Rechtsgüter auch unabhängig vom Vorhandensein eines lebenden Rechtssubjekts vorsehen kann.[588]

Der auf dem Verfassungsrecht basierende, von der Rechtsprechung entwickelte postmortale Schutz stellt sich somit zweigliedrig dar. Zum einen soll das Selbstbestimmungsrecht des Verstorbenen geschützt werden, zum anderen seine den Tod überdauernde Menschenwürde geachtet werden.

bbb) Rezeption in der Literatur

Trotz dieser de lege lata geschaffenen Grundlage für ein Fortwirken des Persönlichkeitsrechts, bestehen weitere Einwände dagegen, insbesondere gegen die dogmatische Begründung der rechtlichen Konstruktion, die teilweise als nicht ausreichend angesehen wird.[589]

Durch die von der Rechtsprechung geschaffene abstrakte Begriffsbestimmung des Menschen hinsichtlich der Menschenwürde[590] wird die Möglichkeit eines vom Vorhandensein eines konkreten Rechtssubjekts unabhängigen Rechts geschaffen.[591] Aus diesem Grund ist eines der am stärksten vorgebrachten Gegenargumente das der Rechtsfigur des subjektlosen Rechts,[592] also der Einwand, das Persönlichkeitsrecht als subjektives Recht setze ein Zuordnungsobjekt voraus, könne, da der Verstorbene nicht mehr rechtsfähig ist, nach dem Tod keiner Person mehr zugeordnet werden und daher auch keine Wirkung mehr entfalten und damit nach dem Tode nicht mehr bestehen.[593]

Dieses Argument lässt sich jedoch entkräften, wenn das allgemeine Persönlichkeitsrecht nach dem Tode nicht neu als eigenständiges Recht begründet oder als solches fortgeführt wird, sondern nur das zu Lebzeiten bestehende all-

---

[586] Maunz/Dürig Art. 1 I, Rn. 23; Kallmann, Rechtsprobleme bei der Organtransplantation, FamRZ 1969, S. 576.

[587] Maunz/Dürig Art. 2 I , Rn. 26; vorsichtiger, aber auch bejahend. Jarass/Pieroth Art 1, Rn. 5.

[588] BGHZ 50, 133, 137; vgl. auch Carstens, Das Recht der Organtransplantation, S. 99.

[589] So z.B. MüKo/Schwerdtner § 12, Rn. 193.

[590] Die Frage, ab und bis wann der konkrete Mensch Träger eines eigenen Rechts am Wertschutz des Art. 1 I GG teilhat, wird als unrichtige Fragestellung zivilrechtlichen Anspruchsdenkens verworfen, vgl. Maunz/Dürig Art 1 Abs. 1, Rn. 23.

[591] Lehmann, Postmortaler Persönlichkeitsschutz, S. 28.

[592] Buschmann, Zur Fortwirkung des Persönlichkeitsrechts nach dem Tode, NJW 1970, S. 2087. Siehe auch Lehmann, Postmortaler Persönlichkeitsschutz, S. 105 ff.

[593] So etwa MüKo/Schwerdtner § 12, Rn. 194; H. P. Westermann, Das allgemeine Persönlichkeitsrecht nach dem Tode seines Trägers, FamRZ 1969, S. 561 ff.

gemeine Persönlichkeitsrecht in eingeschränkter Form noch nach dem Tode Ausstrahlungen hat; es "wirkt" nur noch fort. Die herrschende Ansicht geht mit ihrer dogmatischen Begründung, dieser durch die Rechtsprechung des BGH[594] in die Diskussion gerückte Rechtsfigur des subjektlosen Rechts gerade aus dem Weg, indem durch extensive Ausdehnung von Art. 1 Abs. 1 GG der Schutz des Lebenden nach seinem Tode verlängert wird, Bezugsobjekt ist danach der Lebende mit den durch seine Existenz entstandenen Außenbeziehungen, die auch nach dem Tode noch fortwirken, nicht jedoch der Verstorbene, auch wenn es sich bei dem allgemeinen Persönlichkeitsrecht um ein subjektives Recht handelt, das eigentlich eine Bezugsperson verlangt.[595]

Wenn der Tote aber selbst kein Bezugsobjekt ist, so muss auch die fragwürdige Konstruktion der subjektlosen Rechtsfigur nicht herangezogen werden. Da die von der Rechtsprechung geschaffene Konstruktionsmöglichkeit der Rechtsfigur des subjektlosen Rechts trotzdem zumindest nahe kommt, sollte mit der Ausweitung eines im Ergebnis schließlich doch subjektiven Rechts zurückhaltend umgegangen werden, da ein solches Recht doch grundsätzlich nur einer lebenden Person zugeordnet werden kann.

Es wurden auch einige in Richtung einer postmortalen Rechts- oder Teilrechtsfähigkeit gehende Versuche einer dogmatischen Begründung unternommen.[596] Der Begriff der eingeschränkten oder Teilrechtsfähigkeit ist dem Gesetz jedoch fremd, insbesondere die Teilrechtsfähigkeit Verstorbener würde, da auch keine zukünftige volle Rechtsfähigkeit mehr eintreten kann, eine Änderung des Begriffs

---

594 BGHZ 50, 133, 137.

595 Lehmann, Postmortaler Persönlichkeitsschutz, S. 28; Albrecht, Die rechtliche Zulässigkeit postmortaler Transplantatentnahmen, S. 34 f. Unterlegt werden kann dies noch durch einige gesetzlich festgelegte Rechtswirkungen über den Tod hinaus, die ihren Bezugspunkt beim Lebenden haben, nämlich im Willen des Verstorbenen (so etwa im Erbrecht und in der Möglichkeit, eine Feuerbestattung zu wählen (FeuerbG), aber auch etwa in § 130 Abs. 2 BGB, der bestimmt, dass aus Gründen der Rechtssicherheit und des Rechtsschutzes dem Erklärungsgegner zugegangene Willenserklärungen auch dann wirksam sind, wenn der Erklärende nach der Abgabe verstorben ist, oder § 153 BGB, nach dem das Zustandekommen eines Vertrages nicht dadurch gehindert wird, dass der Antragende vor der Annahme stirbt, es sei denn, dass ein anderer Wille des Antragenden anzunehmen ist, Brugger/Kühn, Sektion der menschlichen Leiche, S. 31; Buschmann, Zur Fortwirkung des Persönlichkeitsrechts nach dem Tode, NJW 1970, S. 2084). Des weiteren bestehen Vorschriften, die gerade ein Fortwirken des Persönlichkeitsrechts in speziellerer Form beinhalten, wie z.B. das "Recht am eigenen Bilde" (§ 22 KunstUrhG).

596 So etwa die – grds. anerkannte - Konstruktion einer Fiktion, wobei der Leichnam als fiktives Rechtssubjekt, als "fiktive mystische Person" angesehen wird; der Tote soll in dem eng begrenzten Bereich des Persönlichkeitsrechts weiter am Leben bleiben und Rechtsträger sein, so z.B. Kiessling, Verfügungen über den Leichnam oder Totensorge?, NJW 1969, S. 536. Noch weitergehend ist die Annahme einer postmortalen Rechts- oder Teilrechtsfähigkeit, also die einer echten Rechtsträgerschaft der Leiche, womit die ein Zuordnungsobjekt voraussetzenden subjektiven Rechte Bestand haben könnten. Zu den einzelnen dogmatischen Ansätzen ausführlich Lehmann, Postmortaler Persönlichkeitsschutz, S. 17 ff. und 63 ff.

der Rechtsfähigkeit voraussetzen.[597] Diese Konstruktionen konnten sich daher im Gegensatz zu den Argumenten der Rechtsprechung und der meinungsgleichen Literatur, die rechtlich nur eine Ausweitung des allgemeinen Persönlichkeitsrechts begründen, der vorhandenen Schutzbedürftigkeit damit aber Rechnung tragen, nicht durchsetzen.[598]

Da aber jedenfalls eine Schutzbedürftigkeit vorhanden ist, ist eine postmortale Wirkung des allgemeinen Persönlichkeitsrechts heute weitgehend anerkannt.[599]

ccc) Anwendung des postmortalen Persönlichkeitsrechts auf die Organentnahme

Die dargestellte Rechtsprechung wurde an Fällen entwickelt, die regelmäßig Sachverhalte betrafen, bei welchen es um einen reinen Ehrenschutz, also den Schutz geistiger Werte oder Werke, des Ansehens ging, nicht aber um körperliche Eingriffe, wie etwa bei einer postmortalen Organentnahme. Dies führt zu der Frage, ob auch solche Verletzungen vom fortwirkenden allgemeinen Persönlichkeitsrecht und damit vom Schutz des § 823 Abs. 1 BGB erfasst werden.

Zieht man eine Parallele zwischen den von der Rechtsprechung entschiedenen Fällen und der postmortalen Organentnahme, so kann man hinsichtlich des Fortwirkens des allgemeinen Persönlichkeitsrechts zunächst auch bei letzterer davon ausgehen, dass der von dem Verstorbenen zu Lebzeiten geäußerte Wille Beachtung finden soll und dass aufgrund eines Wert- und Achtungsanspruchs der Verstorbene durch Art. 1 Abs. 1 GG zumindest gegen grobe ehrverletzende Beeinträchtigungen geschützt, also davor bewahrt werden soll, zu einem bloßen Objekt von Handlungen Dritter herabgewürdigt zu werden.[600]

Dies zugrundegelegt spricht viel für einen postmortalen Schutz auch gegen körperliche Eingriffe am Leichnam.

Zwar mag bei Bildern, Schriften oder Äußerungen über den Verstorbenen und seinem über den Tod hinausreichenden Ruf ein Bezug zum allgemeinen Per-

---

[597] Buschmann, Zur Fortwirkung des Persönlichkeitsrechts nach dem Tode, NJW 1970, S. 2086 f.

[598] MüKo/Schwerdtner § 12, Rn. 194; Carstens, Das Recht der Organtransplantation, S. 99.

[599] Palandt/Thomas § 823, Rn. 180; Erman/Ehmann Anhang zu § 12, Rn. 93 f; Staudinger/Dilcher § 90, Rn. 20 b und Staudinger/Schäfer § 823, Rn. 114, 259 ff; Kramer, Rechtsfragen der Organtransplantation, S. 158; Albrecht, Die rechtliche Zulässigkeit postmortaler Transplantatentnahmen, S. 34 f; H.-L. Schreiber, Vorüberlegungen für ein künftiges Transplantationsgesetz, S. 349; Klotz, Rechtsprobleme der Todesbestimmung und der Organentnahme vom Verstorbenen, S. 121; Taupitz, Privatrechtliche Rechtspositionen um die Genomanalyse, JZ 1992, S. 1094; Laufs, Arztrecht, S. 92, Rn. 202; a.A: H. P. Westermann, Das allgemeine Persönlichkeitsrecht nach dem Tode seines Trägers, FamRZ 1969, S. 561 ff, MüKo/Schwerdtner § 12, Rn. 194 ff.

[600] Kloth, Rechtsprobleme der Todesbestimmung und der Organentnahme beim Verstorbenen, S. 118.

sönlichkeitsrecht eher nachvollziehbar erscheinen, als bei dem vom schnellen Verfall bedrohten Leichnam, andererseits ist Anknüpfungspunkt für das postmortale Persönlichkeitsrecht die Persönlichkeit des Lebenden, die zu seinem Körper in einem starken und direkten Bezug stand.

Teil des allgemeinen Persönlichkeitsrecht ist es, die - rechtlich zulässigen - Verfügungen des Verstorbenen zu beachten und dadurch seiner Menschenwürde und seinem Selbstbestimmungsrecht Rechnung zu tragen. Da Verfügungen über den Körper über den Tod hinaus zulässig sind[601] (unter dem Aspekt der Würde unabhängig davon, in welche rechtliche Kategorie man den Leichnam einordnet[602]), besteht auch bei postmortalen Organentnahmen der Bedarf, die Beachtung seines Willens zu schützen;[603] solche Verfügungen müssen in gleichem Maße als schutzwürdig angesehen werden wie die gesetzlich geregelten Fälle der Verfügungen von Todes wegen.[604]

Des weiteren lässt Art. 1 Abs. 1 GG durch seine fortdauernde Wirkung dem Verstorbenen einen Schutz auf würdevolle Behandlung zukommen, wobei diese Würde als Rest des inneren und zugleich sozialen Wert- und Achtungsanspruchs zu verstehen ist, der dem Menschen als Träger höchster geistig-sittlicher Werte zukommt.[605] Dieser Wert- und Achtungsanspruch muss nach dieser Definition auch die würdevolle Behandlung des Leichnams beinhalten, da die Hülle des Menschen auch noch nach der durch den Tod eingetretenen Trennung von Körper und Geist zum "Rest" des Menschen dazugehört. Der achtungslose erniedrigende Umgang mit einem Leichnam, der äußeren Hülle, in Verbindung mit der Nichtbeachtung des zu Lebzeiten geäußerten Willens des Verstorbenen widerspricht daher der fortdauernden Menschenwürde. Aus diesem Grund wird das Fortwirken des allgemeinen Persönlichkeitsrechts und ein daraus resultierender Anspruch auf Achtung allgemein zu Recht auch für die Behandlung des Leichnams angenommen.[606]

---

[601] H.-L. Schreiber, Vorüberlegungen für ein künftiges Transplantationsgesetz, S. 349; diese Möglichkeit ist außerdem im FeuerBG positiv-rechtlich anerkannt.

[602] Maurer, Organtransplantation in verfassungsrechtlicher Sicht, DÖV 1980, S. 9.

[603] So schon Kallmann, Rechtsprobleme bei der Organtransplantation, FamRZ 1969, S. 576.

[604] Die Beachtung der Verfügungen des Verstorbenen stellt gleichzeitig auch eine würdevolle Behandlung des noch Lebenden dar, da dieser dann die Gewissheit hat, dass sein Wille auch noch nach seinem Ableben Beachtung findet.

[605] Bieler, Persönlichkeitsrecht, Organtransplantation und Totenfürsorge, JR 1976, S. 224.

[606] C. Schreiber, Rechtliche Aspekte der Organtransplantation, S. 79; H.-L. Schreiber, Vorüberlegungen für ein künftiges Transplantationsgesetz, S. 350; Kloth, Rechtsprobleme der Todesbestimmung und der Organentnahme vom Verstorbenen, S. 118; Kramer, Rechtsfragen der Organtransplantation, S. 63; Staudinger/Schäfer § 823 Rn. 114; Pluisch/Heifer, Die rechtliche Zulässigkeit von Leichenversuchen, NJW 1994, S. 2379; Carstens, Das Recht der Organtransplantation, S. 100; Albrecht, Die rechtliche Zulässigkeit postmortaler Transplantatentnahmen, S. 35; Wolfslast, Transplantation ohne Gesetz, MMW 1982, S. 105 f.

cc) Der deliktsrechtliche Schutz des postmortalen allgemeinen Persönlichkeitsrechts

Die Annahme eines solchen verfassungsrechtlich gestützten Anspruchs bedeutet allerdings noch nicht das Bestehen eines deliktsrechtlichen Schadensersatzanspruches, vielmehr muss gefragt werden, ob gerade § 823 Abs. 1 BGB das fortdauernde allgemeine Persönlichkeitsrecht in Bezug auf die Behandlung des Leichnams und damit die Würde des Menschen schützen und sanktionieren soll.

Wie bereits erwähnt, fällt nach allg. Ansicht unter den Begriff der "sonstigen Rechte" in § 823 Abs. 1 BGB auch das allgemeine Persönlichkeitsrecht.[607] Da dem allgemeinen Persönlichkeitsrecht nach dem Tode aber nicht nur von staatlicher Seite, sondern von jedem Dritten Gefahren der Einschränkungen drohen können und es daher auch einer konkreten, privatrechtlichen Schutznorm bedarf, gehen sowohl Rechtsprechung als auch Literatur zu Recht davon aus, dass auch das allgemeine Persönlichkeitsrecht in seiner postmortalen Wirkung grundsätzlich vom Schutzbereich des § 823 Abs. 1 BGB umfasst ist.[608] Zu überlegen ist allerdings, welche inhaltlichen Ausgestaltungen des postmortalen allgemeinen Persönlichkeitsrechts der Schutz des § 823 Abs. 1 BGB umfassen soll; die von der Rechtsprechung entschiedenen Fälle betrafen bisher nur Ehrverletzungen in verschiedenen Bereichen, nicht jedoch Eingriffe in den Leichnam.

Das sich aus den Grundsätzen von Art. 1 Abs. 1 und Art. 2 Abs. 2 GG herleitende Fortwirken des allgemeinen Persönlichkeitsrechts gibt[609] jedoch keine Anhaltspunkte für eine unterschiedliche Behandlung des Fortwirkens je nach betroffenem Lebensbereich. Wenn man entscheidend auf die Beachtung des Willens des Verstorbenen abstellt, so muss sich der Schutz des § 823 Abs. 1 BGB gleichermaßen auf die Behandlung des Leichnams wie auf andere, etwa die Ehre betreffende Bereiche erstrecken, denn ein Eingriff in diesen Bereich ist ebenso möglich und es fällt schwer, Argumente zu finden, einen Schutz gerade dieses Bereichs auszuklammern. Auch den Leichnam betreffende Verletzungen müssen daher aufgrund des fortwirkenden allgemeinen Persönlichkeitsrechts grundsätzlich deliktsrechtlich geschützt sein.[610]

dd) Organentnahme als Verletzungshandlung

Es stellt sich daran anschließend die Frage, ob eine Organentnahme, die nicht in Übereinstimmung mit dem Willen des Verstorbenen oder seiner Angehörigen steht, eine Verletzungshandlung nach § 823 Abs. 1 BGB darstellen kann, insbe-

---

607 Vgl. grundlegend BGHZ 13, 334.

608 BGHZ 15, 249; 50, 133; 107, 384; Palandt/Thomas § 823 Rn. 180.

609 Siehe oben unter Teil 3, B.I.1.b).

610 Zur notwendigen Ausweitung des Persönlichkeitsschutz durch die neuen medizintechnische Möglichkeiten, insb. auch zur Transplantationsmedizin siehe Damm, Persönlichkeitsschutz und medizintechnische Entwicklung, JZ 1998, 926, 932 ff.

sondere, ob sie die in dem fortwirkenden allgemeinen Persönlichkeitsrecht beinhalteten Schutzgüter des Selbstbestimmungsrechts und der Menschenwürde verletzen kann oder ob dafür noch weitere, die Würde des Verstorbenen in besonderer Weise herabsetzende Kriterien hinzukommen müssen.

Aufgrund der Unterschiedlichkeit der Schutzgüter muss hinsichtlich der Wertschätzung des Verstorbenen unterschieden werden zwischen einerseits einer Verletzung des Selbstbestimmungsrechts des Verstorbenen, das aus der Zulässigkeit, Verfügungen über seinen eigenen Körper zu treffen, herrührt und andererseits einer Verletzung der nach dem Tode im Leichnam fortbestehenden Menschenwürde.[611]

aaa) Verletzung des Selbstbestimmungsrechts

Wenn durch das fortwirkende allgemeine Persönlichkeitsrecht der Wille des Verstorbenen als Ausprägung des Selbstbestimmungsrechts geschützt wird und damit auch in den Schutzbereich von § 823 Abs. 1 BGB fällt, muss eine Zuwiderhandlung gegen den Willen des Verstorbenen grundsätzlich eine Verletzungshandlung im Sinne von § 823 Abs. 1 BGB darstellen.

Haben weder der Verstorbene, § 3 Abs. 1 Nr. 1 TPG, noch die Angehörigen, § 4 Abs. 1 TPG, als Interessenvertreter des Verstorbenen[612] in die Organentnahme eingewilligt, oder hat der Verstorbene sogar seinen Willen in Form eines Widerspruchs geäußert, § 2 Abs. 2, § 3 Abs. 2 Nr. 1 TPG, so ist dies als Willensentscheidung zu sehen, seinen Körper nicht für eine Organentnahme zur Verfügung zu stellen.[613]

Eine gleichwohl durchgeführte Organentnahme läuft durch den Eingriff in die Unversehrtheit des Leichnams dem so ausgeübten Selbstbestimmungsrecht zuwider und stellt damit eine Verletzungshandlung im Sinne von § 823 Abs. 1 BGB.[614]

Eine ohne (durch den Verstorbenen selbst oder seine Angehörigen erklärten) bzw. gegen seinen ausdrücklichen Willen erfolgende Organentnahme ist daher als Verletzungshandlung im Sinne von § 823 Abs. 1 BGB geeignet ist, da sie

---

611 C. Schreiber, Rechtliche Aspekte der Organtransplantation, S. 78; Laufs, Schutz der Persönlichkeitssphäre und ärztliche Heilbehandlung, VersR 1972, S. 8.

612 Vgl. Maurer, Organtransplantation in verfassungsrechtlicher Sicht, DÖV 1980, S. 13, der von einem "Pflicht-Recht" spricht, da es im Interesse des Verstorbenen wahrgenommen werden muss.

613 Bevor die Angehörigen befragt wurden, stellt eine fehlende Erklärung noch keine Ablehnung, sondern erst eine Nicht-Erklärung dar, BT-Drucks. 13/4355, S. 13.

614 H.-L. Schreiber, Vorüberlegungen für ein künftiges Transplantationsgesetz, S. 350; Pluisch/Heifer, Die rechtliche Zulässigkeit von Leichenversuchen, NJW 1994, S. 2379 f; Wolfslast, Transplantation ohne Gesetz?, MMW 1982, S. 106.

sein Selbstbestimmungsrecht, das im Rahmen des fortwirkenden allgemeinen Persönlichkeitsrecht durch § 823 Abs.1 BGB geschützt wird, verletzt.[615]

bbb) Verletzung der Würde des Spenders

Eine andere Frage ist, ob eine unberechtigte Organentnahme auch geeignet ist, die durch den von der Rechtsprechung[616] postulierten fortdauernden Wert- und Achtungsanspruch auch nach dem Tode noch fortbestehende Würde des Menschen zu verletzen, oder ob dazu, etwa bezüglich der Art der Organentnahme, noch zusätzliche entwürdigende Kriterien hinzu kommen müssen.

Es erscheint sinnvoll, mit einer von einer Organentnahme losgelösten Betrachtung über die Würde des Verstorbenen zu beginnen, da die Würde des Menschen und ihre Beachtung nicht nur von konkret greifbaren Tatsachen, sondern auch von dahinter stehenden geistigen, ideellen Absichten oder Tendenzen abhängt.

Der von der höchstrichterlichen Rechtsprechung, durch die Verbindung von Art 1 Abs. 1 GG mit Art 2 Abs. 1 GG statuierte, durch das fortwirkende allgemeine Persönlichkeitsrecht in § 823 Abs. 1 BGB eingebettete Wert- und Achtungsanspruch bezieht sich darauf, die Würde des Verstorbenen dahingehend zu schützen, sein Andenken und fortwirkendes Lebensbild zumindest vor grob ehrverletzenden Beeinträchtigungen zu schützen.[617] Der Achtungsanspruch beschränkt sich andererseits jedoch nicht auf rein ideelle Werte, sondern umfasst auch die Behandlung des Leichnams und damit das Rechtsgebot, die Integrität des Leichnams zu wahren,[618] denn die würdevolle Behandlung des Leichnams stellt ebenfalls eine Achtung seiner fortwirkenden Persönlichkeit dar.

Aus diesem umfassenden Schutzbereich lässt sich jedoch nicht ohne weiteres schließen, dass in den Leichnam ohne den ausdrücklichen oder mutmaßlichen Willen des Verstorbenen überhaupt nicht eingegriffen werden kann, ohne eine Verletzung dieses Wert- und Achtungsanspruchs auszulösen. Vielmehr fragt es sich, ob alleine in der fehlenden Einwilligung bereits eine Verletzung der Würde

---

[615] C. Schreiber, Rechtliche Aspekte der Organtransplantation, S. 78; H.-L. Schreiber, Vorüberlegungen für ein künftiges Transplantationsgesetz, S. 350; Albrecht, Die rechtliche Zulässigkeit postmortaler Transplantatentnahmen, S. 37 f; Pluisch/Heifer, Die rechtliche Zulässigkeit von Leichenversuchen, NJW 1994, S. 2380.

[616] Siehe oben Teil 3, B.I.1.b).

[617] Palandt/Thomas § 823, Rn. 180; Erman/Ehmann Anhang zu § 12, Rn. 93; BGHZ 107, 385 (319).

[618] Maunz/Dürig Art. 2 I, Rn. 26; Laufs, Schutz der Persönlichkeitssphäre und ärztliche Heilbehandlung, VersR 1972, S. 8; Bieler, Persönlichkeitsrecht, Organtransplantation und Totenfürsorge, JR 1976, S. 224; Laufs, Schutz der Persönlichkeitssphäre und ärztliche Heilbehandlung, VersR 1972, S. 8.

liegen kann, wenn ansonsten keine Unterschiede in der Behandlung des Leichnams zu einer berechtigten und den Vorschriften des TPG entsprechenden Organentnahme bestehen.

Dagegen spricht § 6 TPG, der explizit eine würdevolle Behandlung des Organspenders unter zwei Gesichtspunkten verlangt. Nach § 6 Abs. 1 TPG muss die Organentnahme und die damit zusammenhängenden Maßnahmen unter Achtung der Würde des Organspenders und unter Beachtung der ärztlichen Sorgfaltspflicht durchgeführt werden, da die aus dem fortwirkenden Persönlichkeitsrecht folgende Würde des Spenders als Pietät „Urbestandteil der Sittlichkeit" ist.[619] Doch auch dem Gesichtspunkt der Ästhetik wurde Rechnung getragen, denn § 6 Abs. 2 TPG verlangt, dass der Leichnam des Organspenders in würdigem Zustand zur Bestattung übergeben werden soll und dem nächsten Angehörigen zuvor die Möglichkeit zu geben ist, den Leichnam zu sehen.

Außerdem eröffnen die Vorschriften des TPG[620] die Möglichkeit, die Entscheidung einer anderen Person zu übertragen, aber auch die Möglichkeit, überhaupt keine Entscheidung zu treffen. Die entscheidungsbefugten Angehörigen sind nach § 4 Abs. 1 S. 3 TPG zwar gehalten, dem mutmaßlichen Willen des potentiellen Spenders Beachtung zu schenken, haben sie aber keine Kenntnisse über diesen, können sie frei entscheiden.[621] Zwar sind die Fälle des auch ohne Einwilligung zulässigen Eingriffs in den Leichnam nicht mit dem der unberechtigten Organentnahme vergleichbar und sprechen daher nicht gegen eine Verletzung des postmortalen Persönlichkeitsrechts, sie geben jedoch Hinweise darauf, dass nicht jede ohne Einwilligung erfolgende Organentnahme – insbesondere zum Zweck der Heilbehandlung oder Lebensrettung eines Dritten – eine die Menschenwürde verletzende Behandlung darstellt.[622]

Eine Verletzung des postmortalen Persönlichkeitsrechts unter dem Aspekt des Selbstbestimmungsrechts mag daher bei mangelnder Einwilligung zwar vorliegen, eine Verletzung der Würde des Organspenders alleine aufgrund dieser Tatsache, lässt sich jedoch kaum überzeugend vertreten.

Anders mag es aussehen, wenn bei der Organentnahme weitere Umstände[623] hinzukommen, die geeignet sind, die Würde des Spenders herabzusetzen.

---

[619] BT-Drucks. 13/4355, S. 19, unter Verweis auf die Stellungnahme des wissenschaftlichen Beirats zur Bundesärztekammer zum endgültigen Ausfall der gesamten Hirnfunktion („Hirntod") als sicheres Todeszeichen, DÄBl 1993, S. B 2177 ff.

[620] Vgl. § 4 Abs.1 und 3 TPG.

[621] Des weiteren sind auch Obduktionen ohne Zustimmung des Verstorbenen zulässig, sofern etwa vom Gericht oder der Staatsanwaltschaft angeordnet oder aus anderen polizeilichen Gründen gesetzlich vorgeschrieben, vgl. OLG München NJW 1976, 1805.

[622] So auch Maurer, Organtransplantation in verfassungsrechtlicher Sicht, DÖV 1980, S. 10; Albrecht, Die rechtliche Zulässigkeit postmortaler Transplantatentnahmen, S. 32 f; H.-L. Schreiber, Vorüberlegungen für ein künftiges Transplantationsgesetz, S. 350.

[623] Die wiederum anhand generell bestimmter Kriterien herausgefiltert und gemessen werden können, Carstens, Das Recht der Organtransplantation, S. 100.

Ein solcher Umstand wäre in logischer Folge etwa die § 6 TPG widersprechende Behandlung des Leichnams,[624] denn wenn die Integrität des Leichnams - aus beachtenswerten Gründen - angetastet wird, so hat dies zumindest in einer so weit wie möglich behutsamen und ästhetischen Art und Weise zu geschehen.[625]

Ein die Würde verletzender Umstand kann aber etwa auch in einer Organentnahme liegen, die nicht gem. § 9 f. TPG in einem Transplantationszentrum von dazu befähigten Ärzten lege artis durchgeführt wird.[626]

Schließlich wäre sogar eine sog. Multiorganentnahme in der Form, dass die Explantation ohne absolute Notwendigkeit von allen noch "verwertbaren" Organen stattfindet und so den Verstorbenen zu einer Art "Ersatzteillager" degradiert und damit sein fortdauerndes Lebensbild, das sich auch auf die Behandlung des Leichnams erstreckt, erheblich angreift, als die Würde verletzender Aspekt denkbar.[627]

Es kann festgehalten werden, dass die trotz fehlender Einwilligung erfolgte Organentnahme für sich betrachtet, grundsätzlich noch keine Verletzung der Würde des Spenders beinhaltet, vielmehr bei der Durchführung der Organentnahme und der Behandlung des Leichnams weitere die Würde des Spenders tangierende Aspekte hinzukommen müssen, die ihn zum bloßen Objekt fremden Handelns herabsetzen.[628]

ccc) Zusammenfassung

Im Rahmen von § 823 Abs. 1 BGB kommt der Verletzung des Selbstbestimmungsrechts größere Bedeutung zu, da in dieses bereits durch eine nicht bewilligte Organentnahme eingegriffen wird, während hinsichtlich der Würde des

---

[624] Wenn dieser etwa nicht mit der gleichen Vorsicht und Behutsamkeit behandelt wird, wie einen lebender Patient, sondern über die absolute Notwendigkeit des Öffnens hinausgehende Wunden am Körper zurückbleiben. Vgl. hierzu auch das Urteil vom LG Bonn (VersR 1970, S. 716) das - wenn auch in etwas anderem Kontext - davon spricht, dass das, was für die Unversehrtheit des Körpers des lebenden Menschen gilt, auch für die Unversehrtheit des Leichnams gelten muss.

[625] Vgl. Pluisch/Heifer, Die rechtliche Zulässigkeit von Leichenversuchen, NJW 1994, S. 2380, die bezüglich Leichenversuchen den Anspruch des Verstorbenen, sich auf die Integrität des Leichnams verlassen zu können, so hoch ansiedeln, dass Forschungsinteressen dahinter zurücktreten, da es an der konkreten Helferabsicht hinsichtlich eines Kranken fehlt.

[626] Gem. § 20 Abs. 1 Nr. 2, Abs. 2 TPG ist eine Entnahme unter solchen Umständen zwar in erster Linie bußgeldrechtlich relevant, sie wird jedoch häufig mit einer entwürdigenden und daher zivilrechtlich relevanten Behandlung des Leichnams einhergehen.

[627] Albrecht, Die rechtliche Zulässigkeit postmortaler Transplantatentnahmen, S. 32 f.; Maurer, Organtransplantation in verfassungsrechtlicher Sicht, DÖV 1980, S. 10; H.-L. Schreiber, Vorüberlegungen für ein künftiges Transplantationsgesetz, S. 350; C. Schreiber, Rechtliche Aspekte der Organtransplantation, S. 78.

[628] Jarass/Pieroth, Art. 1 GG, Rn. 4 f.; Kloth, Rechtsprobleme der Todesbestimmung und der Organentnahme vom Verstorbenen, S. 118, m.w.N.

Spenders noch weitere herabsetzende Aspekte bei der Behandlung des Leichnams vorliegen müssen.

Dies ändert jedoch nichts daran, dass eine Organentnahme grundsätzlich sowohl im Hinblick auf das Selbstbestimmungsrecht als auch hinsichtlich der fortdauernden Menschenwürde des Verstorbenen als Verletzungshandlung im Sinne von § 823 Abs. 1 BGB geeignet ist.[629]

ee) Rechfertigungsgründe

Da eine Organentnahme, selbst bei kommerziellen Absichten, immer die Lebenserhaltung oder –Verlängerung, oder zumindest die Verbesserung des gesundheitlichen Zustandes zum Ziel hat, stellt sich die Frage nach der Rechtfertigung einer unberechtigten Organentnahme unter dem Aspekt des Notstands.

Die im BGB postulierten Regelungen des sog. defensiven und aggressiven Notstands,[630] §§ 228, 904 BGB, können bei der Organentnahme nicht weiterhelfen, da sie ihrem Wortlaut entsprechend immer nur die Einwirkung aus Sachen rechtfertigen, nicht aber den Eingriff in persönliche Rechtsgüter wie Gesundheit, Freiheit etc.[631] Zur Anwendung könnte aber der rechtfertigende Notstand nach § 34 StGB kommen.

aaa) Anwendbarkeit von § 34 StGB

Nach § 34 StGB handelt nicht rechtswidrig, wer in einer gegenwärtigen, nicht anders abwendbaren Gefahr für ein Rechtsgut wie etwa Leib oder Leben eine Tat begeht, um die Gefahr von sich oder einem anderen abzuwenden. Voraussetzung ist allerdings, dass bei Abwägung der sich widerstreitenden Interessen, Rechtsgüter und drohenden Gefahren das geschützte Interesse das beeinträchtigte wesentlich überwiegt. Außerdem verlangt § 34 S. 2 StGB, dass die Tat ein angemessenes Mittel zur Gefahrenabwendung ist. Die Voraussetzungen sind also wesentlich strenger als bei §§ 228, 904 BGB, gestatten dafür aber auch einen Eingriff in höchstpersönliche Rechtsgüter.

Wegen der Einheitlichkeit der Rechtsordnung schließt § 34 StGB grundsätzlich auch die zivilrechtliche Rechtswidrigkeit aus,[632] einer Anwendbarkeit auf einen deliktsrechtlichen Anspruch steht daher prinzipiell nichts entgegen.

---

[629] Staudinger/Schäfer § 823, Rn. 114 f.

[630] Vgl. Palandt/Heinrichs § 228 Rn. 1.

[631] Palandt/Heinrichs § 228 Rn. 1.

[632] Palandt/Heinrichs § 228 Rn. 1; zum Rangverhältnis zwischen § 34 StGB und den zivilrechtlichen Vorschriften siehe ausführlich Schönke/Schröder, StGB, § 34 Rn. 6; Lackner/Kühl, StGB, § 34 Rn. 14.

Andererseits geht es bei § 34 StGB inhaltlich um eine umfassende Güter- und Interessenabwägung mehrerer berechtigter Interessen[633] weil den berechtigten Interessen und schutzwürdigen Rechtsgütern des Geschädigten ausnahmsweise andere, ebenfalls berechtigte, gegenüberstehen.

Bei der Organentnahme ist diese Situation aber in der Regel bereits durch die Tat selbst impliziert, denn eine Organentnahme zum Zweck der Übertragung auf einen anderen Menschen beabsichtigt gerade den Schutz des Lebens oder der Gesundheit eines anderen Menschen, also einige der höchsten Rechtsgüter, die unsere Rechtsordnung kennt.

Hinsichtlich der Rechtfertigung einer unberechtigten Organentnahme steht dem Persönlichkeitsrecht des Spenders auf der Rechtfertigungsseite also immer ein hohes Rechtsgut, das Leben oder die Gesundheit eines anderen Menschen, gegenüber.

Gleichwohl, also unter Beachtung der Tatsache, dass die unberechtigte Organentnahme zur Rettung eines Dritten erfolgt,[634] sieht das TPG vor, dass auch eine postmortale Organentnahme nur unter strengen Voraussetzungen, unter anderem nur mit Zustimmung des Verstorbenen oder seiner Angehörigen, erfolgen darf und stellt dies in § 19 Abs. 1 TPG unter Strafe.

Wenn also die Vorschriften des TPG trotz des hinter der unberechtigten Organentnahme stehenden Ziels und Schutzgutes erlassen wurden, so erscheint es fragwürdig, das selbe Schutzgut als inhaltliches Argument gegen die Rechtswidrigkeit zuzulassen, was zu der Frage führt, ob die Vorschrift in diesem konkreten Fall unter formalen Gesichtspunkten ausnahmsweise unanwendbar sein könnte.

Da § 34 StGB zur Klärung eines Interessenkonfliktes dient, ist seine Anwendung ausgeschlossen, soweit ein bestimmter Interessenkonflikt aufgrund gesetzlicher Bewertung durch öffentlich-rechtliche Sondervorschriften abschließend geregelt ist,[635] denn spezialrechtlichen Regelungen über die grundsätzliche Erlaubtheit oder das Verbot des Eingriffs in ein bestimmtes Rechtsgut liegt immer eine Interessenabwägung zugrunde, wie sie auch § 34 S. 1 StGB verlangt. Diese gesetzliche Interessenbewertung kann dann nicht mehr durch eine Interessenbewertung nach § 34 StGB außer Kraft gesetzt werden.[636]

---

633 Vgl. auch Maurach/Zipf, Strafrecht Allgemeiner Teil, Teilband 1, § 27 III, 1.

634 BT-Drucks. 13/4355 S. 31.

635 BGHSt 34, 39, 46 f., 51; Dreher/Tröndle, StGB, § 34 Rn. 24a; Lackner/Kühl, StGB, § 34 Rn. 14; Schönke/Schröder, StGB, § 34 Rn. 7; Otto, Anm. zu OLG München Beschluß v. 10.3.1972, NJW 1973, 668; Schwabe, Zur Geltung von Rechtfertigungsgründen des StGB für Hoheitshandeln, NJW 1977, 1902, 1907.

636 Schönke/Schröder, StGB, § 34 Rn. 7; BGHSt 34, 39, 46 f. In dem Fall war die Frage der Verwertbarkeit einer heimlichen Aufzeichnung eines Gesprächs zwischen einem Strafgefangenen und dem Direktor der Justizvollzugsanstalt für das Strafverfahren, die nach § 81 b StGB angeordnet wurde. Der BGH untersagte die Verwertung mit der Begründung, das Verbot, Aussagen vom Beschuldigten zu erzwingen, sei wirkungslos, wenn man sie durch Täuschung er-

Gerade aber eine solche Vorab-Interessenabwägung hat der Gesetzgeber mit den Vorschriften des TPG getroffen. Nachdem § 19 Abs. 1 TPG eine unberechtigte Organentnahme trotz des hohen Rechtsguts auf Seiten des Empfängers unter Strafe stellt, hat der Gesetzgeber eine abschließende Entscheidung dahingehend getroffen, dass das Persönlichkeitsrecht des Spenders in jedem Falle als höherwertig anzusehen ist.[637]

Eine Anwendung von § 34 StGB würde diese Interessenabwägung aber außer Kraft setzen und muss daher ausgeschlossen sein.

bbb) Ergebnis

Die Rechtfertigung einer unberechtigten Organentnahme nach § 34 StGB würde der vom Gesetzgeber in § 19 Abs. 1 TPG getroffenen Interessenabwägung zugunsten des postmortalen Persönlichkeitsrechts des Organspenders zuwiderlaufen. Der rechtfertigende Notstand kann daher nicht auf eine nach dem TPG unberechtigte Organentnahme angewandt werden.

ff) Ersatz des immateriellen Schadens nach § 847 Abs. 1 BGB

Die Verletzung des allgemeinen postmortalen Persönlichkeitsrechts des Spenders zieht regelmäßig keine materiellen, sondern immaterielle Schäden nach sich.

Nach der Rechtsprechung kann ein Nichtvermögensschaden neben den in § 847 Abs. 1 BGB aufgezählten Rechtsgütern auch bei Verletzung des von § 823 Abs. 1 geschützten allgemeinen Persönlichkeitsrechts gewährt werden,[638] worunter grds. auch das postmortale Persönlichkeitsrecht fällt.[639]

Um eine zu starke Ausweitung immaterieller Schadensersatzansprüche zu verhindern, wird ein Anspruch aus § 847 Abs. 1 BGB jedoch nur bei einer schweren

---

reichen könnte. Er bestätigte dies durch die Auslegung von § 81 b StPO, dem der Gesetzgeber eine Abwägung zwischen den Persönlichkeitsrechten des Beschuldigten und den unter Richtervorbehalt gestellten Anordnungen habe. Er schloß daher auch die Anwendung von § 34 StGB aus.

[637] Dies geht auch explizit aus der Entwurfsbegründung hervor, wonach mit dieser Vorschrift „insbesondere das Selbstbestimmungsrecht der als Organspender in Betracht kommenden Personen und das subsidiäre recht anderer Personen, über eine Organentnahme zu entscheiden, besonders geschützt werden" soll, BT-Drucks. 13/4355, S. 31. Selbst wenn man aber eine Anwendbarkeit von § 34 StGB bejahen würde, könnte diese Absicht des Gesetzgebers nicht unberücksichtigt bleiben und bzgl. der Abwägung im Rahmen von § 34 StGB bei der Frage der größeren Schutzwürdigkeit der betroffenen Rechtsgüter in der konkreten Situation dem Persönlichkeitsrecht des Spenders Vorrang eingeräumt werden.

[638] Dies wurde vom BVerfG als verfassungskonform angesehen, BVerfGE 34, 269, a.A. etwa Bötticher, AcP 158 (1959/1960), 385, 401. Siehe hierzu schon ausführlich Teil 3, B.I.1.b).cc).

[639] Palandt/Thomas § 823 Rn. 180.

Verletzung des Persönlichkeitsrechts bejaht und sofern Genugtuung nicht auf andere Weise zu erreichen ist.[640]

Ob eine schwerwiegende Verletzung vorliegt, hängt insbesondere von Bedeutung und Tragweite des Eingriffs, von Anlaß und Beweggründen und vom Grad des Verschuldens des Handelnden ab, sowie davon, in welche geschützte Sphäre der Eingriff stattgefunden hat.[641]

Ob durch die Organentnahme das Persönlichkeitsrecht des Spenders schwerwiegend verletzt ist, muß daher also insbesondere auch davon abhängen, welche der Verfahrensvorschriften des TPG verletzt wurde. Ein Schmerzensgeldanspruch ist jedoch nicht grundsätzlich ausgeschlossen.

Die Frage, ob Wiedergutmachung auf andere Weise zu erlangen ist, müsste bei der postmortalen Organentnahme stets zu verneinen sein, denn eine Wiedergutmachung wie bei einem Widerruf o.ä. scheidet aus. Andererseits fragt sich, ob eine Entschädigung in Geld für die Verletzung des postmortalen Persönlichkeitsrechts des Spenders die adäquate Wiedergutmachung sein kann, denn der Verstorbene selbst kann weder die Beeinträchtigung selbst, noch die Wirkungen einer Entschädigung empfinden.[642] Dem Aspekt der Präventionswirkung kann durch eine Entschädigung in Geld Rechnung getragen werden, man könnte jedoch einwenden, dass § 847 Abs. 1 entscheidend auf die Genugtuungsfunktion abstellt und somit der Präventionsgedanke allein nicht ausreicht. Dem entgegengehalten werden muss jedoch wiederum, dass das Transplantationsgesetz das postmortale Persönlichkeitsrecht des verstorbenen Spenders explizit schützen möchte[643] und dass ein gesetzlich ausgeformter Achtungsanspruch geschaffen wurde in der Kenntnis, dass der Träger zu Lebzeiten keine Möglichkeit besitzt, diesen durchzusetzen. Seine einzige Form der Genugtuung kann also nur in dem Wissen bestehen, dass die Nichtbeachtung auch ohne materiellen Schaden nach seinem Tod sanktioniert werden kann. Da zivilrechtlich mangels der Möglichkeit zum Widerruf oder ähnlicher Wiedergutmachung eine andere Sanktionierung nicht in Betracht kommt, würde man dem postmortalen Spender die Hoffnung auf die Durchsetzung seines dem TPG zugrundegelegten zivilrechtlichen Anspruchs nehmen. Zumal die Rechtsprechung im Rahmen der Verletzung des allgemeinen Persönlichkeitsrechts zunehmend vermehrt auf den Zweck des Präventionsgedanken abstellt.[644] Zwar könnte man schließlich noch einwenden, dass diesem Präventionsgedanken durch die im TPG vorgesehene strafrechtliche Sanktionierung bereits Rechnung getragen sei, jedoch ist nach

---

640 BGH NJW 1971, 698 ff.

641 BGH NJW 1985, 1617, 1618; BGHZ 128, 1, 7, 15 f (Caroline von Monaco); Palandt/Thomas § 823 Rn. 200

642 Nixdorf, Zur ärztlichen Haftung hinsichtlich entnommener Körpersubstanzen, VersR 1995, 744.

643 Vgl. etwa BT-Drucks. 13/4355, S. 31.

644 Etwa BGH NJW 1996, 984; siehe auch Palandt/Thomas § 823 Rn. 200.

der überzeugenden Rechtsprechung des BGH[645] die strafrechtliche Verurteilung des Täters für den Schmerzensgeldanspruch und seine Bemessung grds. ohne Bedeutung. Ein Ausschluß des Anspruchs ist - insbesondere nach Inkrafttreten des TPG - daher nicht gerechtfertigt.[646]

c) Anspruch aus § 823 Abs. 2 BGB i.V.m. §§ 17 ff. TPG

Nach § 823 Abs. 2 BGB treffen die in § 823 Abs. 1 BGB genannten Rechtsfolgen auch denjenigen, der gegen ein den Schutz eines anderen bezweckendes Gesetz verstößt.

Ein solches Schutzgesetz kann jede Rechtsnorm sein, die zumindest auch dazu dient, den einzelnen oder bestimmte Personenkreise gegen die Verletzung eines Rechtsguts zu schützen; maßgeblich hierbei ist die Intention des Gesetzgebers bei Erlass des Schutzgesetzes.[647]

Liegt ein Handeltreiben mit Organen nach §§ 17, 18 TPG vor, so ist wie in Teil 2, A.IV.1.a). dargestellt, die Verletzung eines Schutzgesetzes im Sinne von § 823 Abs. 2 BGB gegeben.[648]

Nach § 19 Abs. 1 TPG macht sich weiterhin strafbar, wer entgegen § 3 Abs. 1 oder 2 oder § 4 Abs. 1 Satz 2 TPG ein Organ entnimmt, also die Voraussetzungen für eine postmortale Organentnahme außer Acht lässt.

Die in der Vorschrift enthaltene Strafandrohung spricht bereits für ein Schutzgesetz im Sinne von § 823 Abs. 2 BGB, aber auch die hinter der Vorschrift stehende gesetzgeberische Absicht verdeutlicht dies. Nach der Entwurfsbegründung zum TPG[649] soll „insbesondere das Selbstbestimmungsrecht der als Organspender in Betracht kommenden Personen und das subsidiäre Recht anderer Personen, über eine Organentnahme zu entscheiden, geschützt werden“. Diese Formulierung bestätigt, dass mit § 19 Abs. 1 i.V.m. §§ 3 und 4 TPG Individualschutz zugunsten des Spenders und seiner Angehörigen bezweckt ist. Hält der Arzt daher eine der in § 3 Abs. 1 oder 2 oder § 4 Abs. 1 Satz 2 genannten Voraussetzungen nicht ein, macht er sich nach § 19 Abs. 1 TPG strafbar, verletzt damit ein Schutzgesetz im Sinne von § 823 Abs. 2 BGB und setzt sich bei kausalem, widerrechtlichem und schuldhaftem Handeln einem Schadensersatzanspruch nach § 823 Abs. 2 i.V.m. Abs. 1 BGB aus.

Ein ursächlicher Zusammenhang besteht in diesem Fall bereits dann, wenn die Befolgung des Schutzgesetzes eine größere Sicherheit gegen den eingetrete-

---

645 BGH 128, 117; NJW 1996, 1591.

646 A. A. noch Nixdorf, Zur ärztlichen Haftung hinsichtlich entnommener Körpersubstanzen, VersR 1995, 745.

647 BGH ZIP 1991, 1597; Palandt/Thomas § 823 Rn. 141.

648 Siehe auch BT-Drucks. 13/4355, S. 29.

649 BT-Drucks. 13/4355, S. 31.

nen Schaden dargestellt hätte.[650] Er wird daher bei einer solchen Konstellation immer zu bejahen sein, denn wenn der Arzt die Voraussetzungen für eine postmortale Organentnahme einhält, wahrt er damit die durch diese Regelungen geschützte Würde des Spenders. Zudem entspricht er bei Einhalten der Vorschriften dem Willen des Spenders (bzw. seiner Angehörigen) und kann somit sein Selbstbestimmungsrecht nicht verletzen.

aa) Ersatz des immateriellen Schadens nach § 847 BGB

Die Verletzung eines Schutzgesetzes alleine reicht für die Begründung eines Anspruchs auf Ersatz des immateriellen Schadens nicht aus, denn § 847 Abs. 1 BGB fordert für einen Schmerzensgeldanspruch die Verletzung eines bestimmten Rechtsguts.

Da die Verfahrensvorschriften des TPG aber[651] insbesondere das Selbstbestimmungsrecht des Spenders schützen sollen, beinhaltet eine Verletzung der Vorschriften gleichzeitig eine Verletzung des allgemeinen postmortalen Persönlichkeitsrechts im Sinne von § 823 Abs. 1 BGB und ist damit grundsätzlich geeignet, einen Anspruch auf Ersatz des immateriellen Schadens nach § 847 Abs. 1 BGB zu begründen.

bb) Übertragbarkeit und Geltendmachung der Ansprüche

Die Durchsetzung der Ansprüche des verstorbenen Spenders ist Schwierigkeiten unterworfen, die aus der Tatsache herrühren, dass der Anspruchsberechtigte zum Zeitpunkt einer möglichen Geltendmachung bereits nicht mehr lebt.

Zunächst kann der Anspruchsberechtigte seine Ansprüche nicht mehr geltend machen, dazu sind nur noch seine Angehörigen in der Lage. Es stellt sich daher die Frage nach der Zulässigkeit der Geltendmachung solcher Ansprüche durch Dritte.

Eine Bejahung dieser Frage würde daran anschließend zu der Frage führen, ob Ansprüche des Verstorbenen, die nicht mehr zu seinen Lebzeiten geltend gemacht wurden, vererblich sind.

Zwar ist das allgemeine Persönlichkeitsrecht als höchstpersönliches Rechtsgut unübertragbar und unvererblich,[652] würde man das Geltendmachen der schadensersatzrechtlichen Ansprüche wegen Verletzung des postmortalen Persönlichkeitsrechts durch jemand, der nicht selbst Subjekt des entsprechenden Rechts ist, jedoch ablehnen, so hieße das praktisch der Rechtsordnung zuwider zu handeln, da diese den Schutz verletzungsfähiger Rechtsgüter auch unabhängig vom Vorhandensein eines lebenden Rechtssubjekts vorsieht, der

[650] BGH LM § 823 (Ef Nr. 11b).

[651] Wie im vorhergehenden Kapitel dargestellt.

[652] Palandt/Edenhofer §1922 Rn. 40; BGHZ 50, 133, 137.

postmortale Persönlichkeitsschutz würde ins Leere laufen.[653] Einen Hinweis darauf liefern auch Art. 1 und 2 GG, die zwar vornehmlich den Schutz der Persönlichkeitsbelange des noch in der Rechtsgemeinschaft tätigen Bürgers gewährleisten sollen. Andererseits wird die Würde des Menschen für unantastbar erklärt und das Recht auf freie Entfaltung der Persönlichkeit gewährleistet, ohne einen Hinweis darauf, dass sich dies nur auf den lebenden Menschen bezieht, vielmehr liegt dem Grundgesetz eine Wertentscheidung zugunsten eines umfassenden Schutzes zugrunde.[654]

Man könnte nun entgegenhalten, dass zwar eine Wahrnehmung durch andere berechtigte Personen möglich sei, da sie den Interesse und Schutzbedürfnis des Verstorbenen Rechnung trage, die Entscheidung über die Geltendmachung der Ansprüche sei jedoch von so höchstpersönlicher Natur, dass sie dem Verstorbenen vorbehalten bleiben müsse.

Zum einen würde, allgemein betrachtet, die Rechtsverfolgung dann aber teilweise von dem Zufall abhängen, ob die Verletzung vor dem Tod noch bekannt wird, oder ob der Rechtsinhaber vor seinem Ableben noch in der Lage war, eine solche Entscheidung zu treffen.[655] Insbesondere aber bei der postmortalen Organentnahme kann dieser Einwand nicht angeführt werden, denn die Verletzung des Persönlichkeitsrechts des Spenders findet erst nach seinem Tod statt, wodurch er zu Lebzeiten überhaupt nicht in der Situation ist, eine Entscheidung treffen zu können.

Eine Ablehnung der Befugnis der Angehörigen widerspräche zudem auch der Konstruktion des TPG, das vorsieht, dass der Spender die Kompetenz zur Einwilligung in eine Organentnahme durch Nichtäußerung zu Lebzeiten auf seine Angehörigen übertragen kann. Wenn er aber die Möglichkeit hat, die Ausübung seines Selbstbestimmungsrechts und damit seines allgemeinen Persönlichkeitsrechts auf seine Angehörigen zu übertragen, so muss diesen in Konsequenz auch die Befugnis zustehen, auf die Einhaltung des durch den Spenders selbst ausgeübten Rechts achten zu können. Mit der Definition der Angehörigen in § 4 Abs. 2 TPG ist durch die Eingrenzung des Personenkreises schließlich auch dem Gesichtspunkt der Rechtssicherheit Rechnung getragen, ohne dass die Wahrnehmungsberechtigten von dem Verstorbenen zu Lebzeiten ausdrücklich beauftragt wurden.

---

[653] Siehe hierzu bereits ausführlich BGHZ 50, 133, 137 ff. im sog. Mephistourteil mit Hinweisen auf verschiedene gesetzliche Vorschriften und weitere Rechtsprechung.

[654] BGHZ 50, 133, 138 = NJW 1968, 1773 ff; Bieler, Persönlichkeitsrecht, Organtransplantation und Totenfürsorge, JR 1976, 224.

[655] BGHZ 50, 133, 139; vgl. hierzu auch Westermann, das allgemeine Persönlichkeitsrecht nach dem Tode seines Trägers, FamRZ 1969, 561, 570.

Eine Ablehnung der Wahrnehmung der aus dem postmortalen Persönlichkeitsrecht resultierenden Ansprüche durch die Angehörigen ist daher nicht vertretbar.[656]

Die Frage der Vererblichkeit nicht mehr zu Lebzeiten des Verstorbenen geltend gemachter Ansprüche kann in Konsequenz zu dem soeben dargestellten nur bejahend beantwortet werden, andernfalls wäre ein Anspruch auf Ersatz des immateriellen Schadens, der von den Angehörigen geltend gemacht werden kann, dann aber wiederum nicht vererblich ist, ad absurdum geführt, da der Schädiger im Ergebnis ohne Sanktionierung bleiben würde.

Dies entspricht auch der Gesetzesfassung von § 847 Abs. 1 BGB. Nach der Streichung von § 847 Abs. 1 S. 2 BGB (der die Vererblichkeit des Schmerzensgeldanspruchs beinhaltete[657]) durch Gesetzesänderung zum 1.7.1990 enthält der Gesetzeswortlaut keine speziellen Voraussetzungen mehr, die einer Vererblichkeit entgegen stehen. Der BGH hat dazu in dem Urteil vom 6.12.1994,[658] in dem die Beklagten argumentierten, es fehle an der trotz der Gesetzesänderung erforderlichen höchstpersönlichen Willensbekundung des Verletzten, Schmerzensgeld fordern zu wollen, denn es handele sich auch weiterhin um ein höchstpersönliches Recht des Verstorbenen, ausgeführt, dass nach der Streichung alle darin enthaltenen Erfordernisse für die Übertragbarkeit und Vererblichkeit entfallen seien.[659] Wie aus der Begründung zum Gesetzesentwurf[660] hervorgeht, sollten mit der Streichung den Unzuträglichkeiten begegnet werden, die sich häufig gerade in Fällen schwerster Verletzungen ergeben hatten, in denen es zu einem „Wettrennen mit dem Tod" kam. Der Anspruch sollte nicht mehr von dem Zufall abhängen, ob es noch möglich war, eine Vollmacht des Verletzten vor seinem Tode zu erlangen.

Umso mehr muss dies für den Fall gelten, dass der Verstorbene – hier also der Spender – mangels Lebzeitiger Verletzung die Möglichkeit hatte, seine Rechte zu schützen und eventuelle Ansprüche geltend zu machen, denn nur wenn man sowohl die Wahrnehmung durch die Angehörigen als auch die Vererblichkeit des Anspruches bejaht, ist ein umfassender Schutz der Rechte des Spenders gewährleistet.

---

[656] LG Bonn, VersR 1970, 715, 720; davon ausgehend auch LG Bückeburg, NJW 1977, 1065; ausführlich BGHZ 50, 133, 139 ff; Nixdorf, Zur ärztlichen Haftung hinsichtlich entnommener Körpersubstanzen, VersR 1995, 740, 744; Deutsch, Arztrecht und Arzneimittelrecht, 2. Aufl. 1991, S. 260 ff; Schreiber, Rechtliche Aspekte der Organtransplantation in: Moderne Medizin und Strafrecht, S. 73, 76 f; zur h.M. auch schon Westermann, Das allgemeine Persönlichkeitsrecht nach dem Tode seines Trägers, FamRZ 1969, 561, 570.

[657] § 847 Abs. 1 S. 2 BGB lautete: "Der Anspruch ist nicht übertragbar und geht nicht auf die Erben über, es sei denn, dass er durch Vertrag anerkannt oder dass er rechtshängig geworden ist."

[658] BGH NJW 1995, 783 f.

[659] BGH NJW 1995, 783.

[660] Vgl. BT-Drucks. 11/4415, S. 4.

d) Zusammenfassung der Ansprüche des Spenders

Obgleich der Spender, dem in unzulässiger Weise ein Organ entnommen wurde, zum Zeitpunkt der Verletzungshandlung bereits verstorben ist, können ihm Ansprüche auf Ersatz des immateriellen Schadens gem. § 847 Abs. 1 BGB gegen die an der Transplantation Beteiligten zustehen. Der Organempfänger hingegen kommt als Anspruchsgegner nicht in Betracht, da postmortale Organspenden anonym vermittelt werden.

Ersatzansprüche aus dem Behandlungsvertrag bestehen bei einer postmortalen Verletzung nicht, denn dieser ist grundsätzlich auf die Wiederherstellung der Gesundheit und Erhaltung des Lebens des Patienten gerichtet und erlischt daher mit dessen Tod.

Ein deliktsrechtlicher Anspruch wegen Verletzung von Körper und Gesundheit kann ebenfalls nicht bestehen, denn dafür müsste der Verletzte zum Zeitpunkt der Verletzungshandlung ein lebender Mensch sein. Der Wandel vom Herz- zum Hirntod bzw. die Möglichkeit der unterschiedlichen Todesdefinitionen ändert hieran nichts, da die Definition des sog. Hirntodes auch für das Deliktsrecht Geltung besitzt.

Möglich ist aber eine Verletzung des allgemeinen postmortalen Persönlichkeitsrechts, das allgemein anerkannt ist und auch in Bezug auf das Recht am eigenen Körper postmortale Wirkung entfaltet. Insbesondere ist bei einem Handeln wider die Vorschriften des TPG das Selbstbestimmungsrecht des Spenders betroffen, kommen aber noch zusätzliche herabsetzende Merkmale dazu, kommt auch eine Verletzung unter dem Gesichtspunkt der Würde des Spenders in Betracht.

Eine Rechtfertigung der Verletzung nach § 34 StGB unter dem Gesichtspunkt der Lebensrettung des Organempfängers kann nicht greifen, da der Gesetzgeber im TPG eine § 34 StGB ausschließende Wertung vorgenommen hat.

Zur Durchsetzung der – dann vererblichen und übertragbaren - Ansprüche des Spenders sind die Angehörigen befugt.

II. Eigene Ansprüche der Angehörigen

1. Anspruchsgegner

Die Frage potentieller Anspruchsgegner ist bei Ansprüchen der Angehörigen ebenso zu beantworten wie bei den Ansprüchen des Spenders selbst. Da die Verteilung der Organe über die Transplantationszentren vorgenommen und die Anonymität zwischen Spender und Empfänger gewahrt wird, kann dieser keinen Verursachungsbeitrag zu einer Verletzung der Rechte der Angehörigen leisten.

In Betracht können daher nur die an der Transplantation beteiligten Personen kommen, bzw. der dahinterstehende Krankenhausträger.[661]

2. Ansprüche aus dem sog. Totensorgerecht

Wird mit dem Leichnam eines Verstorbenen nicht entsprechend seinen oder den beachtenswerten Vorgaben seiner Angehörigen verfahren, so sind für daraus resultierende Ersatzansprüche grundsätzlich zwei Ansatzpunkte denkbar. Zum einen das sog. Totensorgerecht der Angehörigen, zum anderen aber auch dingliche Ansprüche, abhängig davon, wie man den Leichnam rechtlich qualifiziert. Diese können etwa auf Schadensersatz und Herausgabe des Leichnams gerichtet sein. Im Fall der postmortalen Organtransplantation fallen jedoch sämtliche durch die Transplantation hervorgerufenen Kosten nicht den Angehörigen zur Last, sondern werden (auf Seiten des Spenders) gem. § 11 Abs. 2 Nr. 4 TPG von den Spitzenverbänden der Krankenkassen gemeinsam, der Bundesärztekammer, der Deutschen Krankenhausgesellschaft oder den Bundesverbänden der Krankenhausträger gemeinsam geregelt und den Ersatz der Aufwendungen danach verteilt.

Interessant könnte daher nur die Frage nach einem immateriellen Schadensersatzanspruch sein, etwa bei der Verletzung von Eigentum, wenn man den Leichnam als Sache qualifiziert.

Der Ersatz des immateriellen Schadens ist jedoch nur in den gesetzlich vorgesehenen Fällen zulässig und da der hier in Betracht kommende § 847 Abs. 1 BGB immateriellen Schadensersatz für die Verletzung dinglicher Rechte nicht vorsieht, kommt hier als mögliche Anspruchsgrundlage nur das sog. Totensorgerecht in Betracht.[662]

a) Anerkennung des Totensorgerechts

Von jeher kümmern sich gewohnheitsmäßig die Angehörigen um den Leichnam des Verstorbenen, weshalb das grundsätzliche Bestehen eines Totensorgerechts der Angehörigen kaum je in Frage gestellt, sondern als gewohnheitsrechtliches Recht anerkannt wurde.[663]. Die von Zeit zu Zeit stattfindende Auseinandersetzung mit dem Totensorgerecht beinhaltete vielmehr die Frage des rechtli-

---

[661] Vgl. oben Teil 3, B, I, 1.

[662] Da Thema der vorliegenden Arbeit Ersatzansprüche sind, sollen hier auch keine anderen dinglichen Ansprüche geprüft werden.

[663] Forkel, Verfügungen über Teile des menschlichen Körpers, JZ 1974, 593, 597; OLG München NJW 1976, 1805 f; Nixdorf, Zur ärztlichen Haftung hinsichtlich entnommener Körpersubstanzen, VersR 1995, 740, 745;

chen Ursprungs bzw. der dogmatischen Einordnung, der Ausprägungen bzw. der inhaltlichen Reichweite.[664]

Partiell fand das Totensorgerecht sogar gesetzliche Ausprägungen, wie etwa in § 2 Abs. 2 S. 1 FeuerBG[665], der den geschäftsfähigen Angehörigen das Recht (und die Pflicht) zuspricht, bei mangelnder Willensbekundung des Verstorbenen die Entscheidung über die Bestattungsart zu treffen. Schließlich hat auch das BVerfG[666] das Totensorgerecht als durch die allgemeine Handlungsfreiheit gem. Art. 2 Abs. 1 GG grundrechtlich geschütztes privates Recht anerkannt.

b) Totensorgerecht im TPG

§ 4 TPG überträgt die Entscheidungsbefugnis über eine Organentnahme den Angehörigen, sofern der potentielle Spender nicht selbst eine Entscheidung getroffen (§ 4 Abs. 1 S. 2 i.V.m. § 3 TPG) oder die Entscheidung einer bestimmten Person übertragen hat (§ 4 Abs. 3 TPG). Die Entscheidungsbefugnis ist zwar an konkrete Voraussetzungen geknüpft[667] und die Angehörigen unterliegen einer bestimmten Rangfolge, nach der sie die Rechte des Verstorbenen wahrnehmen dürfen, dennoch hat der Gesetzgeber das Recht, Entscheidungen über den Leichnam zu treffen, eindeutig auf die Angehörigen übertragen. Durch diese Entscheidung wurde den Vertretern der sog. erweiterten Zustimmungslösung[668] zugestimmt, die dem nächsten Angehörigen im Rahmen seines Totensorgerechts ein subsidiäres Entscheidungsrecht zubilligen[669] und das Recht in § 4 TPG somit gesetzlich anerkannt ist. Das Entscheidungsrecht als eigenes Recht der Angehörigen wird zudem durch die Strafvorschrift des § 19 Abs. 1 TPG geschützt und hinsichtlich der Schutzbedürftigkeit gegenüber Dritten auf gleiche Stufe gestellt.[670]

---

[664] Ausführlich hierzu H. P. Westermann, Das allgemeine Persönlichkeitsrecht nach dem Tode seines Trägers, FamRZ 1969, 561 ff; Buschmann, Zur Fortwirkung des Persönlichkeitsrechts nach dem Tode, NJW 1970, 2081 ff; Bieler, Persönlichkeitsrecht, Organtransplantation und Totenfürsorge, JR 1976, 224 ff; Damm, Persönlichkeitsschutz und medizintechnische Entwicklung, JZ 1998, 926 ff; BGH NJW 1968, 1773 ff.

[665] Gesetz über die Feuerbestattung vom 15. Mai 1934, RGBl 1934, Teil 1, S. 380 f.

[666] BVerfG NJW 1994, 783.

[667] So muß nach § 4 Abs. 2 S. 2 TPG der Angehörige in den letzten zwei Jahren vor dem Tod des Organspenders zu diesem Kontakt gehabt haben.

[668] Siehe Teil 1 B II, Teil 3 A II 2.d) und BT-Drucks. 13/4355, S. 13.

[669] BT-Drucks. 13/4355, S. 13.

[670] Die generelle rechtliche Einordnung oder Herleitung des Totensorgerechts ist in diesem Zusammenhang daher zunächst nicht mehr relevant und die vor Inkrafttreten des TPG geführte Diskussion über die Frage, ob die Angehörigen ein eigenes Recht besitzen oder nur als Treuhänder fortwirkender Persönlichkeitsrechte des Angehörigen anzusehen sind (vgl. hierzu H. P. Westermann, Das allgemeine Persönlichkeitsrecht nach dem Tode seines Trägers, FamRZ 1969, 561, 570 m.w.N.), im Hinblick auf Organentnahmen überholt.

c) Totensorgerecht als deliktsrechtlich relevantes Recht

Der in § 19 Abs. 1 TPG verwirklichte strafrechtliche Schutz des Totensorgerechts für sich gesehen impliziert noch nicht automatisch einen deliktsrechtlichen Anspruch der Angehörigen bei Zuwiderhandlung, wenn er auch einen deutlichen Hinweis dahingehend darstellt.

Ein materieller oder immaterieller Schadensersatz kommt vielmehr nur in Frage, wenn das Totensorgerecht mangels ausdrücklicher Aufzählung in § 823 Abs. 1 BGB als „sonstiges Recht" im Sinne dieser Vorschrift anerkannt ist; einiges spricht jedoch zugunsten dieser Anerkennung.

In Betracht kommt das Totensorgerecht als Ausprägung des allgemeinen Persönlichkeitsrechts der Angehörigen.

Das erste mit speziell dieser Thematik ausführlich befasste Landgericht Bonn[671] traf in seinem Urteil die Feststellung, dass die in der nicht genehmigten Organentnahme liegende objektive Rechtsverletzung das allgemeine Persönlichkeitsrecht der nächsten Angehörigen betreffe, denen ein Bestimmungs- und Bewahrungsrecht an der Leiche zustehe. Das Gericht berief sich zunächst auf das anerkannte[672] deliktsrechtlich geschützte Recht der Angehörigen, die Entscheidung über den Leichnam zu treffen, unabhängig davon, ob sich dies aus familienrechtlichen oder persönlichkeitsrechtlichen Grundsätzen herleite[673] und bejahte durch das Nichteinholen der Einwilligung der nächsten Angehörigen grundsätzlich eine Verletzung des durch § 823 Abs. 1 BGB geschützten allgemeinen Persönlichkeitsrechts, das auch das Totensorgerecht umfasse.[674] Gleichwohl kam es zu dem Schluß, dass auch eine rechtswidrige und schuldhafte Organentnahme nicht ohne weiteres einen Anspruch auf Ersatz des immateriellen Schadens in Geld nach § 847 BGB begründe.[675] Die Ablehnung des Anspruchs wurde hinsichtlich § 823 Abs. 1 BGB[676] damit begründet, dass die objektive Bedeutsamkeit der Beeinträchtigung durch die Motive der Verletzungshandlung gemildert würde. Der Beklagte sei nicht von kommerziellen Gründen geleitet worden, sondern habe vielmehr das Ziel verfolgt, das Leben

---

[671] Vom 25.2.1970, JZ 1971, 56 ff: Auf Anweisung eines Professors einer Universitätsklinik wurde einem seit mindestens 15 Stunden hirntoten Patienten die Leber entfernt und einem an Leberkrebs erkrankten Patienten implantiert, ohne zuvor die Einwilligung der Ehefrau des Verstorbenen einzuholen. Diese machte daraufhin den ihr durch die Verletzung ihres Totensorgerechts entstandenen immateriellen Schaden geltend.

[672] Aussagen dahingehend, dass die Vornahme einer klinischen Sektion nur nach Einwilligung des Verstorbenen oder nach dessen Tod der Angehörigen zulässig ist, finden sich bereits in JW 1928, 2249 (LG Bonn); LZ 1929, 175; BGHZ 9, 145.

[673] JZ 1971, 58 m w N

[674] JZ 1971, 61.

[675] JZ 1971, 56.

[676] Die zweite zu klärende Frage des Gerichts betraf einen Anspruch aus § 839 BGB.

eines anderen Patienten zu retten. Außerdem müsse berücksichtigt werden, dass dem Handelnden jegliche richtungsweisende Gesetzgebung gefehlt und er damit keine objektive Richtschnur für sein Handeln gehabt habe.[677]

Beide Argumente können seit Inkrafttreten des TPG jedoch nicht mehr herangezogen werden, der Gesetzgeber hat mit dem Verbot einer Organentnahme ohne Einwilligung des Verstorbenen eine klare Regelung getroffen und gleichzeitig eine Wertentscheidung dahingehend getroffen, dass das Entscheidungsrecht des Verstorbenen bzw. der Angehörigen höher zu werten sei als die mit der Organübertragung verfolgten Ziele.[678]

Für eine Einordnung des Totensorgerecht als deliktsrechtlich geschütztes Persönlichkeitsrecht spricht außerdem die Gleichstellung der Folgen bei Nichtbeachtung des Willens des Spenders und der Angehörigen im TPG, §§ 3, 4 und 19 Abs. 1 TPG. Die Entwurfsbegründung zu § 19 Abs. 1 TPG sagt, dass damit insbesondere das Selbstbestimmungsrecht der als Organspender in Betracht kommenden Personen und das subsidiäre Recht anderer Personen, über eine Organentnahme zu entscheiden, besonders geschützt werden soll.[679] Die Nachrangigkeit des Bestimmungsrechts der Angehörigen bezieht sich dabei jedoch nicht auf die rechtliche Qualität, sondern nur auf den Vorrang des Willens des Verstorbenen, sofern dieser eine Entscheidung getroffen hat.

Die angesprochenen Urteile[680] bejahen daher zu Recht den deliktsrechtlichen Schutz des Totensorgerechts als Ausprägung des allgemeinen Persönlichkeitsrechts der Angehörigen.[681]

d) Verletzung des Totensorgerechts

Die Verletzung des Totensorgerechts richtet sich nach allem oben Gesagten grds. nach den gleichen Prinzipien wie die Verletzung des Selbstbestimmungsrechts des Organspenders. § 4 TPG ist (ebenso wie § 3 TPG für den Spender) eine Ausprägung des deliktsrechlich geschützten allgemeinen Persönlichkeitsrechts. Daraus folgt, dass eine Organentnahme, die entgegen dem den Angehörigen zustehenden und von ihnen ausgeübten Bestimmungsrecht gemäß § 4

---

677 JZ 1971, 61. Ähnlich auch ein Urteil in der Schweiz, siehe BGE 101 II 177 und Deutsch, Das Persönlichkeitsrecht des Patienten, AcP 192 (1992), S. 174.

678 Ausführlich hierzu schon unter Teil 3.B.I.b),ee),aaa).

679 BT-Drucks. 13/4355, S. 31.

680 Vgl. auch Fn. 577.

681 Siehe hierzu auch OLG München NJW 1976, 1805 f; Deutsch, Das Persönlichkeitsrecht des Patienten, AcP 192 (1992), S. 172 ff; Forkel, Verfügungen über den menschlichen Körper, JZ 1974, 593, 597; Bieler, Persönlichkeitsrecht, Organtransplantation und Totenfürsorge, JR 1976, 224, 226; Deutsch, Anm. zu LG Bonn, VersR 1970, 720; Nixdorf, Zur ärztlichen Haftung hinsichtlich entnommener Körpersubstanzen:, VersR 1995, 740, 745; Palandt/Thomas § 823 Rn. 180.

TPG erfolgt, eine Verletzung ihres Totensorgerechts auch nach § 823 Abs. 1 BGB darstellt und dementsprechende Rechtsfolgen auslöst.

Da der Gesetzgeber wie in Teil 3, B, I, b, ee) dargestellt, im TPG bereits ein Wertentscheidung hinsichtlich etwaiger Rechtfertigungsgründe getroffen hat, ist eine solche Organentnahme auch grundsätzlich rechtswidrig.[682]

e) Anspruch aus § 847 Abs. 1 BGB

Da die durch die Organentnahme entstehenden Kosten nicht von den Angehörigen zu tragen sind,[683] ist auch hier vordringlich die Frage des immateriellen Schadens relevant. Im Hinblick auf den Ersatz eines solchen Schadens nach § 847 Abs. 1 BGB, kann ebenfalls zunächst auf das zum Anspruch des Organspenders auf Ersatz des immateriellen Schadens Dargestellte zurückgegriffen werden.

Er ist bei der Verletzung des Totensorge- oder Bestimmungsrecht als Teil des allgemeinen Persönlichkeitsrechts grundsätzlich möglich[684] und vom Wesen des Anspruchs her bei den noch lebenden Angehörigen auch leichter zu bejahen als bei dem bereits Verstorbenen, da der Anspruch den Verletzten in die Lage versetzen soll, sich Erleichterungen und Annehmlichkeiten an Stelle derer zu verschaffen, deren Genuß ihm durch die Verletzung unmöglich gemacht wurde.[685]

Er setzt aber voraus, dass Genugtuung nicht auf andere Weise erlangt werden kann und dass es sich um eine schwerwiegende Verletzung handelt.

Die erste Voraussetzung lässt sich mit den gleichen Argumenten beantworten wie beim Anspruch des Organspenders, da Widerruf, Gegendarstellung oder Unterlassung bei vorgenommener Organentnahme als Instrumente nicht in Betracht kommen, in diesem Fall vielmehr der Präventionsgedanke eine stärkere Rolle spielen muß, da die Gefahr für den Handelnden, sich diesem Anspruch auszusetzen zivilrechtlich das einzige Mittel der Angehörigen darstellt, einer Organentahme gegen ihren Willen vorzubeugen.[686]

Die zweite Frage ist, ob durch die Verletzung des Bestimmungsrechts der Angehörigen nach § 4 TPG immer eine schwerwiegende Persönlichkeitsrechtsverletzung gegeben ist oder ob diese Frage einzelfallabhängig zu beantworten ist, weil noch weitere Kriterien hinzukommen müssen.

---

[682] Siehe auch BverfG NJW 1999, 3399; JuS 2000, 393.

[683] Zur Kostentragung der Organentnahme beim Spender vgl. § 11 Abs. 1, Abs. 2 Nr. 4 und § 12 Abs. 4 Nr. 7 TPG. Unabhängig davon davon ist die Kostentragung für die Implantation des Organs beim Empfänger, die in der Regel durch dessen Krankenkasse erfolgt.

[684] Palandt/Thomas § 847 Rn. 5 i.V.m. § 823 Rn. 198 ff.

[685] BGH GrZS 18, 149.

[686] Zum Präventionsgedanken vgl. auch BGH NJW 1996, 984.

Zwar können durchaus weitere Kriterien wie etwa die Vorgehensweise der Person, die verpflichtet gewesen wäre, die Zustimmung der Angehörigen einzuholen, hinzukommen, die die Verletzung des Persönlichkeitsrechts noch verstärken. Andererseits ist das Bestimmungsrecht der Angehörigen durch die gesetzliche Verankerung im TPG als besonders starker und schützenswerter Teil des allgemeinen Persönlichkeitsrechts hervorgehoben, was bereits für eine schwerwiegende Verletzung spricht, wenn gerade diese Vorschriften nicht beachtet werden. Wenn man dazu den Gedanken verfolgt, dass bei Verneinung in den meisten Fällen ein Anspruch der Angehörigen ausscheiden würde, muß in Konsequenz zu den oben dargestellten Gedanken, insbesondere unter Berücksichtigung des Präventionszwecks dem Grunde nach eine schwerwiegende Verletzung grundsätzlich bejaht werden, andernfalls würde der Anspruch ins Leere laufen.

Ob den Angehörigen durch diese Verletzung nachteilige Folgen für ihre körperliche und seelische Verfassung[687] entstanden sind, ist dann eine Frage des Einzelfalls.

3. Ergebnis der eigenen Ansprüche der Angehörigen

Wird einem Verstorbenen, der selbst zu Lebzeiten keine Entscheidung hinsichtlich einer möglichen Organspende getroffen hat oder diese Entscheidung auf seine Angehörigen übertragen hat, ohne deren Zustimmung und somit unter Verletzung von § 4 TPG ein Organ entnommen, so wird damit grundsätzlich das durch § 823 Abs. 1 BGB geschützte allgemeine Persönlichkeitsrecht der Angehörigen in Form des sog. Totensorgerechts verletzt, da der Gesetzgeber dieses im TPG in gleicher Weise geschützt hat wie das Entscheidungsrecht des Organspenders.

Eine Rechtfertigung der Verletzung nach § 34 StGB unter dem Gesichtspunkt der Lebensrettung des Organempfängers kann wie auch bei der Frage eines Anspruchs bei Verletzung des allgemeinen Persönlichkeitsrechts des Organspenders nicht greifen, da der Gesetzgeber im TPG eine § 34 StGB ausschließende Wertung vorgenommen hat. Durch eine so unzulässig erfolgte Organentnahme werden daher grundsätzlich die Rechtsfolgen von § 823 Abs. 1 BGB ausgelöst, sofern den Angehörigen ein Schaden entsteht.

Durch die Verletzung des Persönlichkeitsrechts kommt auch ein Anspruch auf Ersatz des immateriellen Schadens nach 3 847 Abs. 1 BGB in Betracht. Um den Angehörigen überhaupt eine zivilrechtliche Vorgehensweise zu ermöglichen, muß bei diesem Sachverhalt vordringlich auf den Präventionsgedanken abgestellt werden und eine schwerwiegende Verletzung bei einem § 4 TPG entgegenstehenden Handeln grundsätzlich bejaht werden.

---

[687] Palandt/Thomas § 847 Rn. 8.

C. Die berechtigte Organentnahme

I. Ansprüche bei berechtigter Organentnahme

Wurde eine Organentnahme vom toten Spender den Vorschriften des TPG entsprechend vorgenommen, also unter Einhaltung aller Verfahrensregeln und insbesondere mit wirksamer Einwilligung des Spenders oder der Angehörigen, so ist der Gedanke an Ersatzansprüche, gleich welcher Art, auf den ersten Blick schwer nachzuvollziehen. Dennoch sollen alle in Betracht kommenden Anspruchsmöglichkeiten kurz gedanklich verfolgt werden.

1. Anspruchssteller

Als Anspruchssteller kommen auch hier grundsätzlich nur die nächsten Angehörigen im Sinne von § 4 Abs. 2 TPG in Betracht. Zu überlegen ist aber, ob wie bei der unberechtigten Organentnahme bereits in der Person des Organspenders ein Anspruch entstanden sein kann, der dann auf die Angehörigen übergegangen ist. Da ein Organspender durch ein ihm postmortal entnommenes Organ keinen materiellen Schaden mehr erleiden kann, kommen diesbezüglich wieder nur immaterielle Ansprüche in Betracht. Auch diese sind aber übertragbar und vererblich.[688] Nach neuerer Rechtsprechung des BGH[689] ist die Willensbekundung des Verletzten für die Übertragbarkeit und Vererblichkeit des Schmerzensgeldanspruchs keine Voraussetzung mehr, so dass hierin kein Hindernis läge.

2. Auf die Angehörigen übergegangene eigene Ansprüche des Spenders

Hinsichtlich noch in der Person des Spenders entstandenen Ansprüchen bleiben überhaupt nur zwei denkbare Möglichkeiten. Zum einen ein Anspruch auf Ersatz eines immateriellen Schadens – etwa wegen Verletzung des postmortalen allgemeinen Persönlichkeitsrechts - und zum anderen eine vertraglich vereinbarte Entschädigung zwischen Spender und Empfänger.

Erstgenannter muss jedoch daran scheitern, dass der Organspender mit seiner wirksamen Einwilligung[690] gleichzeitig auch einen wirksamen Verzicht auf seine die körperliche Integrität schützenden Rechte ausübt, sich mit der Einwilligung gerade dazu bereit erklärt, ein altruistisches Opfer zu bringen.

---

[688] Palandt/Thomas § 847 Rn. 13.

[689] Siehe BGH NJW 1995, 783.

[690] Und auch bei einer wirksamen Einwilligung der Angehörigen, denn wenn er diesen nicht die Entscheidung überlassen möchte, kann er das durch einen vorherigen Widerspruch in Form eines negativen Organspendeausweises tun, vgl. §§ 2 Abs. 2, 4 Abs. 1 TPG.

Eine Entschädigungsvereinbarung mit dem Spender scheitert einerseits schon an der praktischen Durchführung, da nach §§ 9 ff. TPG die Vermittlung[691] durch Transplantationszentren und die Vermittlungsstelle vorgenommen wird und die Anonymität von Spender und Empfänger gewahrt wird (vgl. §§ 13 ff. TPG). Zum anderen ist nach § 17 TPG die Entgeltlichkeit der Organübertragung von den dort genannten Ausnahmen gerade untersagt, so dass ein darüber geschlossener Vertrag nach § 134 BGB unwirksam wäre.[692]

Eigene Ansprüche des Spenders scheiden daher gänzlich aus.

3. Eigene Ansprüche der Angehörigen

Bei der Prüfung eigener Ansprüche der Angehörigen stellt sich die gleiche Problematik.

Ein entgeltlicher Organspendevertrag mit einem potentiellen Empfänger über ein Organ eines Angehörigen ist, da die Angehörigen erst eine Entscheidungsmöglichkeit haben, wenn der Angehörige bereits als potentieller Organspender in einem Krankenhaus erfasst ist und keine eigene Erklärung abgegeben hat, praktisch nicht möglich, da die Transplantationsvergabe wiederum anonym über die Vermittlungsstelle erfolgt. Zudem wäre dieser Vertrag gem. §§ 17, 18 TPG i.V.m. 134 BGB wegen Verstoßes gegen ein Verbotsgesetz nichtig, so dass daraus keine Ansprüche erwachsen können.[693]

Ungeachtet dessen, ob man etwa Ansprüche aus dem sog. Totensorgerecht, oder auch besitz- oder eigentumsrechtliche Ansprüche in Betracht zieht, ist auch hier Voraussetzung, unabhängig von der jeweiligen Anspruchsgrundlage, eine widerrechtliche Verletzung der geschützten Rechtsgüter, für die bei wirksamer Einwilligung und Beachtung sonstiger Verfahrensvorschriften kein Raum bleibt.

Einzig denkbarer Anspruchsgrund bei berechtigter Organentnahme könnte demnach sein, dass der Spender durch seine Einwilligung in die Organentnahme eine Entscheidung getroffen hat, mit der die Angehörigen nicht einverstanden sind, da sie sich in ihrem Pietätsgefühl verletzt fühlen.

Aber abgesehen von der Frage, wer Anspruchsgegner dieses immateriellen Schadens sein könnte, ist zu überlegen, ob es den Angehörigen überhaupt zusteht, auf ihr Pietätsgefühl zu verweisen, wenn der Verstorbene eine sein eigenes Pietätsgefühl wahrende Entscheidung getroffen hat. Dies muss mit Blick auf § 4 Abs. 1 S. 3 TPG verneint werden, wonach der Angehörige bei seiner Entscheidung einen mutmaßlichen Willen des möglichen Organspenders zu beach-

---

[691] Zumindest der vermittlungspflichtigen Organe (§ 9 Abs. 1 TPG), die aber praktisch alle Organe im engeren Sinn darstellen.

[692] Zur Frage, inwieweit auch Spender und Empfänger selbst gegen das Verbot des Organhandels verstoßen können und den zivilrechtlichen Rechtsfolgen vgl. oben unter: Teil 2, A, IV, 1.a).

[693] Ausführlich hierzu unter: Teil 2, A, IV, 1.b).

ten hat. Die Vorschrift zeigt, dass etwaige abweichende Ansichten oder Interessen unbedingt hinter denjenigen des Spenders zurückstehen.

4. Ergebnis

Bei einer unter Einhaltung der Vorschriften des TPG vorgenommenen postmortalen Organentnahme scheiden Ansprüche des Spenders und seiner Angehörigen aus, da eine Rechtsgutsverletzung nicht stattfindet, die zivilrechtliche Ersatzansprüche auslösen könnte.

D. Zusammenfassung Teil 3

Die postmortale Organtranentnahme stellt zahlenmäßig den Hauptteil der Organtransplantationen dar. Da in diesem Bereich der Organtransplantation die Möglichkeit besteht, dass nicht im Sinne des Spenders verfahren wird, bzw. gegen sein oder den Willen seiner Angehörigen ein Organ entnommen wird, stand die postmortale Organentnahme stets – und weit mehr als die Organentnahme vom Lebenden – im Mittelpunkt öffentlicher Diskussion.

Um dieser Rechtsunsicherheit zu begegnen, das Vertrauen der Bevölkerung zu stärken und so zu einer höheren Spenderzahl zu kommen, wurde das Transplantationsgesetz erlassen, das ausführlich die Voraussetzungen regelt unter welchen ein Organ entnommen werden darf, unter anderem die Frage der Todesdefinition und Todesfeststellung und die Einwilligung des Spenders bzw. seiner Angehörigen.

Das TPG stellt zwar eine gegen diese Vorschriften erfolgende Organentnahme unter Strafe, trifft über zivilrechtliche Ersatzansprüche jedoch keine Aussage.

Obwohl auf den ersten Blick nicht offensichtlich, kommen eigene Ansprüche des Organspenders in Betracht, die aus seinem über den Tode hinaus fortwirkenden allgemeinen Persönlichkeitsrecht (insb. In Form des Selbstbestimmungsrechts) resultieren. Diese von Rechtsprechung und Literatur inzwischen auch als deliktsrechtliches Recht weitgehend anerkannte postmortale Wirkung umfasst auch die Integrität des Leichnams, ebenso wie der aus Art. 1 Abs. 1 GG resultierende Schutz auf würdevolle Behandlung.

Eine Organentnahme ohne Einwilligung des Spenders begründet daher grundsätzlich einen deliktsrechtlichen Anspruch im Hinblick auf sein Selbstbestimmungsrecht, sofern noch weitere entwürdigende Kriterien bei der Organentnahme hinzukommen, auch hinsichtlich dem Anspruch des Spenders auf würdevolle Behandlung seines Leichnams, deren Einhaltung im TPG explizit gefordert wird.

Ein Anspruch wegen Verletzung der körperlichen Integrität kommt dagegen nicht in Betracht, da der im TPG definierte sog. Hirntod einheitlich auch für das Deliktsrecht Geltung hat und es somit am Merkmal des „anderen“ fehlt.

Rechtfertigungsgründe mit dem Argument der Lebensrettung eines anderen Menschen kommen nicht in Betracht, da der Gesetzgeber im TPG diesbezüglich bereits eine Wertentscheidung zugunsten des Spenders bzw. seiner Angehörigen getroffen hat.

Praktische Relevanz hat bei der postmortalen Organspende der Ersatz des immateriellen Schadens, der dem Spender wegen Verletzung des postmortalen Persönlichkeitsrechts insbesondere unter Berücksichtigung des Präventionsgedanken und des ausdrücklichen Schutzes seines allgemeinen Persönlichkeitsrechts im TPG grundsätzlich zustehen muß. Dieser kann von den Angehörigen geltend gemacht werden.

Das Entscheidungsrecht der Angehörigen, das greift, wenn der Verstorbene selbst keine Entscheidung hinsichtlich einer postmortalen Organentnahme getroffen oder er diese Entscheidung ausdrücklich auf eine Person übertragen hat, ist im TPG in Bezug auf seine Wertigkeit an das Entscheidungsrecht des Organspenders angelehnt. Zugleich ist inzwischen zu Recht anerkannt, dass dieses sog. Totensorgerecht als Ausprägung des allgemeinen Persönlichkeitsrecht der Angehörigen vom Schutzbereich des § 823 Abs. 1 BGB umfasst ist, so dass sich eine Parallele zu den Rechten des Spenders ziehen läßt.

Den nach dem TPG entscheidungsbefugten Angehörigen stehen daher bei einer ihrem Willen entgegen erfolgten Organentnahme ebenfalls deliktsrechtliche Ansprüche, insbesondere auf Ersatz des immateriellen Schadens zu.

Erfolgt eine Organentnahme jedoch unter Beachtung der Vorschriften des TPG, insbesondere mit Einwilligung des Organspenders oder der Angehörigen, so lassen sich keine Anhaltspunkte für mögliche Ersatzansprüche finden.

E. Fazit und Ausblick

Das Inkrafttreten des Transplantationsgesetzes kann trotz bestehender Unklarheiten und Mängel als ein Meilenstein in Bezug auf die Übertragung menschlicher Organe angesehen werden. Es hat die Jahrzehnte andauernde Diskussion über die generelle Zulässigkeit, die Voraussetzungen und das Verfahren der Organtransplantation zwar nicht zum Erliegen gebracht, jedoch immerhin einen wesentlichen Beitrag zur Rechtsklarheit in diesem Bereich geschaffen und damit die medizinische Durchführung in der Praxis für alle Beteiligten vereinfacht. Mit zunehmender Gewöhnung an das nun festen Regeln entsprechende Transplantationswesen wird dies auf Dauer den Organspendebedürftigen zugute kommen.

Das Transplantationsgesetz enthält zwar Strafvorschriften für Organentnahmen, die nicht den so gesetzlich fixierten Voraussetzungen entsprechen, die zivilrechtlichen Rechtsfolgen der nicht diesen Vorschriften entsprechenden Organentnahmen sind jedoch nicht enthalten, wobei aus den Gesetzesmaterialien nicht hervorgeht, ob dies mit dem Gedanken unterlassen wurde, dass dann ohnehin die normalen bürgerlich.rechtlichen Rechtsfolgen eintreten und diese als ausreichend angesehen, oder die praktische Relevanz als zu unbedeutend angesehen wurde.

Ebenso lässt sich hinsichtlich der zivilrechtlichen Rechtsfolgen noch nicht auf eine einheitliche deutsche oder auch internationale Rechtsprechung zurückgreifen, was jedoch durchaus positiv gewertet werden kann, denn selbst wenn man eine Vielzahl von Gründen unterstellt, aus denen ein mangelnder juristischer Klärungsbedarf resultieren kann, so spricht es doch insgesamt gegen ein missbräuchliches Vorgehen bei der Organentnahme.

Um einem solchen weiterhin vorzubeugen, sollten in Ergänzung zum Transplantationsgesetz den Organspender oder seine Angehörigen schützende zivilrechtliche Normen im Zweifel immer zu Gunsten desjenigen ausgelegt werden, der hier ein Opfer erbringt, bzw. in dessen Rechte eingeriffen wird, denn nur wenn diessbezüglich ein umfassender Schutz gewährleistet wird, kann das Vertrauen in das Transplantationswesen und damit die Spendebereitschaft gefördert werden.

Da auf dem Gebiet der Organtransplantation weiterhin viele Fragen Klärungsbedarf haben und durch die medizinische Weiterentwicklung neue Fragen auftauchen werden, eine Abgrenzung der juristsichen zur medizinischen, theologischen oder etwa politischen Fragestellung kaum abgrenzen lässt, wird in den nächsten Jahren auch die Notwendigkeit weiterer gesetzlicher Regelungen bestehen, es bleibt jedoch zu hoffen, dass sich der juristische Klärungsbedarf gerade in Bezug auf in dieser Arbeit behandelte Fragestellungen nicht als umfangreich erweist.

Literaturverzeichnis

Albrecht, Volker .... Die rechtliche Zulässigkeit postmortaler Transplantatentnahmen, Marburg 1986

Bade, Ulf .... Der Arzt an den Grenzen von Leben und Recht - Über die Erlaubtheit ärztlicher Sterbehilfe unter besonderer Berücksichtigung des § 216 StGB, Hrsg: Friedrich Geerds, Lübeck 1988

Batsch, Karl Ludwig ...... Aufwendungsersatzanspruch und Schadensersatzpflicht des Geschäftsführers im Falle berechtigter und unberechtigter Geschäftsführung ohne Auftrag, AcP 171, 1971, S. 219 ff.

Baur, Fritz .... Der Beseitigungsanspruch nach § 1004 BGB – Zugleich ein Beitrag zum Problem der Rechtswidrigkeit auf dem Gebiet des Güterschutzes – AcP 160 (1961), S. 465-493

Baur, U. .... Die Organhaftung des Krankenhausträgers für die Tätigkeit des leitenden Krankenhausarztes in: Arzt- und Kassenarztrecht im Wandel, Festschrift für Helmut Narr, Kamps/Laufs (Hrsg.), Frankfurt a.M. 1988

Becker, Walter G .... Der Umfang des Rechts öffentlicher Krankenanstalten zur Obduktion von Leichen, Juristische Rundschau 1951

Bender, Albrecht .... Organtransplantation und AMG, VersR 1999, S. 419 ff

Berg .... Verträge mit Schutzwirkung und Drittschadensliquidation, JuS 1977, S. 363 ff.

Bieler, Frank .... Persönlichkeitsrecht, Organtransplantation und Totenfürsorge, JR 1976, S. 224-229

Bötticher, Eduard .... Zur Ausrichtung der Sanktion nach dem Schutzzweck der verletzten Privatrechtsnorm, AcP 158 (1959/1960), S. 385-409

Borchmann .... Die Bundesgesetzgebung zum Gesundheitsrecht im Jahre 1980 (II), MedR 1991, Heft 3, S. ca.115

Brugger/Kühn .... Sektion der menschlichen Leiche - Zur Entwicklung des Obduktionswesens aus medizinischer und juristischer Sicht, in: Medizin und Recht, Hrsg. Albin Eser, Stuttgart 1979

Bülow, von D. .... Aufgaben des Gesetzgebers in: Rechtliche Fragen der Organtransplantation, 3. Einbecker Workshop der deutschen Gesellschaft für Medizinrecht. Hrsg. Hiersche/Hirsch/Graf Baumann, Berlin, Heidelberg 1990

Buschmann, Arno .... Zur Fortsetzung des Persönlichkeitsrechts nach dem Tode, NJW 1970, S. 2081-2088

Bydlinski, Franz .... Juristische Methodenlehre und Rechtsbegriff, 2. Aufl., Springer Verlag 1991

Canaris, Claus-Wilhelm Bankvertragsrecht, 3. Aufl., Walter de Gruyter, Berlin New York 1988

Canaris, Claus-Wilhelm Gewinnabschöpfung bei Verletzung des allgemeinen Persönlichkeitsrechts, Festschrift für Erwin Deutsch zum 70. Geburtstag, Hrsg. Jürgen Ahrens, Köln 1999

Canaris, Claus-Wilhelm Gesetzliches Verbot und Rechtsgeschäft, C.F.Müller jur. Verlag, Heidelberg 1983

Carstens, Thomas .... Das Recht der Organtransplantation - Stand und Tendenzen des deutschen Rechts im Vergleich zu ausländischen Gesetzen, Frankfurt am Main, 1978

Damm, Reinhard .... Persönlichkeitsschutz und medizintechnische Entwicklung, JZ 1998, S. 926 ff.

Deutsch, Erwin .... Allgemeines Haftungsrecht 2. Aufl., Carl Heymanns Verlag, München 1996

Deutsch, Erwin .... Brauchen wir das Transplantationsgesetz?, Der Chirurg 1980, Heft 51, S. 349 ff

Deutsch, Erwin .... Die rechtliche Seite der Transplantation, ZRP 1982, Heft 7, S. 174 ff

Deutsch, Erwin .... Haftungsrecht Band 1: Allgemeine Lehren, Carl Heymanns Verlag 1976

Deutsch, Erwin .... Das Organisationsverschulden des Krankenhausträgers, NJW 2000, S. 1745 ff.

Deutsch, Erwin .... Das Persönlichkeitsrecht des Patienten, AcP 192 (1992), S. 161-180

Deutsch, Erwin .... Medizinrecht - Arztrecht, Arzneimittelrecht und Medizinprodukterecht, 4. Aufl. Berlin Heidelberg 1999

Deutsch, Erwin .... Arzt- und Arzneimittelrecht, 2. Aufl., Berlin Heidelberg 1991

Deutsch, Erwin .... Zum geplanten strafrechtlichen Verbot des Organhandels, ZRP 1994, S. 179 ff.

Deutsch, Erwin .... Kausalität und Schutzbereich der Norm im Arzthaftungsrecht in Festschrift für Karlmann Geiss zum 65. Geburtstag, S. 367 ff, Hrsg. Brandner/Hagen/Stürner, Carl Heymanns Verlag, Köln 2000

Dreher/Tröndle .... Kommentar zum Strafgesetzbuch, 21. Aufl., 1997-1998

Dressler, Wolf-Dieter ..... Ärztliche Leitlinien und Arzthaftung, Festschrift für Karlmann Geiss zum 65. Geburtstag, S. 379 ff, Hrsg. Brandner/Hagen/Stürner, Carl Heymanns Verlag, Köln 2000

Drumm, Julius .... Die Grundsätze der Produzentenhaftung nach § 823 Abs. 1 BGB als Leitbild für die deliktische Haftung des Krankenhausträgers für medizinische Fehlleistungen, Frankfurt a. M. 1987

Ehlers, Wolfram .... Der Geldersatz für immaterielle Schäden bei deliktischer Verletzung des allgemeinen Persönlichkeitsrechts, Schriftenreihe der UFITA Heft 51, Berlin 1977

Edelmann, Hervé .... Ausgewählte Probleme bei der Organspende unter Lebenden, VersR 1999, S. 1065 ff

Eichholz, Jürgen .... Die Transplantation von Leichenteilen aus zivilrechtlicher Sicht, NJW 1968, S. 2272-2276

Eigler .... Probleme der Organtransplantation, MedR 1992, Heft 2, S. 88 ff

Epple, Dieter .... Letztwillige Verfügungen für menschenwürdiges Sterben, Organspende, Widmung des Leichnams, BWNotZ 47. Band, Nr. 2/81, S. 31-33

Erman, Walter .... Handkommentar zum Bürgerlichen Gesetzbuch, Band 1 (§§ 1-853, MHG, ProdHaftG, VerbrKrG, HausTWG, AGBG) 9. Aufl., Münster 1993 (zit. Erman-Bearbeiter)

Erman, Walter/Bearb. ... Handkommentar zum Bürgerlichen Gesetzbuch, Band I, §§ 1-853, 10. Aufl., Münster/Köln 2000

Esser/Schmidt .... Schuldrecht Band I Allgemeiner Teil Teilband 1 Entstehung, Inhalt und Beendigung von Schuldverhältnissen, 8. Aufl., C. F. Müller Verlag, Heidelberg 1995

Esser/Schmidt .... Schuldrecht Allgemeiner Teil, Teilband 2, Durchführungshindernisse und Vertragshaftung, Schadensausgleich und Mehrseitigkeit beim Schuldverhältnis, 7. Aufl. 1993

Forkel, Hans .... Verfügungen über Teile des menschlichen Körpers, JZ 1974, S. 593 ff.

Funck, Jan-Robert .... Der Todeszeitpunkt als Rechtsbegriff, MedR 1992, Heft 4, S. 182-189

Geigel, Reinhart .... Der Haftpflichtprozeß mit Einschluß des materiellen Haftpflichtrechts, Hrsg. Dr. Günter Schlegelmilch, 23. Aufl., München 1993

Gernhuber, Joachim ..... Handbuch des Schuldrechts, Band 8 Das Schuldverhältnis: Begründung und Änderung, Pflichten und Strukturen, Drittwirkungen, Mohr, Tübingen 1989

Grewel, Hans .... Zwischen Lebensrettung und Euthanasie - das tödliche Dilemma der Transplantationsmedizin, ZRP 1995, Heft 6, S. 217-220

Gubernatis, G. .... Transplantationsgesetz – Praktische Umsetzung und Aufgaben in den Versorgungskrankenhäusern, Arzt und Krankenhaus 2000, S. 116 ff.

Gursky, Karl-Heinz .... Der Tatbestand der Geschäftsführung ohne Auftrag, AcP 185 (1985), S. 13 ff.

Gutmann, Thomas .... Probleme einer gesetzlichen Regelung der Lebendspende von Organen, MedR 1997, S. 147 ff

Haas, Robert .... Testamentsform oder polizeiliche Genehmigung als Zulässigkeitsvoraussetzung für Sektionen und Transplantationen, FamRZ 1975, Heft 2, S. 72-75

Hagen, Horst .... Die Drittschadensliquidation im Wandel der Rechtsdogmatik - Ein Beitrag zur Koordinierung von Rechtsfortbildungen - Athenäum Verlag Frankfurt am Main 1971

Hager, Günter .... Zum Begriff der Rechtswidrigkeit im Zivilrecht in: Recht und Rechtserkenntnis, Festschrift für Ernst Wolf, S. 133-142, Köln 1985

Hart, Dieter .... Grundlagen des Arzthaftungsrechts, Jura 2000, S. 14 ff

Henke, Horst-Eberhard. Die sog. Relativität des Schuldverhältnisses - Wie relativ ist eigentlich das Band zwischen Gläubiger und Schuldner, Berlin 1989

Hofmann, Hasso .... Die Pflicht des Staates zum Schutz des menschlichen Lebens in: Festschrift für Friedrich Wilhelm Krause zum 70. Geburtstag, Köln 1990

Hüffe, Uwe .... Die Haftung gegenüber dem ersten Auftraggeber im mehrgliedrigen Zahlungsverkehr, ZHR 151 (1987), S. 93 ff

Humphry,/Wickett.......... Das Recht auf den eigenen Tod und eine menschenwürdige Sterbehilfe, München 1987

Jarass,/Pieroth.............. Grundgesetz für die Bundesrepublik Deutschland:Kommentar, München 1989

Jauernig........................ Bürgerliches Gesetzbuch Mit Gesetz zur Regelung des Rechts der Allgemeinen Geschäftsbedingungen, Kommentar, C.H. Beck, 8. Aufl., München 1997

Kallmann, Rainer.......... Rechtsprobleme bei der Organtransplantation - Straf- und zivilrechtliche Erwägungen, FamRZ 1969, S. 572 ff

Kern, Bernd Rüdiger..... Fremdbestimmung bei der Einwilligung in ärztliche Eingriffe, NJW 1994, S. 753 ff

Kiessling, Walter........... Verfügungen über den Leichnam oder Totensorge, NJW 1969, S. 533-537

Kloth, Karsten............... Rechtsprobleme der Todesbestimmung und der Organentnahme vom Verstorbenen - Eine vergleichende Untersuchung unter besonderer Berücksichtigung ausgewählter Jurisdiktion des kontinentaleuropäischen und des angloamerikanischen Rechtskreises, Diss. Berlin 1994

Kohlhaas, Max.............. Rechtsfragen zur Transplantation von Körperorganen, NJW 1967, S. 1489 ff

Kohte............................ Die rechtfertigende Einwilligung, AcP 185 (1985), S. 124 ff

Kollhosser, Helmut........ Lohnfortzahlung, Schadensersatz und Regreßinteressen beim Unfall eines Angestellten, AcP 166 (1966), S. 277 ff

König, Bettina................ Todesbegriff, Todesdiagnostik und Strafrecht - Zur Strafbarkeit todesdiagnostischer Maßnahmen, dargestellt am Beispiel der Zerebralangiographie, Kieler Schriften zum Strafrecht, Band 9, 1988

Kötz, Heinz.................... Deliktsrecht, 8. Auflage, Neuwied 1998

Kramer, Hans-Jürgen.... Rechtsfragen der Organtransplantation, Rechtswissenschaftliche Forschung und Entwicklung, Hrsg. M. Lehmann, München 1987

Kühn, Hermann Chr....... Das neue deutsche Transplantationsgesetz, MedR 1998, S. 455 ff.

Kupisch/Krüger............. Grundfälle zum Recht der unerlaubten Handlungen, 2. Teil: Die Grundtatbestände der deliktischen Handlung, JuS 1980, S. 574-579

Lackner/Kühl .... Strafgesetzbuch mit Erläuterungen, 23. Aufl., München 1999

Lang, Christoph .... Kultur des Lebens oder Kultur des Sterbens? Das Dilemma der Theologie, ZRP 1995, Heft 12, S. 457-461

Lang, Rolf .... Normzweck und Duty of Care – Eine Untersuchung über die Grenzen der Zurechnung im deutschen und anglo-amerikanischen Deliktsrecht, München 1983

Lange, Wolfgang-Dieter Zur Abgrenzung des Vertrags zugunsten Dritter und der Drittschadensliquidation, Diss. Berlin 1956

Larenz, Karl .... Allgemeiner Teil des deutschen Bürgerlichen Rechts, 7. Aufl., Beck, München 1989

Larenz, Karl .... Lehrbuch des Schuldrechts Band I Allgemeiner Teil

Larenz, Karl .... Methodenlehre der Rechtswissenschaft, 6. Aufl., Springer Verlag 1991

Laufs, Adolf .... Arztrecht, 4. Aufl., München 1988

Laufs, Adolf .... Arztrecht, 5. Aufl., München 1993

Laufs, Adolf .... Mehrere Geschäftsherren bei der negotiorum gestio, NJW 1967, S. 2294 ff

Laufs, Adolf .... Rechtsfragen der Organtransplantation in: Rechtliche Fragen der Organtransplantation, 3. Einbecker Workshop der deutschen Gesellschaft für Medizinrecht, Hrsg. Hiersche/Hirsch/Graf Baumann, Berlin, Heidelberg 1990

Laufs/Dierks/Wienke/Graf-Baumann /Hirsch (Hrsg.)
Die Entwicklung der Arzthaftung, Berlin Heidelberg 1997

Laufs/Uhlenbruck .... Handbuch des Arztrechts, 2. Aufl., München 1999

Laufs/Uhlenbruck .... Handbuch des Arztrechts, München 1992

Lehmann Brita .... Postmortaler Persönlichkeitsschutz - Zur Frage des Fortbestehens des allgemeinen Persönlichkeitsrechts über den Tod des Trägers hinaus, Diss. Bonn, 1973

Lemke, Michael .... Stand der Diskussion zum Entwurf eines Transplantationsgesetzes - Eine rechtspolitische Bestandsaufnahme, MedR 1991, S. 281 ff

Maier, Joachim .... Der Verkauf von Körperorganen – Zur Sittenwidrigkeit von Übertragungsverträgen - , Augsburger Rechtsstudien 11, C.F. Müller jur. Verlag, Heidelberg 1991

Matouschek, E .... Gewandelte Auffassungen über Sterben und Tod, Heidelberg 1991

Maunz/Dürig .... Grundgesetz-Kommentar, Band I, Art. 1-12, München 1994

Maurach/Zipf .... Strafrecht Allgemeiner Teil, Teilband 1, 8. Aufl., Heidelberg 1992

Medicus, Dieter .... Schuldrecht I Allgemeiner Teil, 11. Aufl., München 1999

Medicus, Dieter .... Bürgerliches Recht, 18. Aufl. , Carl Heymanns Verlag Köln, München1999

Möx, J. .... Zur Zulässigkeit von Organentnahmen, ArztR 2/1994, S. 39 ff.

Münchener Kommentar Bürgerliches Gesetzbuch, Allgemeiner Teil, Band 1, §§ 1-240, AGB-Gesetz, §. Aufl., München 1993

Münchener Kommentar Bürgerliches Gesetzbuch, Schuldrecht Besonderer Teil, Band 3, 2. Halbband §§ 652-853, 2. Aufl., München 1986 (zit. MüKo-Bearbeiter)

Münzberg, Wolfgang ..... Verhalten und Erfolg als Grundlagen der Rechtswidrigkeit und Haftung (zugl. Habil-Schrift 1965), Frankfurt a.M. 1966

Musielak, H.-J. .... Die Haftung der Banken für falsche Kreditauskünfte, VersR 1977, S. 973 ff

Nixdorf, Wolfgang .... Zur ärztlichen Haftung hinsichtlich entnommener Körpersubstanzen: Körper, Persönlichkeit und Totenfürsorge, VersR 1995, 740 ff

Nixdorf, Wolfgang .... Zur ärztlichen Haftung hinsichtlich entnommener Körpersubstanzen: Körper, Persönlichkeit, Totenfürsorge, VersR 1995, S. 740 ff

Palandt/Bearbeiter .... Kommentar zum Bürgerlichen Gesetzbuch, Beck Verlag, 54. Aufl., München 1995; 58. Aufl., München 1999; 59. Aufl., München 2000

Paul, Carsten .... Zur Auslegung des Begriffes „Handeltreiben" nach dem Transplantationsgesetz, MedR 1999, S. 214 ff

Pesch, Andreas .... Probleme der Geschäftsführung ohne Auftrag, Jura 1995, S. 361 ff

Peters, Frank .... Zum Problem der Drittschadensliquidation, AcP 180, S. 329 ff

Pichlmayr, Rudolf .... Transplantationsgesetzgebung in chirurgischer Sicht, Der Chirurg 1980, Heft 51, S. 344 ff

Pichlmayr/Honecker/Wolfslast
Lexikon Medizin Ethik Recht, Hrsg. Eser/von Lutterotti/ Sporken - Stichwort Organtransplantation, Spalten 757 ff, Freiburg i.B. 1989

Pieroth/Schlink .... Staatsrecht II, Grundrechte, Schwerpunkte-Reihe, 10Aufl., Heidelberg 1994

Pluisch/Heifer .... Die rechtliche Zulässigkeit von Leichenversuchen, NJW 1994, S. 2377-2381

Pscherembel, Wilhelm .. Klinisches Wörterbuch, 258. Aufl., 1998

Ratzel, Rudolf .... Die deliktsrechtliche Haftung für ärztliches Fehlverhalten im Diagnosebereich, Frankfurt am Main, 1986

Reimann, Wolfgang ...... Die postmortale Organentnahme als zivilrechtliches Problem in: Recht und Staat, Festschrift für Günther Küchenhoff zum 65. Geb., Hrsg. Hablitzel/Wollenschläger, 1. Halbband, Berlin 1972

Rixen, Stephan .... Todesbegriff, Lebensgrundrecht und Transplantationsgesetz, ZRP 1995, Heft 12, S. 461-466

Roxin, Claus .... Strafrecht Allgemeiner Teil Band I Grundlagen. Der Aufbau der Verbrechenslehre, 2. Aufl., Beck, München 1994

Ruhle, Ernst-Albrecht .... Für wen erfolgt die Geschäftsführung ohne Auftrag bei Hilfeleistung an Verkehrsopfern, MDR 1965, S. 108 f

Schönke/Schröder .... Strafgesetzbuch Kommentar, 24. Aufl., München 1991 (bearb. Von Theodor Lenckner, Albin Eser, Peter Ctramer, Walter Stree)

Schramm, Stephan .... Der Schutzbereich der Norm im Arzthaftungsrecht, Beiträge zum Privat- und Wirtschaftsrecht, Heft 79, VVW 1992

Schreiber, Christian ...... Rechtliche Aspekte der Organtransplantation in: Moderne Medizin und Strafrecht. Ein Vademecum für Ärzte und Juristen über strafrechtliche Grundfragen ärztlicher Tätigkeitsbereiche. Hrsg. Arthur Kaufmann, Heidelberg 1989

Schreiber, Hans-Ludwig Rechtliche Probleme der Organtransplantation bei Kindern in: Ethische Probleme in der Pädiatrie, Hrsg. Müller/Olbing, 1982

Schreiber, Hans-Ludwig Vorüberlegungen für ein künftiges Transplantationsgesetz, in: Festschrift für Ulrich Klug zum 70. Geb., Bd. II, Hrsg. G. Kohlmann, Köln 1983

Schreiber; H.L./Wolfslast
Ein Entwurf für ein Transplantationsgesetz, MedR 1992, S. 189 ff

Schroth, Ulrich .... Stellungnahme zu dem Artikel von Bernhard Seidenath – „Lebendspende von Organen – Zur Auslegung des § 8 I 2 TPG, MedR 1998, 253

Schubert, Werner .... Der Tatbestand der Geschäftsführung ohne Auftrag, AcP 178, S. 425 ff

Schwabe, Jürgen .... Zur Geltung von Rechtfertigungsgründen des StGB für Hoheitshandeln, NJW 1977, S. 1902 ff.

Schwarz .... Die Grenzen deliktischer Verantwortlichkeit für Gesundheitsbeschädigungen in den Fällen freiwilliger Hilfeleistung, JZ 1966, S. 162 f

Seidenath, Bernhard ..... Lebendspende von Organen - Zur Auslegung des § 8 I 2 TPG, MedR 1998, S. 253 ff

Söllner .... Mietvertragliche Sachmängelhaftung des Grundstückserwerbers gegenüber Dritten, JuS 1970, S. 159 ff

Soergel, Th. .... Bürgerliches Gesetzbuch mit Einführungsgesetz und Nebengesetzen; Kohlhammer Kommentar Band 1, 12. Aufl. 1990; Band 4/2, 12. Aufl. 1999

Sourlas, Paul .... Adäquanztheorie und Normzwecklehre bei der Begründung der Haftung nach § 823 Abs. 1 BGB, Berlin 1974

Staudinger/Dilcher, ... Kommentar zum Bürgerlichen Gesetzbuch mit Einführungsgesetz und Nebengesetzen, 1. Buch, Allgemeiner Teil, 12. Aufl., Berlin 1980

Staudinger/Dilcher .... Kommentar zum Bürgerlichen Gesetzbuch, Band II §§ 243-254, 12. Aufl., Berlin 1983

Staudinger/Dilcher .... Kommentar zum Bürgerlichen Gesetzbuch, §§ 823-832, 12. Aufl., Berlin 1986

Steffen,Dressler, ... Arzthaftungsrecht – Neue Entwicklungslinien der BGH-Rechtsprechung, 7. Aufl. 1997

Stieglitz, Susanne .... Die wrongful birth und wrongful life Problematik im deutschen Deliktsrecht, Rechtswissenschaftliche Forschung und Entwicklung, Band 196, Hrsg: Michael Lehmann, München 1989

Stoll, Hans .... Unrechtstypen bei Verletzung absoluter Rechte, AcP 162 (1963), S. 203-236

Stoll, Hans .... Handeln des Verletzten auf eigene Gefahr als Argument gegen die Haftung. Zur Entwicklung der neueren Rechtsprechung, 50 Jahre BGH, Festgabe aus der Wissenschaft, Band 1, S. 223 ff, München 2000

Strätz, Hans-Wolfgang .. Zivilrechtliche Aspekte der Rechtsstellung des Toten unter besonderer Berücksichtigung der Transplantationen, Paderborn 1971

Taupitz, Jochen .... Wem gebührt der Schatz im menschlichen Körper?, AcP 191 (1991), S. 201-246

Taupitz, Jochen .... Der deliktsrechtliche Schutz des menschlichen Körpers und seiner Teile, NJW 1995, S. 745-752

Traugott, Rainer .... Risiko und Haftungsgrund bei Drittschäden - Zur Abgrenzung von Drittschadensliquidation und vertraglichem Drittschutz anhand der jüngsten BGH-Rechtsprechung, ZIP 1997, S. 872 ff

Tress, Peter .... Die Organtransplantation aus zivilrechtlicher Sicht (Eine Untersuchung unter besonderer Berücksichtigung der schuldrechtlichen Problematik bei der Transplantation vom lebenden Spender), Diss. Mainz 1977

Tröndle/Fischer .... Strafgesetzbuch und Nebengesetze, 49. Aufl., München 1999

Urban, Werner .... "Vertrag" mit Schutzwirkung zugunsten Dritter und Drittschadensliquidation - Vergleichende Untersuchung zur Integration in ein System des vertraglichen Drittschutzes, Reihe Steuer, Wirtschaft und Recht Band 56, Bergisch Gladbach 1989

Viebahn, Richard ....und das Leben geht weiter!, Informationsbroschüre über die Nierentransplantation, Georg Thieme Verlag, Stuttgart 1999

Graf Vitzthum,/Kämmerer
Law and Medicine in Germany – Some Major Current Problems – Section Thirteen, S. 317 ff.

Von Bar, Christian .... Verträge mit Schutzwirkung zugunsten Dritter, Drittschadensliquidation an extension of duty of care in: Toward Comparative Law in the 21st Century, The 50th anniversary of The Institute of Comparative Law in Japan, Chuo University, 1998

Von Bar, Christian .... Schmerzensgeld und gesellschaftliche Stellung des Opfers bei Verletzungen des allgemeinen Persönlichkeitsrechts, NJW 1980, S. 1724 ff.

Von Caemmerer, Ernst. Verträge zugunsten Dritter, Festschrift für Wieacker, V & R, Göttingen 1978

Von Caemmerer, Ernst. Die Bedeutung des Schutzbereichs einer Rechtsnorm für die Geltendmachung von Schadensersatzansprüchen aus Verkehrsunfällen, Deutsches Autorecht, Rechtszeitschrift des Allgemeinen Deutschen Automobilclubs (1970), S. 283 ff.

Vogel, Hans-Jochen...... Zustimmung oder Widerspruch - Bemerkungen zu einer Kernfrage der Organtransplantation, NJW 1980, S. 625 ff

Wagner, E. .... Geschichtlicher Abriß der Organtransplantation in: Transplantationschirurgie, S. 11 ff, Hrsg. R Pichlmayr, Berlin Heidelberg 1981

Weber/Lejeune.............. Rechtliche Probleme des rheinland-pfälzischen Trans-plantationsgesetzes, NJW 1994, S. 2392 ff

Weber-Steinhaus, D...... Ärztliche Berufshaftung als Sonderdeliktsrecht, Stuttgart 1990

Weimar, Wilhelm........... Für wen erfolgt die Geschäftsführung ohne Auftrag bei Hilfeleistung für Verkehrsopfer, MDR 1964, S. 821 f

Westermann, H. P......... Das allgemeine Persönlichkeitsrecht nach dem Tode seines Trägers, FamRZ 1969, S. 561-572

Westermann, H. P......... Zur Rechtsfindung im medizinisch-juristischen Grenzbereich, FamRZ 1973, S. 614-618

Weyers/Mirtsching .... Zum Stand des Arzthaftungsrechts, JuS 1980, S. 317 ff.

Winscheid,/Kipp .... Lehrbuch des Pandektenrechts Band 1, 9. Aufl., Aalen 1963

Wittmann, Roland .... Begriff und Funktionen der Geschäftsführung ohne Auftrag, C. H. Beck, München 1981

Wolfslast, Gabriele........ Transplantation ohne Gesetz?, Zur rechtlichen Situation der Organspende, MMW 1982, S. 105 ff

Wolfslast/Rosenau........ Zur Anwendung des Arzneimittelgesetzes auf die Entnahme von Organ- und Gewebetransplantaten, NJW 1993, S. 2348 ff.

Wolfslast, Gabriele........ Transplantationsrecht im europäischen Vergleich, ZTxMed 1, S. 43 ff.

Wollenschläger, Christian
Die Geschäftsführung ohne Auftrag – Theorie und Rechtsprechung, Duncker&Humblot, Berlin 1976

Zenker, R. .... Ethische und rechtliche Probleme der Organtransplantation, in: Transplantationschirurgie Bd. III der allgemeinen und speziellen Operationslehre. Begr. von M. Kirschner. Hrsg. R. Zenker/G.Heberer/ R.Pichlmayr, Heidelberg, New York 1981

Zimmermann, Reinhard Herausforderungsformel und Haftung für fremde Willensbetätigungen nach § 823 I BGB, JZ 1980, S. 10 ff

Kolibri 360 GmbH
Ferdinand-Jühlke-Straße 7
99095 Erfurt, Deutschland
produktsicherheit@kolibri360.de

Druck:
CPI Druckdienstleistungen GmbH
im Auftrag der
Kolibri 360 GmbH
Ferdinand-Jühlke-Str. 7
99095 Erfurt